염불왕생

안양인 박영범 편집 · 정리

염불왕생

초판 1쇄 발행   2024. 6. 4.

지은이   박영범
펴낸이   김병호
펴낸곳   주식회사 바른북스

등록   2019년 4월 3일 제2019-000040호
주소   서울시 성동구 연무장5길 9-16, 301호 (성수동2가, 블루스톤타워)
대표전화   070-7857-9719 | **경영지원**   02-3409-9719 | **팩스**   070-7610-9820

• 바른북스는 여러분의 다양한 아이디어와 원고 투고를 설레는 마음으로 기다리고 있습니다.

이메일   barunbooks21@naver.com | **원고투고**   barunbooks21@naver.com
홈페이지   www.barunbooks.com | **공식 블로그**   blog.naver.com/barunbooks7
공식 포스트   post.naver.com/barunbooks7 | **페이스북**   facebook.com/barunbooks7

ⓒ 박영범, 2024
ISBN 979-11-7263-005-8 03220

• 파본이나 잘못된 책은 구입하신 곳에서 교환해드립니다.
• 이 책은 저작권법에 따라 보호를 받는 저작물이므로 무단전재 및 복제를 금지하며,
이 책 내용의 전부 및 일부를 이용하려면 반드시 저작권자와 도서출판 바른북스의 서면동의를 받아야 합니다.

머리말

　마음, 부처, 중생 이 세 가지는 차별이 없다(三無差別). 본래 중생
은 부처와 마찬가지로 지혜와 덕상을 갖춘 마음을 가지고 있으나,
단지 팔만사천 가지 번뇌에 가려져 그 작용을 일으킬 수가 없다. 또
이 번뇌 때문에 오히려 몸·입·뜻으로 업을 짓고, 이 업 때문에 인
과법칙에 따라 끊임없이 삼계육도 속에서 윤회하면서 고통의 과보를
받는다(惑業苦). 부처님께서 우리에게 가르치신 팔만사천 가지의 수
행법문은 번뇌와 업을 끊고 청정한 참마음을 증득(斷惑證眞)하여 영
원히 고통을 여의고 즐거움을 얻도록 하는(離苦得樂) 것이다. 이는
수행을 통하여 반드시 선정(삼매)을 이루어야만 가능한 일이다. 그
러나 말법시대 중생은 근기가 하열하여 어떤 수행을 한다고 하더라
도 선정을 이루기가 쉽지 않다. 그래서 범부 중생들이 무시겁 이래
지금까지 윤회로부터 벗어나지 못하고 있는 것이다.

　그렇기 때문에 부처님께서는 누구나 쉽게 성공할 수 있는 특별법
문을 다시 말씀하셨는데, 이것이 바로 정토법문(염불법문)이다. 정
토법문은 단지 아미타불에 대한 믿음, 극락왕생에 대한 발원, 염불
수행 이 삼자량이 있으면, 선정을 이루지 못하더라도 번뇌와 업을
가지고서 극락에 왕생(帶業往生)하게 한다. 그리고 극락에 왕생하는
즉시 윤회에서 벗어나 영원히 고통을 여의고 즐거움을 얻는데, 궁극

적으로는 성불하게 된다. 말법시대에는 이 특별한 정토법문 외에 우리가 걸어갈 다른 길은 없다.

2024.5

안양인 박영범 합장

일러두기

이 책은 정토종[1])의 조사와 대덕들의 말씀 중에서 꼭 알아야 할 사항들을 편집·정리한 것이다. 이 책은 제1편 기초교리, 제2편 정토법문, 제3편 불설아미타경 약해, 제4편 능엄경 대세지보살 염불원통장 약해, 부록 등 크게 다섯 부분으로 구성되어 있다.

본문의 내용은 이미 국내에 번역되어 있는 정토법문에 관한 책들을 편집·정리하여 소개한 것이 대부분이다. 다만 편집자가 직접 원문을 번역하여 인용한 것도 일부 있다. 문장 중의「 」표시는 범위를 명확하게 표시하기 위한 것이다. 본문 중의〔 〕표시는 독자의 이해 편의를 위하여 편집자가 임의로 삽입한 것이다.

인용한 부분은 각주를 달아 인용의 근거를 밝혔지만, 간혹 각주가 없더라도 역시 국내외 불서 등에서 인용한 것이다.

초학자의 경우에는 본문 전체를 여러 번 숙독하길 바라며, 각주나 부록에 있는 내용은 점차 이해를 도모하면 된다.

---

1) 이 책에서 말하는 정토종, 즉 정종(淨宗), 정문(淨門), 정가(淨家), 연종(蓮宗), 염불종은 특정 신행교단이나 조직을 말하는 것은 아니고, 모든 정토수행자(정업행자)들을 통칭한 것이다.

차례

제 1 편

기초교리

제1장 부처님과 불국토

1. 부처님

보리(菩提)는 고대 인도어[1])로 깨달음(覺)이라는 뜻이고, 붓다(Buddha)
는 깨달은 자(覺者)라는 뜻이다. 붓다라는 말은 불타야로 한역하였
고, 다시 불타 또는 불(佛)이라 약칭한다. 우리말로는 부처, 부처님
이라 부른다. 부처님께서는 우주와 인생의 사실진상을 분명하게 아
신(깨달으신) 분이다. 부처는 스스로 깨달아(自覺), 남을 깨닫게 하
며(覺他), 깨달음과 행이 원만하신 분이다(覺行圓滿).[2])

불교는 불타교육의 줄임말로 일체중생에 대한 가장 좋은 가르침
이다. 따라서 불교는 가르침이지 종교가 아니다. 종교에는 우주와
인생을 주재하는 지극히 높은 최고의 신이 있지만, 불교에는 없다.[3])

---

1) ＝산스크리트어＝범어
2) 정공법사, 무량수여래회 편역, 불설대승무량수장엄청정평등각경친문기, 2018년,
   14, 82, 145, 473쪽. 淨空法師, 佛說阿彌陀經要解講記(출전: 華藏淨宗學會), 14
   쪽. 불설아미타경요해강기, 2019, 삼보제자, 19, 208쪽
3) 불설대승무량수장엄청정평등각경친문기, 219쪽. 佛說阿彌陀經要解講記(출전: 華
   藏淨宗學會), 3쪽. 불설아미타경요해강기, 198쪽

부처님께서 세상에 출현하신 오직 하나의 목표는 바로 중생을 도와 생사일대사(生死一大事)[4]를 해결하고자 하는 것이다. 즉 세상 사람들이 〔윤회의〕 고통에서 벗어나는 길을 찾을 수 없기 때문이다. 부처님께서는 깨달음을 얻어, 우리들이 윤회 속에 떨어져 의혹을 일으키고, 업을 지으면서도 자신과 생활환경의 사실진상에 대해 전혀 이해하지 못하여, 잘못 생각하고, 잘못 보고, 잘못 행하는 것을 철저하게 다 보셨다. 그래서 우리들에게 당신께서 깨달으신 우주와 인생의 사실진상을 말씀하시어 우리가 그 가르침에 의지하여 봉행하기만 하면, 번뇌(미혹)를 깨뜨리고 깨달음을 열어(破迷開悟) 생사윤회의
파미개오
고통에서 벗어나도록 돕는다. 이 가르침에 따르기만 하면 점차 깨달음을 열어(開悟), 보리(구경원만한 지혜)를 성취할 수 있다. 이는 범
개오
부[5]의 경지를 초월하여 성인의 경지에 들어가(超凡入聖) 원만하게
초범입성
부처를 이루는 것이다. 이와 같이 부처님께서는 중생이 고통을 여의고 즐거움을 얻도록(離苦得樂) 도와주신다. 번뇌(미혹)를 깨뜨리고
이고득락
깨달음을 여는 것은 진실한 지혜이고, 고통을 여의고 즐거움을 얻는 것은 진실한 이익이다.[6]

---

4) 세상 사람들에게 생사(生死)보다 큰일(大事)은 없다. 그래서 이를 생사일대사라 한다.(불교신문, 2009.10.21자, 〈38〉 생사대사는 출가의 동기). 화엄경과 법화경에서 말씀하시길, '부처님께서는 일대사인연으로 세상에 출현하셨는데, 일대사인연은 부처님의 지견을 열어 보이고 깨달아 들어가게 하는 것'이라고 하셨다. 정토종 제2대 조사 선도대사께서는 〔좀 더 구체적으로 말씀하시길,〕 '석가모니부처님께서 세상에 오신 까닭은 오직 아미타부처님의 본원의 바다를 말씀하시기 위함이다'라고 하였다. 〔불설대승무량수장엄청정평등각경친문기, 45쪽. 불설아미타경요해강기, 204, 211, 313, 383쪽. 정수첩요보은담, 82쪽. 정공법사, 도영스님 편역, 능엄경 염불원통장 소초대의 강기, 2019, 비움과 소통, 148쪽. 정토오경일론(정종심요), 2016, 비움과 소통, 12쪽〕
5) 범부(凡夫)는 일반인을 가리킨다(금강경강의, 460쪽). 박지범부라고도 한다.

즉 부처님께서는 우리들이 자성을 개발할 수 있도록 도와서 우주와 인생의 사실진상을 똑똑히 알게 하시고, 우리가 우주와 인생의 모든 문제를 해결할 수 있도록 가르치신다. 간단하게 말하면, 악을 선으로 변화시키고, 흉한 것을 길상한 것으로 변화시키고, 화를 복으로 변화시키고, 모질고 사나운 것을 상서롭고 화목한 것으로 변화시킨다. 이것이 부처님 마음 속의 바람(心願)이다. 위와 같은 가르침을 베풀심에 있어 중생들의 근기에 맞게 가르침을 설하신다(應機說敎).[7]

불교는 깨달은 자인 석가모니가 창시하였는데, 우리는 그분을 석가모니불이라 한다. 석가모니불은 약 3,000년 전에 인도 북부(현재 네팔 남부 국경 근처)에서 태어나셨다. 카파라성의 네 문을 나와 유람하다가 노인, 병자, 죽은 사람, 고통을 받는 사람을 보고서 느낀 바가 많아 마침내 29세에 출가하여 35세에 깨달음을 얻고 설법을 펴시다가 80세에 입멸하였다. 그러나 이는 표연(表演)[8]에 불과하며, 부처님은 실제로 생멸이 없다.[9]

---

6) 淨空法師, 佛說大乘無量壽莊嚴淸淨平等覺經親聞記(출전: 般若文海), 四 方便力用, 三輩往生 第二十四, 如貧得寶 第三十七. 불설대승무량수장엄청정평등각경친문기, 105, 137, 145, 526, 583쪽. 佛說阿彌陀經要解講記(출전: 華藏淨宗學會), 16, 29, 276, 292쪽. 불설아미타경요해강기, 273쪽. 淨空法師, 普賢大士行願的啟示(출전: 佛報恩網), 前言

7) 佛說大乘無量壽莊嚴淸淨平等覺經親聞記(출전: 般若文海), 如貧得寶 第三十七. 불설대승무량수장엄청정평등각경친문기, 73, 146, 396쪽. 응기설교는 대기설법(對機說法)과 같은 의미이다. 한편 근기(根機)는 중생이 교법을 듣고 이를 얻을 만한 능력이라는 뜻이고, 근기(根器)는 타고난 성질과 기량이라는 뜻이다.

8) 표연(表演)은 내가 하는 것을 다른 사람에게 보여주는 것이다(불설대승무량수장엄청정평등각경친문기, 208쪽). 한편 표법(表法)은 법을 몸으로 보여준다는 뜻이다(불설대승무량수장엄청정평등각경친문기, 169쪽). 또 연(演)은 몸으로 가르치는 것이고, 찬(讚)은 말로 가르치는 것이다(불설대승무량수장엄청정평등각경친문기, 707쪽).

석가모니의 성은 고타마이고, 이름이 싯다르타이다. 석가모니는 석가족의 성자라는 뜻이다. 불학에서는 석가는 인자(仁慈)라는 뜻으로, 모니는 적멸(寂滅)이라는 뜻으로 새긴다.[10]

불보살은 본래 고유한 명호가 없다. 불보살의 명호는 가명(假名)으로 중생을 교화하는 종지(宗旨)로 인해 정해진 것이다. 즉 이는 스스로 만든 것이 아니라 중생의 필요에 따라 만들어진 것이다. 석가모니불, 아미타불, 약사여래불 등의 명호가 그렇다. 부처님마다 고유한 명호 이외에 모든 부처님의 공통된 열 가지 명칭이 있다. 이를 여래십호라 하는데, 여래(如來)[11]·응공·정변지·명행족·선서·세간해·무상사·조어장부·천인사·불세존 등이다. 이는 부처님의 과지상의 원만한 지혜와 덕능을 나타내는 것이다. 이 여래십호는 공통의 호칭으로 우리가 알고 있는 석가모니불 한 사람만을 지칭하는 것은 아니다. 어떤 사람이라도 석가모니처럼 깨달음을 증득하면 부처가 된다.[12]

---

9) 위키백과: 석가모니. 불설대승무량수장엄청정평등각경친문기, 15, 200~201, 517쪽. 불설아미타경요해강기, 138~140쪽. 능엄경 염불원통장 소초대의 강기, 53, 124쪽. 석가모니의 연대는 논자에 따라 다소 차이가 있다. 예를 들면, 부처님은 31세에 도를 깨달아 32세 때부터 설법을 시작해 80세까지 49년간 계속하였다는 말씀도 있다.(남회근 지음, 금강경강의, 2006, 문예출판사, 39, 267쪽)

10) 위키백과 검색: 석가모니. 불설아미타경요해강기, 14쪽

11) 금강경 제29품에는 '여래라는 것은 오는 바도 없고 역시 가는 바도 없어 여래라 이름한다(如來者 無所從來 亦無所去 故名如來)'고 한다.

12) 불설대승무량수장엄청정평등각경친문기, 170, 217~219쪽. 불설아미타경요해강기, 14, 385쪽. 불교바로알기, 29쪽. 「부처님의 열 가지 다른 이름-여래십호」, 2020.1.10자 인터넷 불교신문. 여래께서 부처를 이룬 후에 머무시는 지위를 과지(果地)라 하고, 아직 성불하지 않았을 때(불설대승무량수장엄청정평등각경친문기, 187쪽) 또는 성불하기 위해 수행하는 지위(선화상인 능엄신주

부처님은 구법계에 살고 있는 중생의 첫 번째 스승, 즉 근원적 스승이므로 본사(本師)라고 칭한다. 또 도사(導師), 대도사(大導師), 대사(大師)라고도 칭한다. 한편 밀교(밀종)에서는 수행자가 믿고 의지하는 불보살을 본존(本尊)이라 부른다. 부처님은 삼계의 큰 스승이고, 사생(四生)의 자비로운 아버지이시며, 성인 중의 성인이고, 하늘 중의 하늘이다.13)

부처님은 삼계의 대영웅(大英雄)으로 남이 하지 못하는 일을 능히 하므로 웅(雄)이라 말한다.14) 따라서 절에서 석가모니부처님을 모신 전각을 대웅전이라 한다.

부처님의 대자대비는 아무런 조건이 없고, 청정·평등하다. 자(慈)는 즐거움을 주고, 비(悲)는 고통을 없애는데, 자비 앞에 하나의 대(大)자를 더한 것은 무조건적이라는 것이다. 무연대자(無緣大慈)로 아무런 인연이 없이 자(慈)를 일으키고, 동체대비(同體大悲)로 하나의 본체로서 비(悲)를 낸다. 자비란 요즘 말로 사랑하는 마음이지만, 범부가 말하는 사랑에는 감정이 있고, 집착이 있어서 진실한 사랑이 아니다. 이것은 허망한 감정과 거짓 마음이다. 감정(感情)은 변할 수 있는 것이어서 믿을 수 없다. 부처님의 마음은 평등한데, 대자대비

법문, 2009, 불광출판사, 24쪽)는 인지(因地)라 한다. 또 불세존에서 불과 세존은 각 독립적 명칭으로 사용한다.
13) 印光大師, 印光大師嘉言錄(출전: 淨空老法師專集網), 82, 123쪽. 불설대승무량수장엄청정평등각경친문기, 212, 229, 479~480쪽. 불설아미타경 요해강기, 275쪽. 불교바로알기, 19~20쪽. 황념조 거사, 정수첩요보은담, 2022, 비움과 소통, 208~209쪽
14) 불설대승무량수장엄청정평등각경친문기, 308쪽

는 부처님의 평등심에서 나온다.[15]

우리가 불상에 예배하는 것은 불상을 신명으로 숭배하면서 누리게 해달라고 청하는 것이 아니라, 부처님의 모습을 통해 자신의 공경심을 끌어내기 위함이다. 부처님의 가르침에 감사를 표하고, 경전에서 설하신 많은 교훈들을 기억하면서 자신을 경각시키는 것이다. 불보살에게는 공양이 필요 없다. 그렇지만 우리는 불상을 마땅히 진짜 부처님으로 보아야 한다. 부처님께서 말씀하신 경전 역시 삼세제불의 스승이고 여래의 법신사리이니 역시 마땅히 진짜 부처님으로 보아야 한다. 예배나 독경을 통해 실상(實相)이 드러난다.[16]

천태종에 따르면 부처님의 몸은 법신·보신·응신의 삼신이 있다. **법신**은 항상 머물러 변치 않고 진실하며, 모든 곳에 평등한 진리 그 자체의 몸이다. 법신은 우주만유의 본체인 마음이다. **보신**은 보살이 만행을 닦는 인위(因位)에 계실 때 세운 원과 수행의 결과로 얻게 된 부처님의 몸이다. 보신은 법신을 깨닫는 지혜이다. 극락세계 왕생하여 연꽃이 피면 뵐 수 있는 아미타불은 보신이다. **화신**[17]은 보신을 보지 못하는 중생들을 위해서 중생의 근기(根機)에 응하여 모습을 나타내는 부처님을 말한다. 석가모니부처님이 화신이다. 〈염

---

15) 佛說大乘無量壽莊嚴淸淨平等覺經親聞記(출전: 般若文解), 至心精進 第五. 불설대승무량수장엄청정평등각경친문기, 69~70, 146쪽. 불설아미타경요해강기, 214쪽. 능엄경 염불원통장 소초대의 강기, 154쪽. 금강경강의, 376쪽
16) 印光大師嘉言錄(출전: 淨空老法師專集網), 69쪽. 불설대승무량수장엄청정평등각경친문기, 47쪽. 불설아미타경요해강기, 254~255쪽. 불교바로알기, 57, 213쪽. 금강경강의, 134, 295쪽
17) ＝변화신

불삼매보왕론〉에서, 법신은 이체(理體)가 유일하고 상주불변하는 것이므로 달에 비유하고, 보신은 이체에서 생겨나 일체를 비추므로 달빛에 비유하고, 화신은 기연(機緣)에 따라 변화하여 나타나므로 물에 비치는 달의 그림자에 각 비유하였다. 이를 일동삼신(一同三身) 또는 삼위일체라 한다. 삼신은 청정법신 · 원만보신 · 천백억화신이라 칭하기도 한다. 이론적으로 말하자면 법신은 본체(體)이고, 보신은 현상(相)이며, 수없이 많은 화신은 작용(用)이다. 법신은 진심본성이고, 일체법의 이체(理體)이다. 보신은 자수용신이고 무량한 수명과 무량한 광명으로 부처님마다 도(道)가 같다. 응화신은 타수용신으로 이는 부처님마다 각자 다르다.[18]

화신과 응화신은 같은 의미로 쓰이는 경우가 많다. 그러나 응화신을 자세하게 구분하여, 인연 있는 사람에게 나타나 제도(濟度)[19]하는 것을 화신이라 하고, 교화할 사람의 숫자가 많은 경우에 나타나

---

18) 일타스님, 범망경보살계1, 1995, 효림, 206~208쪽. 김지수 편역, 의심 끊고 염불하세, 149쪽 각주 43). 불설대승무량수장엄청정평등각경친분기, 198~200, 586쪽. 佛說阿彌陀經要解講記(출전: 華藏淨宗學會), 319쪽. 불설아미타경요해강기, 267, 284~285, 293, 373, 414쪽. 정수첩요보은담, 245쪽. 금강경강의, 527, 544쪽. 자수용신이란 진실한 지혜를 갖추고 홀로 법락을 누리는 불신이다. 자수용신은 무수한 인행(因行)의 과보로 생긴 불신이므로 보신(報身)이라고도 한다(출전: 한국민족문화대백과). 타수용신은 삼신 중 응화신을 말한다(불설아미타경요해강기, 50쪽). 법신은 달리 진여법성신(眞如法性身) 또는 여래장신(如來藏身)이라고도 한다.

19) 제도(濟度)란 불보살이 진리로써 중생을 교화하고 구원하여 열반에 이르게 하는 것을 말한다(출전: 나무위키). 당나라 이전에는 대부분의 불경에서 교화(化)란 말을 사용하였다. 당송 이후에는 도(度)이란 말을 사용했다. 원명시대에 이르러서 두 개념을 합쳐서 도화(度化)라고 했다(금강경강의, 455쪽). 한편 화도(化度)는 사람들의 기질을 변화시켜 범인의 경지에서 성인의 경지에 이르도록 돕는 것이다(불설아미타경요해강기, 35쪽).

제도한 것을 응신이라 한다. 〔이와 같은 구분을 따른다면 역사상 인도에 출현하신 석가모니부처님은 응신이고, 우리가 정진할 때 또는 기도 중에나 꿈속에서 뵙게 되는 불보살은 화신이다.〕

'여래는 형상이나 음성으로 구할 수 없다'는 금강경의 말씀과 '극락에 아미타불이 계시다'는 정토경전의 말씀이 서로 모순이 된다고 느낄 수 있다. 그러나 금강경에서는 부처님의 법신을 말씀하시는 것이고, 정토경전에서는 아미타불의 보신을 말씀하시는 것이어서 서로 모순되지 않는다.[20]

《법화경》에서 석가모니불은 아득히 멀고 오랜 시간 전에 이미 부처를 이루셨다고 말하였다. 《범망경》에서는 석가모니불이 이 세상에 오셔서 성불을 보여주시는 것은 8,000번째라 하였다. 현겁(賢劫)[21]에서는 4번째 부처님이다. 《미륵하생경》에 따르면, 현겁 5번째 부처님은 미륵보살인데, 석가모니 이후 56억 7,000만 년 후에 성불하신다. 현겁 최후의 1,000번째 부처님이 되실 분은 위타보살이다. 그의 원력은 현겁 1,000명의 부처님을 보호하는 것이기 때문에 그들이 모두 성불하기를 기다렸다가 최후에 성불한다.[22]

---

20) 정수첩요보은담, 210~211쪽
21) 겁(劫)에 대하여는 이 책【부록】1항의 (1)을 참조하라. 현겁은 우리들이 현재 살고 있는 대겁(大劫)을 말한다. 현겁은 석가모니불 포함 1,000분의 부처님이 출현하신다. 이 겁수의 시간은 대단히 길다. 거의 무한정의 시간에 해당한다. 이 겁수는 성현이 가장 많이 나타나는 시기이다.(금강경강의, 185쪽)
22) 불설대승무량수장엄청정평등각경친문기, 18, 167~168, 312, 670~671쪽. 불설아미타경요해강기, 117~118, 120, 295쪽. 금강경강의, 420쪽

2. 불국토

부처님께서 교화하고 제도하는 세계를 불국토라 한다. 하나의 수미산 동서남북에 각 하나의 주(洲)가 있어, 같은 해와 달이 비추고, 같은 하나의 작은 철위산으로 둘러싸여 있는데 이를 하나의 사천하(四天下)라 한다. 1,000개의 사천하를 소천세계라 이름하고, 1,000개의 소천세계를 중천세계라 이름하며, 1,000개의 중천세계를 대천세계라 이름한다. 한 분의 부처님께서 교화하는 불국토를 삼천대천세계라 한다. 여기서 삼천이라는 것은 대천세계가 3,000개가 있다는 말이 아니고, 앞에서와 같이 1,000을 세 번을 곱했다는 의미이다. 따라서 삼천대천세계는 결국 하나의 대천세계이다. 석가모니부처님께서는 무량한 부처님과 불국토가 있다고 말씀하셨다.[23] 〔이는 공간상의 불국토를 말씀하신 것이다.〕

천태종에 따르면, 법신·보신·화신이 활동하는 세계에는 네 가지 국토(四土)가 있다. 〔사토는 수행자가 번뇌를 끊은 수준을 기준으로 불국토를 분류한 것이다.〕 **범성동거토**는 범부와 성인이 함께 머무는 국토이다. **방편유여토**는 공(空)[24]의 이치를 증득하여 견사혹을

---

23) 阿彌陀經要解 CBETA 電子版, 5쪽. 불설대승무량수장엄청정평등각경친문기, 431쪽. 정수첩요보은담, 88쪽. 금강경강의, 380쪽. 정공법사의 견해에 의하면, 대천세계에는 10억 개의 태양계가 있다(불설대승무량수장엄청정평등각경친문기, 148쪽). 황념조 거사의 견해에 의하면, 하나의 사천하는 바로 은하계를 말하고(불설아미타경요해강기, 171쪽), 대천세계는 10억 개의 은하계를 가지고 있다(불설대승무량수장엄청정평등각경친문기, 148쪽).

24) 미진(微塵)은 극히 미세한 것으로 물체의 가장 기본적인 것이지만, 그것을 다시 분석해 들어가면 공(空)이다. 다시 말하면 질량이 형성되기 이전이 공(空)이다. 이 공(空)의 역량이 응결되어 물리세계로 변한다. 일체는 모두 공(空)으로

끊고 윤회를 벗어난 사람들 즉 성문과 연각이 거주하는 곳이다. **실보장엄토**(실보무장애토)는 일품의 무명을 깨뜨리고 일분의 법신[25]을 증득한 법신대사[26]들이 거주하는 곳이다. 실보장엄토의 장엄이 곧 금강경에서 구경에 얻는 과보이다. **상적광토**는 41품의 무명을 전부 끊은 여래의 과지(果地)상의 경계이다. 범성동거토와 방편유여토는 응신불이 계신 국토이고, 실보장엄토는 보신불이 거주하는 국토이다. 《보현관경》에서는 상적광토는 진정한 정토로서 비로자나불(법신불)이 거주하는 국토이다. 상적광토는 이(理), 즉 이법계이며, 나머지 삼토는 사(事), 즉 사법계이다.[27]

시방제불의 국토에는 사토가 있지만, 사토는 각자 구분되어 있어 서로 이어져 있지 않고, 수행을 통해 점차적으로 나아가는 것이다. 그러나 서방극락세계에서 만큼은 사토가 함께 있으며, 한 생이 바로 일체 생이기 때문에 점차적으로 나아갈 필요가 없다. 즉 우리들이 서방극락세계의 범성동거토에 왕생하면 동시에 다른 삼토에도 왕생하게 된다. 이를 원만하게 왕생함(圓生)이라 한다.[28]

부터 형성된 것이다. 일체의 물질세계는 [인연따라] 모두 우연히 모인 가상적인 것이다(금강경강의, 278, 536~537쪽).

25) = 진심眞心(불설대승무량수장엄청정평등각경친문기, 99쪽) = 진성眞性(불설아미타경요해강기, 413쪽)

26) 법신대사(法身大士) = 법신보살

27) 印光大師嘉言錄(출전: 淨空老法師專集網), 166쪽. 의심 끊고 염불하세, 149쪽 각주 42) 참조. 불설대승무량수장엄청정평등각경친문기, 97쪽. 불설아미타경요해강기, 76, 135, 166, 302~303쪽. 김호귀 역, 정토혹문, 하얀연꽃, 2015, 41~43쪽. 이(理)와 사(事)에 대하여는 이 책【부록】 1항의 (13)을 참조하라. 이법계와 사법계는 화엄경에서 말하는 네 가지 법계 중 두 가지이다.

28) 불설대승무량수장엄청정평등각경친문기, 24, 94, 447쪽. 불설아미타경요해강

불국토가 꿈속의 경지라는 견해는, 모름지기 우리들이 부처가 되기를 기다려서, 그 뒤에나 말해야 한다. 지금 이 순간 곧장 지껄이는 것은 오직 손해만 가져올 뿐 결코 이익이 되지 않는다.[29]

기, 167, 378쪽

29) 인광대사, 김지수 옮김, 화두 놓고 염불하세, 2002, 불광출판사, 101쪽

제 2 장 마음 · 번뇌 · 성불

《화엄경》여래출현품에서, '기이하고 기이하도다(奇哉奇哉). 일체
중생에게는(一切衆生) 모두 여래의 지혜와 덕상이 있으나
(皆具如來智慧德相), 다만 망상과 집착으로 인해 증득할 수 없다
(唯以妄想執著不能證得).'고 하셨다.

1. 마음

본래 청정한 마음(淸淨心)30)은 반야(지혜)31)가 있어 무소부지(無

---

30) 청정은 일체의 염착(染着)을 여읜 것이다(불설대승무량수장엄청정평등각경친문
기, 296쪽). 경전을 읽거나 염불을 하거나 참회를 하는 등 수행의 목적은 온
정신을 한 곳에 집중하여 망상을 섞이지 않게 하는 것으로, 즉 오염된 마음을
바르게 고치는 것이 바로 청정한 마음이다(불설대승무량수장엄청정평등각경친
문기, 180~181쪽. 불설아미타경요해강기, 120쪽).

31) 근본지(根本智)와 후득지(後得智)가 있는데, 근본지는 진실한 지혜(實智)로 지
혜의 본체이다. 후득지는 방편지혜(권지權智)로 지혜의 작용이다. 즉 선정에
들면 근본지가 생기고, 후득지는 근본지의 작용이다. 근본지는 반야무지(般若
無知)로 자연지(自然智) 혹은 무사지(無師智)라 부르고, 후득지는 모르는 것이
없는 지혜(無所不知)이다. 근본지는 자수용으로 아는 것이 없고(無知), 후득지
는 타수용으로 모르는 것이 없다(無所不知). 다시 말하자면, 반야는 진실한 지
혜를 말하는데 이는 선정으로부터 나온 것이다. 청정심으로부터 나오는 것이

所不知)로 즉 알지 못하는 바가 없고, 덕상32)이 있어 육신통33)을 가지기 때문에 무소불능(無所不能)으로 즉 할 수 없는 바가 없다. 따라서 청정한 마음은 전지전능하며 바로 진정한 조물주이다. 그러므로 청정한 마음은 다른 종교에서 찬미하는 전지전능한 주와 같으며, 불교에서는 이를 불타라 칭한다. 부처님께서는 무량한 지혜와 무량한 덕능을 갖추고 계신다. 그런데 이 전지전능은 사람이 본래 가지고 있는 능력이며, 본래 가지고 있는 능력은 외부에서 오는 것이 아니다. 〔단지 망상과 집착 때문에 부처님의 마음처럼 제대로 능력 발휘를 하지 못하는 것뿐이다.〕 우리는 이를 진짜 잃어버린 것이 아니라, 미혹되어 잃어버린 것과 같을 뿐이다.34)

마음은 성품, 자성, 자심, 진성, 진심, 불성, 불광, 실상, 심성, 법

다. 반면 〔세지변총이라 하는〕 세간의 총명(지혜)는 의식과 사유로부터 나온 것이다.(불설아미타경요해강기, 244, 391~392, 427쪽)

32) ＝덕능＝능력＝본능(불설아미타경요해강기, 245쪽)

33) ＝삼명육통

34) 印光大師, 印光大師嘉言錄(출전: 淨空老法師專集網), 117, 127쪽. 화두 놓고 염불하세, 59, 269쪽. 불설대승무량수장엄청정평등각경친문기, 19~20, 69, 99, 161, 202, 245~248, 257, 579, 583, 643쪽. 佛說阿彌陀經要解講記(출전: 華藏淨宗學會) 15쪽. 불설아미타경요해강기, 37, 53, 60, 204, 206~207, 221, 228, 235, 244~245, 263쪽. 불교바로알기, 15, 26, 69쪽. 능엄경 염불원통장 소초대의 강기, 65, 215쪽. 위키백과 검색: 번뇌. 신(神)은 능력이 신령스럽고 기이함을 나타내고, 통(通)은 일체를 통달하여 걸림이 없음을 나타낸다(불설대승무량수장엄청정평등각경친문기, 171쪽). 지혜와 대비되는 세지변총은 팔난(八難) 가운데 하나이다(불설대승무량수장엄청정평등각경친문기, 231쪽). 佛說 一切衆生皆有如來智慧德相, 但以妄想執著而不能證得〔佛說大乘無量壽莊嚴淸淨平等覺經親聞記(출전: 般若文海)〕. 這「究竟圓滿」正如同其他宗敎裏面讚美「全知全能」的主——上帝——一樣, 在佛敎稱之為「佛陀」. 佛告訴我們, 這樣圓滿的智慧德能, 「覺」就是它的德能, 它的作用, 一切衆生本來具足.〔認識佛敎, 佛報恩網 製作〕

신 등 여러 가지 명사로 불린다.[35] 한편 유식종(유식유가행파)[36] 등에 따르면, 마음이 번뇌에 오염되어서 지혜가 변질되어 일으키는 여덟 가지 작용을 팔식(八識)이라 한다.[37] 불교경전 속의 명사와 술어에 대하여 그 뜻만 알면 될 뿐, 그것에 집착해서는 안 된다.[38]

인광대사[39]께서는 진성(真性)은 시작도 없고 끝도 없으며, 큰 허공을 감싸 더 이상 밖이 없으며, 미세한 티끌에 들어가 더 이상 안이 없고, 청정하고 빛이 청결하며, 맑고 고요하고 항상하며, 생기지

---

35) 마음에 대하여는 이 책 【부록】의 2항을 참조하라.

36) =법상종(금강경강의, 559쪽). 현장대사가 유식학(=유식종=유식론)을 중국에 전하였지만, 종파를 세우지는 않았다. 그의 제자인 규기(窺基)법사에게 전해지면서 마침내 법상종이 처음 만들어졌기 때문에, 규기는 법상종의 제1대 조사이다(불설아미타경요해강기, 289쪽).

37) 불설아미타경요해강기, 277쪽. 일타스님, 범망경보살계2, 1995, 효림, 65쪽. **심**(心)은 제8식 아뢰야식으로 집기(集起), **의**(意)는 제7식 말나식으로 사량(思量), 전육식은 **식**(識)으로 요별(了別)을 각각 뜻한다. 집기는 마음(팔식, 심왕, 심법)이 마음작용(심소법)을 비롯한 신(身)·구(口)·의(意) 3업(三業)을 쌓고 일으키는 측면 또는 능력이 있는 것을 말한다. 사량(思量)은 마음(팔식, 심왕, 심법)이 과거, 즉 이전까지 쌓은 원인을 바탕으로 현재의 인식 대상 또는 마음작용 대상에 대해 이모저모로 생각하고 헤아리는 측면 또는 능력이 있는 것을 말한다. 요별은 마음(팔식, 심왕, 심법)이 사량을 바탕으로 현재의 인식 대상 또는 마음작용 대상에 대해 분명하게 분별하여 아는 것'을 말한다. 제8식 아뢰야, 제7식 말나식, 제6식 의식을 삼심이라 한다(출전: 위키백과 검색: 심의식, 불설아미타경요해강기, 351쪽). 한편 정공법사님은 '제6식은 분별이며, 제7식은 집착이고, 제8식은 인상을 남기는데, 아뢰야식인 창고에 저장하며, 이것이 종자가 된다.'고 하며(출전: 불설대승무량수장엄청정평등각경친문기, 96쪽. 불설아미타경요해강기, 392쪽), '전오식은 요별로 분별은 없다. 제6식인 의식은 분별을 일으켜 선과 악, 아름다움과 추함을 분별할 수 있다'고 설명한다(출전: 불설아미타경요해강기, 98, 211쪽).

38) 불설대승무량수장엄청정평등각경친문기, 110, 648쪽. 불설아미타경요해강기, 47쪽. 능엄경 염불원통장 소초대의 강기, 47쪽

39) 정토종 제13대 조사로 대세지보살의 화신이라 한다(불설대승무량수장엄청정평등각경친문기, 103쪽. 불설아미타경요해강기, 9쪽).

도 않고 없어지지도 않으며, 모양을 여의고 이름을 여의며, 있으면서 있는 것이 아니고 비어 있으면서 비어 있는 것이 아니다.'고 하셨다.[40]

2. 번뇌

번뇌에 미혹된 마음이 경계를 좇아 밖으로 급히 구하기 때문에, 전체 지혜와 덕상이 망상과 집착을 이룬다. 망상이 있으면 지혜(반야)를 잃어버리게 되고, 집착이 있으면 덕상(능력)을 잃어버리게 되어, 구름이 태양을 가리는 것처럼 자신의 마음이 본래 가지고 있는 전지전능을 가로막는다.

《능엄경》 제4권 공불공여래장에서는, '나와 여래의 보각(寶覺)은 원만하게 밝아, 진실하고 미묘하며 깨끗한 마음(眞妙淨心)은 둘이
<small>진묘정심</small>
아니고 원만한데, 나는 시작도 없는 과거로부터 망상을 내어 오랫동안 윤회 속에서 머물러 있다. 또 스스로 일으킨 모든 망상들이 전전하며 서로 원인이 되어 미혹을 좇아서, 미혹을 쌓으면서, 끝없는 세월을 지내왔다.'[41]고 한다.

번뇌는 고요하지 않은(不寂靜) 마음작용들을 말한다. 이 번뇌는 깨
<small>부적정</small>
달음을 장애하는데, 혹(惑), 미혹(迷惑),[42] 사(使), 누(漏)[43], 전박

---

40) 印光大師嘉言錄(출전: 淨空老法師專集網), 111쪽. 佛光에 대한 설명은, 화두 놓고 염불하세, 57~58쪽 참조
41) 大佛頂如來密因修證了義諸菩薩萬行首楞嚴經 CBETA電子版(출전: 國立臺灣大學). 능엄경, 2005, 민족사, 126~128쪽 참조

(纏縛), 염오(染汚) 등 여러 가지 이름으로 불린다. 이 번뇌는 무량하고 무변한데, 그것을 귀납하면 팔만사천 가지이다. 다시 108가지로 귀납되는데, 천친보살이 이것을 다시 총 26가지로 귀납하였으며, 이것은 다시 탐(貪, 탐욕)·진(瞋, 성냄)·치(癡, 어리석음) 삼독심으로 총결된다. 이 삼독심은 생사의 근본이다. 삼독심은 결국에는 탐(탐심, 탐애, 탐착, 탐욕, 간탐) 하나로 귀결된다. 탐이란 사물을 보고 마음에 사랑과 즐거움이 일어나는 것을 일컫는다. 외부경계에 유혹을 받는 까닭은 주로 탐이 있어서이다. 따라서 탐이 삼독의 근본이고, 생사의 근본이다. 진(瞋)과 관련하여, 화를 잘 내는 것은 당연히 진이요, 다른 사람을 증오하거나, 죽이거나 하늘을 원망하고 다른 사람에게 탓을 돌리는 것들도 모두 진이며, 시비가 분명한 것도 역시 진이다. 이 삼독은 우리로 하여금 도를 깨치지 못하게 하고, 초범입성(超凡入聖)의 경지에 이르지 못하게 한다.[44)]

---

42) 미혹(迷惑)의 일반 사전적인 의미는 '무엇에 홀려 정신을 차리지 못함' 또는 '정신이 헷갈리어 갈팡질팡 헤맴'인데, 불교 사전들에서의 정의에 따르면 미(迷)는 사(事)와 이(理)에서 잘못이 있는 것을 말하고, 혹(惑)은 사(事)와 이(理)에 밝지 못한 것을 말한다(위키백과 검색: 무명). 마음속에서 번뇌가 일으키는 생각이 미혹이다[몽참스님, 금강반야바라밀경 강설 제10강 (유튜브)]. 우주와 인생의 사실진상을 분명하게 알지 못하는 것을 미혹(迷惑)이라 한다(불설대승무량수장엄청정평등각경친문기, 614쪽). 미(迷)은 우주와 인생의 사실진상(眞相)을 미혹하여 잃음이고, 깨달음(悟)은 바로 이 사실진상을 잘 알아 변경되지 않는 것이다. 미혹하면 고통이 있고 번뇌가 있고, 깨달으면 수용(受用)이 자재하여 대자재를 얻는다(능엄경 염불원통장 소초대의 강기, 57~58쪽). 미혹은 감정의 작용이다. 정(情)이 깊으면 깊어질수록 미혹은 더욱 무거워진다(불설아미타경요해강기, 48쪽).
43) 불설아미타경요해강기, 220쪽
44) 능엄경 염불원통장 소초대의 강기, 184쪽. 금강경강의, 196~197쪽

번뇌를 삼혹(三惑)으로 분류하기도 한다. 망(妄)은 번뇌를 말하는데, 크게 견사혹,[45] 진사혹, 무명혹의 세 가지가 있다. 모든 미혹은 이 세 가지를 벗어나지 않는다. 견사혹은 견혹과 사혹을 말한다. 견혹은 잘못된 견해이고, 사혹은 사상의 착오이다. 견혹은 88품이 있고, 사혹은 81품이 있다. 견사혹이 바로 삼계육도 윤회의 근원이다. 이 견사혹을 없애면 육도윤회가 자연히 없어진다. 오직 진실한 지혜(眞實慧)만이 번뇌를 그치게 할(끊게 할) 수 있다. 한편 망상에서 분별이 생기며, 분별에서 집착이 생긴다. 망상은 마음을 일으키고 생각을 움직이는 것(起心動念)이다. 망상이 무명혹이고, 분별은 진사혹이며, 집착은 견사혹이다. 집착을 없애면 아라한이 되고, 분별을 없애면 보살이 되며, 망상을 없애면 부처가 되는 것이다. 달리 말하면, 생각(念, 念頭)이 없으면 부처이고, 생각이 있으면 중생이다. 고덕께서는 '생각이 일어나는 것은 두렵지 않으나(不怕念起), 단지 늦게 알아차리는 것이 두렵다(只怕覺遲).'고 하셨다.[46]

---

45) 견사혹에 대하여는 이 책【부록】1항의 (2)를 참조하라.

46) 印光大師嘉言錄(출전: 淨空老法師專集網), 35쪽. 의심 끊고 염불하세, 156쪽. 불설대승무량수장엄청정평등각경친문기, 21~22, 592~594, 644~645쪽. 불설아미타경요해강기, 81, 207, 213, 220, 332~333쪽. 정공큰스님 정토법문 제2강, 제3강, 제27강(유튜브). 금강경강의, 525쪽. 見惑是錯誤的見解, 思惑是思想上的錯誤〔佛說大乘無量壽莊嚴淸淨平等覺經親聞記(출전: 般若文海), 壹 前言〕. 여기서 생각은 번뇌의 생각이다(화두 놓고 염불하세, 142쪽 참조). 마음을 일으키고 생각을 움직이는 것이 바로 천마이고(起心動念是天魔), 마음을 일으키고 생각을 움직이지 않는 것이 바로 음마이며(不起心動念是陰魔), 일었다 일지 않았다 하는 것이 바로 번뇌마이다(倒起不起是煩惱魔)이다. 〔금강경강의, 564쪽〕. 집착하면 번뇌가 생기는데, 이것은 스스로가 만든 것이다(불설아미타경요해강기, 215쪽). 번뇌는 망상·분별·집착을 말하는데, 이 세 가지는 실제 상황에서 순차적으로 생겨나는 것이 아니라 동시에 생겨나는 것으로 이해할 수 있다. 〔편집자 주〕

유식종(유식유가행파)에서는 번뇌를 크게 번뇌장·소지장의 2장(二障)으로 분류하고 있으며 이 모든 번뇌들의 근본에 근본무명이 있다고 본다. 그리고 이 근본무명이란 바로 제7식 말나식이 제8식 아뢰야식을 '나'라고 오인함에 따라 생겨나는 어리석음을 말한다. 세간47)의 오욕과 육진에 대해 여전히 탐착하고 놓지 못한다면, 이것이 바로 번뇌장이다. 허망하게 분별하는 것이 소지장이다. 견사혹은 번뇌장에 해당한다. 진사혹과 무명혹은 소지장에 해당한다. 번뇌장은 중생의 몸과 마음을 번거롭게 하여 열반을 가로막아 중생으로 하여금 윤회하게 하는 장애라는 의미이다. 소지장은 참된 지혜, 즉 보리(菩提)가 발현되는 것을 가로막는 장애라는 의미이다. 집착은 번뇌장의 근원이고, 망상[과 분별]은 소지장의 근원이다. 한편 번뇌장(煩惱障)은 아집(我執)이라고 하고, 소지장(所知障)은 법집(法執)이라고 한다. 아집이 있으면 삼계를 벗어날 수 없는데, 아집을 깨뜨리면 아라한을 증득할 수 있고 삼계를 벗어날 수 있다. 법집이 있으면 자성을 볼 수 없는데, 법집을 깨뜨리면 법신대사이다. 부처님께서 일체중생을 가르치신 목적은 이 번뇌장과 소지장을 없애도록 하기 위한 것일 뿐이다. 이 두 장애를 제거하면 우리의 본래의 능력(本能)본능은 저절로 회복된다.48)

---

47) 〔세간은 사바와 같은 말로, 삼계육도의 유정세계를 가리키나,〕 일체세간은 구계의 유정세계를 가리킨다(불설아미타경요해강기, 440쪽).
48) 위키백과 검색: 공(불교), 번뇌장과 소지장, 전의, 뢰야삼위. 불설대승무량수장엄청정평등각경친문기, 18, 605, 648~649, 708쪽. 불설아미타경요해강기, 154~155, 245쪽. 불교바로알기, 206쪽

번뇌(惑) 〔그 중에서도 견사혹〕이 일어나 신·구·의 삼업(三業)을 일으키게 되면 이로써 삼계육도의 생사윤회에 묶이게 되고, 특히 악업으로 인한 고통(苦)의 과보를 받게 된다. 즉 육도윤회는 견사혹으로부터 오는 것이다.[49] 이러한 과정을 혹업고(惑業苦)라 한다.

3. 성불

망상이 없어지면, 즉 육근이 육진의 경계 안에서 마음을 일으키고 생각을 움직(起心動念)이지 않으면, 분별·집착도 당연히 없어져 정말로 꿈에서 깨어나게 된다. 수덕(修德)[50]의 공(功)이 지극하여, 성덕(性德)[51]이 온전히 드러나면 부처님의 과위를 증득한다. 이와 같이 우리 자신이 본래 가지고 있는 지혜와 덕상을 회복하는 것이 부처를 이루는 것(成佛)이고, 부처를 짓는 것(作佛)이다. 부처가 된다는 것은 불상과 같이 온종일 움직이지 않고 사람들에게 예배를 받는 것이 아니라, 구경원만하여 즐겁고 행복한 사람이 되는 것이다. 즉 부처가 됨은 바로 본능을 회복함이고, 진성을 회복함이다.[52]

성불은 구경원만한 지혜를 성취하는 것이다. 부처님은 일체지·도종지·일체종지의 삼종지(三種智)를 구족하여 그 지혜의 작용으로

---

49) 위키백과 검색: 번뇌, 번뇌의 다른 이름. 불설아미타경요해강기, 359쪽
50) 수행의 덕
51) 성품의 덕
52) 印光大師嘉言錄(淨空老法師專集網), 111쪽. 불설대승무량수장엄청정평등각경 친문기, 19, 296쪽. 능엄경 염불원통장 소초대의 강기, 65~66쪽. 정공큰스님 무량수경 강설 제3강, 제100강(유튜브)

말미암아 **우주와 인생의 사실진상**에 대하여 분명하게 아셨다. 즉 완전하고 정확한 깨달음을 얻게 된 것이다. 깨달음은 지혜의 덕능이고 작용이다. 우주와 인생의 사실진상을 분명하게 아는 것(깨닫는 것)이 바로 불교의 종지(宗旨)이다. 부처님께서는 우주와 인생의 사실진상을 분명하게 아셨기 때문에 깨달은 자라고 한다. 이를 잘 알지 못하면 미혹되고 전도된 상태에 빠지는데, 이런 사람이 범부이다. 부처님의 깨달음을 아뇩다라삼먁삼보리라 하는데, '아뇩다라'는 '무상'이고, '삼먁삼보리'는 '정등정각'이다. 따라서 아뇩다라삼먁삼보리는 무상정등정각(無上正等正覺)[53]으로 번역한다. 현대어로 말한다면 무상정등정각은 구경원만한 지혜이다. 바로 부처님 과위에서의 깨달음(果覺)으로 구경각, 묘각, 대각이라도 한다.
_{과각}

이와 같이 깨달음을 얻은 경지인 열반은 망상을 소멸하고 번뇌를 소멸하며, 생사윤회를 소멸하며, 십법계도 없어지는 것이다. 해탈, 적정(寂定), 멸도(滅度),[54] 원적(圓寂),[55] 열반은 모두 같은 의미이
_{적정}
다. 한편 정각은 아라한의 깨달음이고, 정등정각은 보살의 깨달음이며, 무상정등정각이 부처님의 깨달음이다. 범부는 망심(妄心)을 쓰고, 아라한은 식심(識心)[56]을 쓰며, 법신보살은 분별하는 진심(眞心)

---

53) 남회근 선생께서는 대철대오 명심견성, 오도(悟道), 각오(覺悟), 성불은 무상정등정각을 증득하는 것으로 이해한다(금강경강의, 329, 353, 413, 573쪽). 이러한 입장은 수행의 정도에 따라 무상정등정각의 성취에 차등이 있는 것으로 이해하는 듯하다. 〔편집자 주〕
54) 금강경강의, 352쪽
55) 원은 원만(圓滿)이고, 적은 적멸(寂滅)이다(불설아미타경요해강기, 231쪽).
56) =사물을 인식하는 정신작용(불설아미타경요해강기, 308쪽). 여기서는 아라한이 쓰는 마음을 말한다. 〔편집자 주〕

을 쓰고, 부처는 원만한 진심(眞心)을 쓴다.[57]

		망상	분별	집착
중생	번뇌 있음	무명혹	진사혹	견사혹
		소지장		번뇌장
		법집		아집
성인	번뇌를 깨뜨림	무상정등정각	정등정각	정각
		원만한 진심	분별하는 진심	식심
		부처	법신보살	아라한

---

57) 위키백과 검색: 구경각. 印光大師嘉言錄(출전: 淨空老法師專集網), 79쪽. 불설
대승무량수장엄청정평등각경친문기, 14～15, 156, 296쪽. 佛說阿彌陀經要解
講記(출전: 華藏淨宗學會) 15쪽. 불설아미타경요해강기, 248, 283, 421쪽. 불
교바로알기, 14～15, 26～29쪽. 정토오경일론(화엄경 보현행원품 서문), 44
쪽. 佛用的是「圓滿的真心」, 菩薩是「分證的真心」(출전: 認識佛敎, 般若文海
刊). 일체지(一切智)는 우주만법의 본체를 아는 것이고, 도종지(道種智)는 우주
만유와 삼라만상이 어떠한 도리로 발생하였는지 또 어떠한 과정으로 발전해
왔는지, 이러한 사실을 완전히 명확하게 이해하는 지혜이며, 일체종지(一切種
智)는 앞의 두 가지 지혜가 구경원만한 경지에 이른 것이다(출전: 불설아미타
경요해강기, 275쪽). 제(諸)는 '모든'이라는 뜻이고, 법(法)은 '존재'라는 의미
이다. 다시 말하면 제법은 일체법(만사만물, 만사만법, 삼라만상)을 말하고,
실상은 사실진상을 말한다. 즉 제법실상은 우주와 인생의 사실진상이다. 이것
을 알지 못하는 것을 미혹이라 한다.(위키백과 검색: 공(불교). 불설대승무량
수장엄청정평등각경친문기, 62, 613～614쪽). 일체법은 바로 온갖 인연이 화
합하여 생긴 것으로, 자성이 없다(불설대승무량수장엄청정평등각경친문기,
441쪽). 열반은 산스크리트어로 무위(無爲)로 번역된다(금강경강의, 241～
242쪽). 열반의 본래의 뜻은 촛불을 불어 끄듯이 번뇌를 소멸시킨 상태, 즉 성
도(成道), 즉 진리를 깨달은 상태를 말하는데, 이러한 본래의 뜻이 전화되어
승려가 이 세상을 떠나는 것을 이르기도 한다(위키백과 검색: 열반, 해탈). 불
교 일반에서는 대체로 열반(涅槃)과 보리(菩提)와 깨달음(覺)이 같은 뜻으로 사
용되지만, 유식론(유식유가행파)에서는 열반(즉, 해탈)과 보리를 엄격히 구분
하여, 보리는 구경각을 뜻한다(위키백과 검색: 전의). 인위(因位)는 수행기간
을 말하고 과위(果位)는 불과(佛果)를 증득한 지위를 말한다(위키백과 검색:
뢰야삼위). 망심과 진심에 대하여는 이 책【부록】1항의 (18)을 참조하라.

불교의 유식종(유식유가행파)에서는 전식성지(轉識成智)로 성불을 설명한다. 전식성지는 식(識)을 바꾸어 지혜(智)를 이룬다는 뜻이다. 식(識)은 정식(情識)이고, 지혜는 이지(理智)이다. 깨닫게 되면 식(識)은 지혜(智)로 변하는데, 전(轉)은 수행을 통해 번뇌에 오염된 팔식을 지혜로 변형시키는 것을 말한다. 자수용신(自受用身)을 이루신 부처님은 네 가지 지혜의 법락(法樂)을 수용하게 되는데, 이 네 가지 지혜는 여래만이 갖추고 있는 지혜이다.

첫째 대원경지(大圓鏡智)는 제8식 아뢰야식을 뒤집어서 이 지혜를 얻은 것으로, 부처님의 원만한 큰 지혜가 깨끗하고 큰 거울에 모든 것이 다 비치는 것과 같다고 하여 붙여진 이름이다. 지혜의 큰 거울 가운데 중생의 선과 악이 남김없이 나타나는 것을 말한다. 둘째 평등성지(平等性智)는 나를 집착(我執)[58]하는 제7식 말나식을 뒤집어서 얻은 지혜로, 자신과 남의 근본이 되는 평등한 실상, 즉 무아(無我)를 통하여 진아(眞我)를 증득할 때 이 지혜가 나타난다. 셋째 묘관찰지(妙觀察智)는 분별하는 알음알이를 일으켜 분별하는 제6식 의식을 뒤집어서 얻은 지혜로, 모든 분별을 쉬고 있는 그대로의 모습을 꿰뚫어 보는 것을 말한다. 넷째 성소작지(成所作智)는 눈·귀·코·혀·몸의 다섯 감관의 알음알이인 전오식(前五識)을 뒤집어서 증득한 신통력으로 하는 바를 뜻대로 이루는 지혜를 말한다.[59]

---

58) 금강경강의, 436쪽
59) 범망경보살계1, 142~143쪽. 불설아미타경요해강기, 227, 392~394, 404쪽. 위키백과 검색: 전의

한편 〈대승기신론〉에 따르면, 깨달음에는 본각과 시각이 있는데, 본각으로부터 시각을 일으키고, 시각으로부터 본각을 증득한다. 시각과 본각이 하나가 되면, 바로 성불이다.[60]

---

60) 印光大師嘉言錄(출전: 淨空老法師專集網), 122쪽

제 3 장   우주와 인생의 사실진상

부처님께서는 제법실상 즉 우주와 인생의 사실진상을 깨달으셨다. 인생은 우리 자신으로 정보라 부른다. 우주는 우리가 살아가는 생활환경으로 의보라 부른다. 의보는 정보에 따라 바뀐다.[61]

1. 우주

우주는 물질적인 세계뿐만 아니라, 4, 5, 6차원 등등 수많은 차원의 세계가 있다. 불교에서는 이러한 세계를 법계라 부르는데, 「우주 전체는 바로 법계 전체이다.」[62]

법계는 다시 일진법계와 십법계[63]가 있다. 일진법계(一眞法界)는 하나의 참법계라는 뜻으로 청정심이 나타낸 세계이다. 다시 말하면 본성(本性)이 나타낸 상(相)이다. 십법계는 번뇌로 오염된 마음의 작

---

61) 불설아미타경요해강기, 183쪽. 의보와 정보에 대하여는 이 책【부록】1항의 (14)를 참조하라.
62) 불설아미타경요해강기, 280쪽
63) 십법계에 대하여는 이 책【부록】3항을 참조하라.

용인 식(識)에 의해 일진법계가 열 가지로 변화한 세계이다. 일진법계는 유심(唯心)이 나타난 것으로 진실한 것이고, 십법계는 유식(唯識)이 변한 것으로 거짓인 것이다. 십법계는 착각에 의한 것으로, 착각은 망상, 분별, 집착에서 나온다. 깨달으면 일진법계이고, 미혹되면 십법계이다. 화엄삼매 속에서 보는 화엄세계는 일진법계이다. 십법계는 천상·인간·아수라·축생·아귀·지옥의 육도와 성문·연각·보살·부처의 4성인을 통칭한다. 천상·인간·아수라·축생·아귀·지옥을 육범법계(六凡法界)라 하고, 성문·연각·보살·부처를 사성법계(四聖法界)라 한다. 우리의 진심이 나타낸 국토는 상적광토이지만, 심성이 미혹된 후에 그 깊고 얕은 차이가 있어 마침내 구법계를 나타낸 것이다. 인간과 천상의 육도는 우리가 머물 곳이 아니고, 실보장엄토와 상적광토가 곧 본래 있던 우리의 고향이다.64)

우리들의 일념심성(一念心性)은 허공과 같아, 항상 불변하지만 다시 생각 생각에 연을 따른다(不變隨緣). 부처님 세계의 연을 따르지 않으면, 곧 구계의 연을 따르는데, 성문·연각·보살의 삼승의 연을 따르지 않으면, 곧 육도의 연을 따르고, 인천(人天)의 연을 따르지 않으면, 곧 삼악도의 연을 따른다. 그 연의 더럽고 깨끗함이 다르기 때문에, 그 과보의 고통과 즐거움에 큰 차이가 있다. 비록 본체는 고쳐지고 변한 것이 없지만, 그 모습과 작용은 천양지차가 있다.65)

---

64) 印光大師嘉言錄(출전: 淨空老法師專集網), 74쪽. 화두 놓고 염불하세, 58쪽 각주 22). 불설대승무량수장엄청정평등각경친문기, 202쪽. 불설아미타경요해강기, 65, 166, 177, 216쪽. 일진법계란 분별과 집착이 없으며, 외부 만법에 대해 평등한 것이며, 선악이 없고, 시비가 없고, 사정(邪正)이 없고, 진망(眞妄)이 없고, 이해가 없는 세계를 말한다(불설아미타경요해강기, 40쪽).

십법계 중 중생들이 윤회하는 세계를 삼계라 하는데, 욕계 · 색계 · 무색계의 세 가지 세계이다. 삼계를 다른 말로 세간(世間)이라고도 한다. 욕계는 다섯 가지 욕망(五欲)이 있는 세계이다. 색계는 욕망은 없으나 색(色, 몸)은 있는 세계이다. 색계천 이상은 먹는 것에 대한 욕심이 없다. 색계천 이상은 모두 오욕이 없으며, 선열(禪悅)로 음식을 삼는다. 무색계는 욕망과 색이 없고, 수(受) · 상(想) · 행(行) · 식(識) 즉 정신만 있는 세계이다. 삼계를 천상(욕계의 사왕천부터 무색계의 비비상천 · 비상비비상처천까지의 28층의 천상) · 인간 · 아수라 · 축생 · 아귀 · 지옥 여섯 가지로 나눈 것이 육도이다. 따라서 삼계와 육도는 같은 말이어서 삼계육도라고 통칭하기도 한다. 삼계육도 모두가 중생이 미혹하여 업을 지어 감득한 과보이다. 우리는 축생 외에는 육도의 중생을 볼 수 없는데, 우리는 3차원의 세계에 살지만, 그들은 여러 차원의 세계에 살기 때문이다.[66] 수다원은 욕계천에 오를 수 있다. 그들은 단지 정(情)의 일부분만을 끊고, 또 이 정(情)도 억눌려 있는 것이기 때문에 욕구의 뿌리까지는 없애지 못하여 욕계천에 머무는 것이다.[67]

삼계육도 중 천상 · 인간 · 아수라를 삼선도라 하고, 축생 · 아귀 · 지옥을 삼악도라 한다. 범부가 탐욕과 성냄과 어리석음과 오만을 생각하면 삼악도에 떨어진다. 삼악도는 결코 좋은 장소가 아니다. 그곳에 들어가기는 쉬우나 벗어나기는 쉽지 않다.[68]

---

65) 印光大師嘉言錄(출전: 淨空老法師專集網), 59쪽
66) 네이버 두산백과 검색: 삼계. 불설아미타경요해강기, 184, 230, 237, 378쪽
67) 금강경강의, 201, 208쪽

삼계의 고통은 말로 다 할 수 없지만, 삼고와 팔고로 남김없이 포괄할 수 있다. 삼고는 고고, 괴고, 행고의 세 가지 고통이다. 고고는 괴로운 일이 이루어져 생기는 고뇌이다. 괴고는 즐거운 일이 사라져서 생기는 고뇌이다. 간혹 즐거울 때도 있지만 즐거운 시간은 길지 않으며, 즐거움이 다 지나가면 여전히 고통스럽다. 행고는 일체의 법이 변화무상하게 흘러가기 때문에 생기는 고뇌이다. 괴롭지도 않고 즐겁지도 않다. 부처님께서는 삼계는 모두 고통뿐이라고 말씀하셨다. 욕계에는 삼고가 모두 있다. 색계에는 괴고 · 행고만 있다. 무색계에는 행고만 있다. 삼고 중에서 고고를 다시 여덟 가지로 나눈 것이 팔고이다. 팔고는 생 · 로 · 병 · 사(生老病死), 사랑하는 이와 헤어지는 것(愛別離), 원수와 만나게 되는 것(怨憎會), 구하는 것을 얻지 못하는 것(求不得), 오음이 치성한 것(五陰熾盛)이다. 오음은 인(因)이고, 앞의 일곱 가지 고(苦)는 과(果)이다. 오음이 육진의 경계에 미혹을 일으키고 업을 짓는데, 불같이 치열하여 그칠 수가 없어 치성이라 이름한다. 앞의 일곱 가지 고(苦)는 과거세에 감득한 것에 대한 과보이다. 오음치성고는 곧 현재 마음을 일으키고 생각을 움직이는 것 및 동작과 언행으로 미래에 [일곱 가지] 고(苦)를 얻는 인(因)이 된다. 이 오음치성고가 일체 고통의 근본이다.[69]

부처님께서는 인간계도 고통이지만 천상계도 고통이라고 하셨다.

---

68) 불설대승무량수장엄청정평등각경친문기, 518쪽. 불설아미타경요해강기, 337쪽
69) 印光大師嘉言錄(출전: 淨空老法師專集網), 12, 14쪽. 화두 놓고 염불하세, 83쪽. 불설대승무량수장엄청정평등각경친문기, 230쪽. 불설아미타경요해강기, 151, 190쪽. 오음(五陰)＝오온(五蘊)

인간세상은 팔고(八苦)가 충분히 갖춰져 있다. 설령 천상이라 하더라도 오쇠(五衰)를 면하기가 어렵다. 색계와 무색계는 즐겁기는 하지만, 복보를 다 누리고 나면 여전히 윤회로 들어간다. 천상은 비록 인간세상에 비해서는 번뇌와 미혹이 맹렬한 편이 아니지만, 그래도 천상의 복이 한번 다하는 날엔 틀림없이 아래 세상에 태어나게 되어 있다. 숙세에 쌓은 복이 아직 다하지 않았기 때문에 복을 누리지만, 그 복을 누리기 때문에 죄업을 짓는다. 일단 죄업을 지으면, 삼악도에 떨어지는 것은 곧 순식간에 달려 있다.[70]

우리가 사는 육범법계는 삼고(三苦)와 팔고(八苦), 아니 무수한 온갖 고통이 두루 갖추어져 있고, 즐거움이란 조금도 없기 때문에, 사바고해라 부른다. 범어로 사바(娑婆)는 '참아낸다'는 뜻이다. 부처님께서 사바세계라고 칭한 이 세상은 결함의 세계이다. 어느 한 면이 좋으면 다른 한 면이 부족하기 마련이다. 원만한 것이 하나도 없다. 이곳 중생들이 모든 고통을 당하면서도, 용케도 잘 참아 견딘다. 물론 여기에도 즐거움이 없는 것은 아니다. 그러나 모든 즐거움은 거의 다가 고통이다. 중생들이 어리석고 헷갈려서, 즐거움으로 착각하는 것뿐이다. 진짜 즐거움에 속한다고 할지라도, 이 또한 오래 지속되기가 어렵다. 부모님 모두 생존하시고 형제자매 무사한 즐거움이 어떻게 항상 유지될 수 있겠는가? 즐거운 순간이 한번 지나고 나면, 뒤이어 슬픈 마음이 강하게 일어날 것이니, 즐거움이 없다는 것

---

70) 위키백과 검색: 삼고. 印光大師嘉言錄(출전: 淨空老法師專集網), 55쪽. 화두 놓고 염불하세, 109쪽. 불설대승무량수장엄청정평등각경친문기, 117, 146, 194쪽. 불교바로알기, 96~97쪽

도 지나친 주장이 아니다. 사바세계에는 고통도 있고 즐거움도 있으며, 선도 있고 악도 있어 해탈의 지혜에 대한 자극을 받을 수 있으니 성불의 첩경이다.[71]

삼계 이외에도 [불법계를 제외하고는] 역시 고가 있고, 부처와 한 칸의 차이 밖에 나지 않는 등각보살은 아직 일품의 생상무명(生相無明)을 깨뜨리지 못하였으며, 이 역시 고통이다. 오직 서방 극락세계만이 뭇 고통이 없고, 단지 모든 즐거움을 받는다.[72]

《법화경》에서, '삼계가 편안함이 없어, 불타는 집과 같고, 뭇 고통으로 가득 차 있어, 몹시 무섭고 두렵도다'라고 하였다. 업장이 다하고 감정이 텅 비어(業盡情空), 미혹을 끊고 진심을 증득 (斷惑證眞)[73]한 자가 아니라면, 이 삼계를 벗어나 사성법계에 들어갈 가망이 없다.[74]

2. 인생

사람의 몸은 가장 얻기 어려우면서도, 또한 가장 잃어버리기 쉬운 것이다. 또 오늘 하루가 이미 지나가면 우리 생명 또한 따라서 줄어

---

71) 화두 놓고 염불하세, 83쪽. 능엄경 염불원통장 소초대의 강기, 60쪽. 금강경 강의, 243, 300쪽
72) 印光大師嘉言錄(출전: 淨空老法師專集網), 55쪽. 화두 놓고 염불하세, 83쪽. 불설아미타경요해강기, 20, 249쪽
73) 진(眞)은 진심, 진성, 진리, 진여 등으로 옮길 수 있다.
74) 화두 놓고 염불하세, 57, 109, 170쪽

드니, 한순간 시간의 빛(一寸時光)은 곧 한순간 생명의 빛(一寸命光)
이다.[75] 인생은 본래 큰 꿈과 같다. 일체 사정은 지나가면 그만인
데, 강물이 흐르는 것과 같아 한번 가면 오지 않는다.[76] 그런데 인
간 삶의 대부분은 체면이나 외모 등 다른 사람들에게 보이기 위한
것이다.[77]

(1) 몸과 마음

생멸·변화하는 유위법(有爲法)[78]을 구성하고 있는 색(色)·수
(受)·상(想)·행(行)·식(識)을 오온(오음)이라 한다. 색은 물질적
요소이고, 수(受)·상(想)·행(行)·식(識)은 정신적 요소이다. 마음
은 위의 식에 해당한다. 마음이 지어낸 마음작용은 수(受)·상(想)·
행(行)에 속한다. 감수(感受)와 사상(思想)이 있어서 찰나에 생멸이
서로 이어진다. 식과 마음(진여, 진심, 본성 등)은 하나이지만, 두
개의 서로 다른 이름을 가지고 있을 뿐이다.[79]

인생이란 우리 자신을 말한다. 사람은 몸과 마음의 결합체이다.
오온 중에서 색(色)은 물질을 의미한다. 흙·물·불·바람의 사대
(四大)가 색을 구성하는 기본물질이다. 이 물질들이 모이면 모양을
이루고, 흩어지면 모양이 없어진다. 사람의 몸도 사대로 구성된 색
이다. 사대로 이루어진 육신은 본래 공한 것이다. 사람은 사대와 오

---

75) 의심 끊고 염불하세, 89, 107쪽
76) 南懷瑾 講述, 金剛經說什麼: 如何住和無所住
77) 금강경강의, 99쪽
78) 유위법에 대하여는 이 책【부록】1항 (8)을 참조하라.
79) 위키백과 검색: 오온, 마음, 마음작용. 불설아미타경요해강기, 437쪽

온의 거짓 결합(假合)이고 업에 감응한 업보신(業報身)으로, 오랫동안 지속되는 나라는 실체가 없다. 신체는 우리가 잠시 소유하는 것으로 결코 영원히 점유할 수 없다. 즉 부모로부터 잠시 빌려서 사용하는 것이다. 몸이 있으면 생로병사의 괴로움이 있게 마련이다. 몸은 고통을 초래하는 근본이다. 사람은 신체의 노예이다. 생각이나 의식도 매초 매분 간에도 변해 버리기 때문에 모두 내가 아니라고 할 수 있다.[80]

눈을 통해서 보고 귀를 통해서 듣는 것처럼, 사대와 오온을 통해서 심성(心性)이 드러난다. 그러나 우리들이 보고 듣는 능력은 한계가 있어서 눈으로는 모든 광도(光度)를 볼 수 없고, 귀로는 모든 음파를 들을 수 없다. 이는 마음이 청정하지 않기 때문이다. 이 사대와 오온이 〔육진의〕 경계를 접촉하여 환망(幻妄)을 일으켜 진성(真性)을 가리기 때문에 드러날 수가 없다. 비유하자면 비록 밝은 햇빛이 손상됨이 없지만 진한 구름에 가려서 그 비춤을 받을 수 없다.[81]

사람이 죽게 되면 몸은 사대로 흩어지고, 자신의 의지와 상관없이 윤회를 통해 다시 태어나게 되는데, 이때 다시 사대가 인연 따라 모여서 다시 몸을 이루게 된다. 〔이것이 윤회이고 환생이다.〕 나갔던 숨이 한 번 들어오지 않으면 바로 내세이다.[82]

---

80) 위키백과 검색: 마음, 마음작용. 印光大師嘉言錄(출전: 淨空老法師專集網), 55쪽. 불설대승무량수장엄청정평등각경친문기, 191쪽. 佛說阿彌陀經要解講記(출전: 華藏淨宗學會), 69쪽. 불설아미타경요해강기, 66~67, 268쪽. 범망경보살계2, 65쪽. 금강경강의, 112, 128, 294, 304, 531쪽
81) 印光大師嘉言錄(출전: 淨空老法師專集網), 12쪽. 화두 놓고 염불하세, 67쪽. 불설대승무량수장엄청정평등각경친문기, 604쪽

한편 많은 인연이 화합하여 생긴 것(衆緣和合而生者)을 중생이라
_{중연화합이생자}
말한다. 십법계 중 불법계를 제외하면 구법계이다. 등각보살 이하
즉 구법계는 모두 중생이라 이름 할 수 있다.[83]

시방 제불찰토의 중생은 태생·난생·습생·화생의 사생(四生)에
서 벗어나지 못하는데, 특히 태생은 부모, 형제, 부부의 정이 마치
끈으로 묶어놓은 것 같아서 끊기가 어렵다.[84]

(2) 십팔계

육진·육근·육식을 십팔계라고 하는데, 삼과(三科)라고도 부른
다. 바로 우주와 인생의 귀납이다.[85] 이하의 육진·육근·육식 등
에 대한 설명은 주로 위키백과[86]에 근거를 두고 있다.

우리가 감각하고 인식하는 대상은 색(色: 물질), 성(聲: 소리), 향
(香: 냄새), 미(味: 맛), 촉(觸: 맛), 법(法)[87]의 **육진**이다. 이것은
외부의 여섯 가지 경계이다. 이 육진은 거짓이어서 진실하지 않다.
육진을 취하여 감각하는 기관이 육근(六根)이다. 안근(眼根)·이근
(耳根)·비근(鼻根)·설근(舌根)·신근(身根)을 전오근이라 한다. 전

---

82) 印光大師嘉言錄(출전: 淨空老法師專集網), 56쪽
83) 불설대승무량수장엄청정평등각경친문기, 255쪽. 불설아미타경요해강기, 149
　　~150쪽. 중생에 대하여는 이 책【부록】1항 (16)을 참조하라.
84) 불설대승무량수장엄청정평등각경친문기, 280쪽
85) 능엄경 염불원통장 소초대의 강기, 128쪽
86) 위키백과 검색: 육경, 육식, 오근과 육근, 말나식, 아뢰야식, 삼상(아뢰야식),
　　심의식
87) 법(法)이란 의식의 경계로 관념이나 생각 또는 정신적 측면의 것이다(금강경강
　　의, 115, 557~558쪽).

오근과 의근(意根)을 합하면 **육근**이다. 육근 중에서 특히 의근은 축적된 과거 경험의 총체로 육진을 전체적으로 취할 수 있다.[88]

유식종(유식유가행파) 등은 여덟 가지 식(八識) 즉 팔식을 말한다. 식(識)이란 다른 말로 심(心) 또는 심식(心識), 정식(情識)이라고 한다. 우리의 마음은 변하지 않으면서도 연을 따르는(不變隨緣) 두 가지 특성이 있다. 즉 미혹의 연을 따르지 않으면 곧 깨달음의 연을 따르는데, 식(識)은 우리들의 마음이 미혹의 연(緣)을 따라 형성된 것이다. 「식(識)은 진심인 마음이 번뇌에 오염되어(미혹되어) 일으킨 작용이다.」[89]

식(識)은 육근을 통하여 감각된 육진[에 대한 정보]을 인식한다. 안식(眼識), 이식(耳識), 비식(鼻識), 설식(舌識), 신식(身識)을 전오식이라 하고, 여기에 제6식 의식(意識)을 합하여 전육식이라 한다. 육근 중 전오근은 제6식 의식을 낳게 한다. 「전오식은 제6식 의식의 지휘를 받는데, 제6식 의식의 가장 중요한 기능은 의견을 내는 것이다. 우리의 일거수일투족은 모두 제6식 의식이 지휘한다.」[90]

제6식 의식보다 더 심층의 의식인 제7식 말나식과 제8식 아뢰야식이 있다. 전육식에 제7식 말나식까지 합하여 전칠식이라 한다. 전칠식에 아뢰야식을 합하면 마음을 구성하는 것은 여덟 가지 식, 즉

---

88) 불설아미타경요해강기, 215쪽
89) 불설대승무량수장엄청정평등각경친문기, 630쪽. 불설아미타경요해강기, 404쪽. 능엄경 염불원통장 소초대의 강기, 49, 64~65쪽. 정전스님 편역, 불력수행, 2016, 비움과 소통, 11쪽
90) 불력수행, 2016, 비움과 소통, 21쪽

팔식이다. 여기서 제6식인 의식, 제7식인 말나식, 제8식인 아뢰야식을 후삼식이라 한다.

제7식 말나식은 제8식 아뢰야식과 제6식 의식 사이에서 매개 역할을 하여 끊임없이 제6식이 일어나게 하는 작용을 하는 마음이다. 제6식 의식은 제7식 말나식에 근거하여 생겨나는 식이며, 다시 말나식은 제8식 아뢰야식을 근거하여 생겨나는 식이다. 따라서 제8식을 근본식이라 한다. 제7식은 제8식에 의지하여 생겨난 후에 도리어 제8식을 '나'라고 집착한다. 이렇게 제7식과 제8식은 영원히 함께 얽혀 있으며 영원히 중단되지 않는다. 이 집착이 자아의식이다. 이것이 근본무명이다. 제7식 말나식의 본질은 언제나 섬세하게 생각(思量)하는 것이다. 우리들의 일상생활은 제8식을 벗어나 수 없다. 제6식은 분별하고, 제7식은 집착하며, 제8식은 인상을 남긴다.[91]

제8식 아뢰야식에는 모든 것(法)[92]을 내는 종자가 있다. 여기에는 선천적으로 있는 본유종자(本有種子)와 전칠식이 후천적으로 새로이 업을 지어 훈부(熏付)한 신훈종자(新熏種子)가 있다. 사람이 업을 지으면 그에 따른 인상(印象)이나 세력이 마음에 남게 되는데, 종자란 이렇게 업에 의해 마음속에 깃들여지는 기운(習氣)[93]을 말한다. 습기는 장차 결과를 생기게 하는 일종의 잠재력이다. 이런 습기

---

91) 위키백과: 말나식, 유식설, 불설대승무량수장엄청정평등각경친문기, 96쪽, 불력수행, 22쪽
92) = 만사만법, 만사만물, 삼라만상
93) 업습의 기운(화두 놓고 염불하세, 341쪽), 못된 버릇(화두 놓고 염불하세, 374쪽), 나쁜 버릇(화두 놓고 염불하세, 483쪽), 기질, 습관

는 후에 연이 갖추어지면 현행(現行)[94]하여 업보라는 열매를 맺게 된다. 이런 뜻에서 습기는 모든 것을 내는 과실나무의 씨앗과 같다고 하여 종자라고 한다. 다시 말하면 제8식은 현재와 과거 및 미래의 종자 또는 종성(種性)을 포괄한다. 이 종자들은 아무런 이유 없이 사라지지 않으며, 계·정·혜 삼학의 수행을 통해 제거해야 한다. 이것이 바로 삼세인과의 기초이다.[95]

평소에 전오식은 제6식인 의식의 통제를 받는다. 그런데 사람이 잠이 들면 제6식은 더이상 활동을 하지 않는데, 이때에도 제7식과 제8식이 우리의 몸을 잡고 지탱해주기 때문에 혈액순환과 신진대사의 기능이 유지된다. 설사 밤에 깊은 잠이 들었을 때 제6식이 현행을 일으키지 않고 꿈속의 의식마저 없을 때에도, 온몸의 혈액순환과 신진대사는 여전히 운행을 멈추지 않는다. 이 제7식과 제8식은 무시겁 이래 한 번도 멈춘 적이 없다.

제8식 아뢰야식은 영식(靈識), 신식(神識),[96] 식신(識神)이라 이르며, 또 세속에서는 영혼(靈魂)이라 이른다. 제8식은 윤회의 과정에서는 중음신 상태로 있게 된다. 이 제8식이 윤회와 환생의 주체이다. 육도윤회는 바로 신식이 입태하여 환생하는 것이다. 이 과정에서 제8식에 저장되어 있던 업종자들이 일정한 조건(상황), 즉 연(緣)을 만나게 되면 싹을 틔워, 선악의 과보를 받게 된다. 깨달아 자성을

---

94) 현재화, 현재세력화
95) 위키백과 검색: 아뢰야식. 불력수행, 23~24쪽. 금강경강의, 541, 543쪽
96) 모든 생물에 갖추어져 있는 심식(心識)〔불설아미타경요해강기, 187쪽〕

보기(開悟見性) 전에는 신식이 주재자이며, 이것이 나이다. 자성을
개오견성
본 후에는 진심과 본성이 바로 자기 본인이다. 유식학(유식유가행
파)와 법상종에서는 이 아뢰야식이 우주만물의 근본이 된다고 본
다.97)

〔위 설명을 간단하게 종합하면, 자신의 감각기관인 전오근을 통하
여 전오식이 색, 성, 향, 미, 촉에 대한 업에 대한 정보를 받아들인
다. 또 이 업에 대한 정보와 제6근에서 받아들인 법(法), 즉 생각이
나 관념 또는 정신적 측면에 대한 업에 대한 정보를, 제6식이 **요별**
(了別, 인식, 분별)한다. 이 인식된 업에 대한 정보를 제7식이 **사량**
(思量, 헤아림, 가치판단, 집착)하고 제8식에 전송한다. 이렇게 가치
판단된 업에 대한 정보는 제8식에 데이터(업종자, 습기, 인상) 형태
로 저장된다. 이 데이터는 일정한 조건이 주어지면 활성화되는데,
이렇게 저장되고 활성화 되는 것을 **집기**(集起)라 한다. 이 데이터는
비록 하드웨어가 교체되더라도 저절로 사라지지는 않는다.〕

3. 사실진상

마음은 공(空)·성(性)·법성(法性)이라 말한다. 만법은 모두 공
으로 만법의 체성(體性)98)은 모두 공이다. 이 체(體)를 따라 말하
면, 공은 확실히 존재한다. 우리들이 보아도 못 보고 들어도 듣지

---

97) 위키백과 검색: 아뢰야식. 불설대승무량수장엄청정평등각경친문기, 201쪽. 불
설아미타경요해강기, 66~67, 437쪽
98) =본체의 성품

못하고, 찾아도 드러나지 않아 육근의 능력으로 도달할 수 없지만 그것은 존재한다. 법성은 확실히 존재한다. 그것은 일체만유의 본체이므로 진공(眞空)이라 칭하며, 공은 없음(無)이 아니다. 상(相)은 가상(假相)이고, 환유(幻有)이다. 또 묘유(妙有)라 칭한다. '묘유비유(妙有非有) 진공불공(眞空不空)'[99] 이것이 곧 우주와 인생의 사실진상이다.[100] 즉 참으로 비어 있으면서 미묘하게 있는 것(眞空妙有)이다.

(1) 삼무차별

《화엄경》 야마천궁품에서는 '마음 · 부처 · 중생 이 세 가지는 차별이 없다'고 하였다. 마음은 고요하면서 비추고, 불생불멸이며, 널리 뚫려 신령스럽게 통하고, 원융하고 활발하여 세간과 출세간의 일체제법의 근본이 된다. 비록 어리석고 뒤바뀐 미혹을 갖춘 범부의 처지라도 바로 삼세제불과 같아, 차이가 없다. 그래서 마음 · 부처 · 중생을 삼무차별이라 한다. 이것이 우주와 인생의 사실진상이다.[101]

중생은 당체(當體)가 부처이고 불성(佛性)은 평등하고 평등하니, 부처와 중생은 둘이 아니고 평등하다. 부처와 중생은 근본적으로 하나이다. 그 차이는 곧 범부[의 마음]는 미혹되고 오염된 것일 뿐이다. 비록 중생이 미혹 속에 빠져 깨닫지 못하고, 망상을 일으켜 악업

---

99) 묘하게 존재하면서도 존재하는 것이 아니고, 참으로 비어 있으면서도 비어 있지 않음

100) 佛說大乘無量壽莊嚴淸淨平等覺經親聞記(출전: 般若文海), 德遵普賢 第二

101) 印光大師嘉言錄(출전: 淨空老法師專集網), 108쪽. 불설대승무량수장엄청정평등각경친문기, 152쪽. 능엄경 염불원통장 소초대의 강기, 57쪽. 佛學大辭典

을 짓더라도, 본디 갖추고 있는 불성은 조금도 줄어들거나 변하지 않는다. 즉 모든 중생은 다 불성을 가지고 있고, 모두 다 성불할 수 있다. 단지 탐·진·치 등으로 뒤섞여 부처님의 지혜가 곧 중생의 지견(知見)을 이루었다. 부처님의 자성능력은 완전하게 회복하게 되었으나, 우리의 자성능력은 망상과 집착의 번뇌에 가려져 있다. 이와 같이 일체중생은 모두 불성을 가지고 있지만, 부처와 중생의 마음과 행동이 받아쓰는 것(受用)은 절대 같지 않은데, 중생은 깨달음을 등지고 티끌에 부합하여(背覺合塵) 즉 미혹되어서 생사윤회를 하는데 마칠 때가 없고, 부처는 티끌을 등지고 깨달음에 부합하여 (背塵合覺) 불성을 깨달아(悟) 철저하게 열반을 증득하여 영겁토록 상주(常住)한다.102)

화엄경에서는 유정과 무정은 모두 평등하다고 하였다. 부처와 중생이 평등하고, 유정(情)과 무정(無情)이 평등하며, 동물이 평등할 뿐만 아니라, 식물과 광물 역시 평등하다. 마음(眞性)이 유정중생들에게 있으면 불성(佛性)이라 하고, 무정중생에게 있으면 법성(法性)이라 한다. 불성과 법성은 하나인데, 동일한 성(性)이기 때문이다. 따라서 유정중생은 성불할 수 있고, 무정중생도 역시 성불할 수 있다.103)

---

102) 印光大師嘉言錄(출전: 淨空老法師專集網), 33, 92, 106, 110, 157, 168쪽. 화두 놓고 염불하세, 56쪽. 불설대승무량수장엄청정평등각경친문기, 145, 174, 605, 620쪽. 불설아미타경요해강기, 268쪽
103) 불설대승무량수장엄청정평등각경친문기, 174쪽. 불설아미타경요해강기, 266, 271, 280, 437~438쪽

비유하자면, 금광석은 금이 섞여 있는 광물이고, 금제품은 순금이지만, 금광석과 금제품의 금성분 자체가 같다는 사실에는 변함이 없다. 금광석은 중생에, 금제품은 부처에, 금 성분은 마음에, 금광석을 제련하여 순수한 금을 만드는 과정은 수행에, 각 비유할 수 있다.[104]

그러나 이 세계는 사실상 이(理)상으로는 평등하지만, 사(事)상으로는 평등하지 않다. 그러나 서방극락세계는 이(理)와 사(事)가 모두 평등하다. 등각보살 이하 하하품으로 왕생한 사람에 이르기까지 일체의 수용(受用)은 모두 아미타불과 같다.[105]

(2) 심외무법

부처님께서는 경에서 일체법은 심상(心想)으로부터 나온다고 개시(開示)[106]하였다. 마음이 무엇을 생각하면 곧 그것으로 변한다.[107] 십법계 의정장엄은 우리들의 진심본성의 상분(相分)[108]이다. 본성은 변화할 수 있는 주체(能變)이고, 상분은 변화하는 대상(所變)이다.[109] 본성은 진공(眞空)으로 본성은 체(體)이고, 상은 현상이다.

화엄경에서 '일체법은 오직 마음이 나타난 바이고(唯心所現), 오

---

104) 印光大師嘉言錄(출전: 淨空老法師專集網), 169쪽 참조
105) 불설아미타경요해강기, 209~291, 363쪽
106) ＝열어 보임＝가르침
107) 불설아미타경요해강기, 216쪽
108) 인식대상
109) 능(能)과 소(所)에 관하여는 이 책【부록】1항 (5)를 참조하라.

직 식이 변화한 것이다(唯識所變).'라고 말씀하셨다.110) 본성이 상을 나타내면 이것을 일진법계라 한다. 마음속에 견사·분별·집착이 있으면 육도윤회를 변화하여 나타낸다. 시방의 무량무변 제불세계와 시방의 보살세계도 자기심성이 변화하여 나타낸 것이다. 서방극락세계의 아미타불은 우리의 자성이 변화하여 나타난 것이며, 자신의 마음에는 본래 극락이 갖추어져 있다. 따라서 아미타불 명호를 부르고 서방극락세계의 의정장엄을 생각하는 것이 바로 자성으로 돌아가는 것이며, 일체 망상과 잡념으로부터 일념으로 돌아가는 것이다. 그래서 유심정토(唯心淨土) 자성미타(自性彌陀)라 한다. 부처님께서는 일체법은 심상을 따라 생겨난다고 하셨다. 의보와 정보는 모두 심성을 여읠 수 없으며, 심성이 바로 진정한 조물주이다.

마음 밖에 법이 없고(心外無法), 법 밖에 마음이 없다(法外無心). 여기서 법(法)은 우주와 인생의 일체만법(즉 십법계 의정장엄)을 말한다. 경계는 자성이 없어 모두 마음 따라 바뀐다(境隨心轉). 십법계 중생들의 마음의 차원이 다르기 때문에 보이는 현상계 또한 다를 수밖에 없다. 마음을 깨달으면 사성법계로 바뀌고 마음이 미혹하면 육범법계로 바뀌는데, 화엄경에서는 이를 일체유심조(一切唯心造)라고 한다. 비유하면 밤에 꿈111)을 꿀 때 꿈을 꿀 수 있는 것은 이 마음

---

110) 불설아미타경요해강기, 266쪽

111) 유식학을 연구해 보면, 꿈은 제6식인 의식경계의 그림자이다. 즉 의식 뒷면의 일부분으로 심리학에서는 잠재의식이라 한다. 어떤 꿈이라도 모두 자신이 평생에 행했거나, 들었거나, 생각했거나, 보았던 경험들이다. 이 범위를 초과할 수 없다. 어떤 때는 전생의 아뢰야식의 그림자일 수도 있다. 연구에 의하면, 아무리 긴 꿈이라도 5초를 초과하지 않는다.(금강경강의, 528, 539쪽)

으로 그것이 본체이다. 날마다 밤에 꾸는 꿈은 모두 다르다. 그것이 작용을 일으킨다. 마음의 작용은 수천수만 가지로 변화하고 변화하여 우주와 인생이 나온다. 삼라만상은 마음이 작용하여 변하여 나타난 것이다. 또 마음이 불생불멸이므로, 일체만법도 불생불멸이다. 신라 때 원효법사는 해골바가지에 담긴 물로 인해 모든 법이 오직 마음뿐임(萬法唯心)을 깨달았다.112)

부처는 마음일 뿐이고, 마음 아닌 것은 하나도 없다. 화엄경에서 해탈장자는 '자심과 제불보살은 모두 메아리와 같음을 알아야 한다. 비유하자면 빈 계곡에서 소리를 따라 메아리가 울리는 것과 같은데, 자심을 이해하고 깨달으면(解悟) 생각 따라 견불(見佛)을 하게 되고, 내가 이와 같이 알고, 이와 같이 억념(憶念)하면, 뵙게 되는 부처님은 모두 자심으로부터 나온다.'고 하였다.113)

부처란 바로 자기 진심이다. 진심이 드러남을 부처라고 말하고, 진심에 장애와 미혹이 있음이 바로 범부이다.114)

유식종에서는 유식소변을 말한다. 우리의 제8식 아뢰야식 속에

---

112) 의심 끊고 염불하세(철오선사어록), 129쪽. 佛說大乘無量壽莊嚴淸淨平等覺經親聞記(출전: 般若文海), 九 總釋名題. 불설아미타경요해강기, 267쪽

113) 위키백과 검색: 일체유심조. 印光大師嘉言錄(출전: 淨空老法師專集網), 109쪽. 佛說大乘無量壽莊嚴淸淨平等覺經親聞記(출전: 般若文海), 貳 槪要(三 一 經宗趣). 德遵普賢 第二, 邊地疑城 第四十. 불설대승무량수장엄청정평등각경친문기, 29, 69~71, 496, 534, 586, 630, 664쪽. 佛說阿彌陀經要解講記(출전: 華藏淨宗學會), 238~239쪽. 불설아미타경요해강기, 49, 53, 60, 97, 146, 204, 267쪽. 능엄경 염불원통장 소초대의 강기, 49, 59~60, 152 ~153, 188쪽. 불교바로알기, 69쪽. 정토혹문, 60, 63쪽. 불력수행, 13쪽

114) 불설대승무량수장엄청정평등각경친문기, 29쪽. 정토오경일론, 43쪽

저장되어 있는 무명의 종자가 바로 혹(惑)인데, 이 무명의 심식(心識)은 십법계의 온갖 차별적인 거짓된 모습(假相)을 변화해냈다. 이 심식은 환(幻)과 같은 허망한 현상들을 만들어 내고는 스스로 또다시 이런 현상들을 반연(攀緣)[115]하고 분별을 하며, 경계 속에서 탐 · 진 · 치 등의 온갖 번뇌를 일으키고, 신 · 구 · 의 삼업으로는 갖가지 선악업을 짓게 되는데, 이렇게 되어 생사의 괴로운 과보는 끊임없이 잇따르게 된다. 우리들의 제8식 속에 혹업(惑業)[116]은 모두 종자를 가지고 있는데, 만약 이런 혹업의 종자가 사라지기를 바란다면 수행을 통해 혹업을 끊고 지혜를 개발한다면 이러한 허망한 현상과 허망한 분별은 모두 사라지게 되며, 만법이 모두 평등일여한 법계의 본체가 드러난다.[117]

시방세계는 팔식(八識)의 상분(相分)으로 물질이기 때문에 공(空) · 무상(無常) · 무아(無我)이다. 서방극락세계는 심성(心性)의 상분으로 무루(無漏)이며, 진상(眞相)한 것이다. [시방세계든 서방극락세계든] 모두 자기 일념의 마음이 변화하여 있는 것으로 마음 바깥에 얻을 수 있는 것이 아니다. 불법에서 이러한 이치를 전문으로 설명하는 종파가 바로 법상유식종이다.[118]

불교에서는 마음 밖에서 법을 구하는 것을 외도(外道)라 한다. 옛

---

115) 마음이 연분(緣分)에 의지하여 작용을 일으키는 것
116) 번뇌의 원인인 탐 · 진 · 치의 삼혹과 그 혹(惑) 때문에 생기는 업(業)을 말한다.
117) 불력수행, 39쪽
118) 불설아미타경요해강기, 67~68쪽. 능엄경 염불원통장 소초대의 강기, 60쪽

날 인도에는 96종의 외도가 있었다. 외도는 곧 마군이다. 무상정(無想定)을 닦으면 색계(사선천)의 무상천에 가는데 이곳도 외도에 속한다.[119]

(3) 자타불이

삼무차별로 마음과 부처와 중생은 차별이 없고, 심외무법으로 마음이 십법계의 의정장엄을 나타낸 것이니, 자연히 나와 남은 둘이 아니다(自他不二). 그래서 남을 돕는 것이 자기를 돕는 것이다. 다른 사람을 공경하는 것이 바로 자기를 공경하는 것이다.[120]

(4) 인과

[어떤 일이 일어나는] 직접적 원인을 **인(因)**이라 하고, 간접적 조건(상황)을 **연(緣)**이라 한다. 인에는 선연과 악연이 있고, 연에도 선연과 악연이 있다. 또 어떤 것을 조작할 때를 일(事)라 하고 조작이 끝난 것을 **업(業)**이라 한다. 쉽게 말하면, 우리가 어떤 일(事)이나 행위(行)를 하여 이것이 완료된 것이 업(業)이다. **과(果)**는 업에 따라 받게 되는 결과이다. 과거에 맺은 업이 씨앗(因)이 되어, 적정한 연(緣) 즉 발아조건이 갖추어지고, 업(業) 즉 가꾸는 행위가 있으면, 열매(果)를 맺는다. 앞의 하나의 인(因)이 과를 맺으면, 그 과(果)는 다시 인(因)이 되고, 인(因)은 또 과(果)를 맺는다. 즉 인과는 연속적이고 순환적인 것이다. 인과응보는 바로 우주와 인생의 사실진상이

119) 불설대승무량수장엄청정평등각경친문기, 226, 393쪽. 불설아미타경요해강기, 401쪽
120) 불설아미타경요해강기, 51쪽. 금강경강의, 253쪽

다.121)

번뇌는 미혹 또는 혹이라고도 하는데, 이 번뇌에는 망상, 분별, 집착이 있다. 망상은 헛된 생각인데, 업력 중 가장 중요한 기본적 원인은 바로 생각(念頭)으로, 생각이 있으면 업이 있다. 이 생각으로 인하여 몸·입·뜻으로 업을 짓게 되는데, 일에는 선과 악이 있어서, 업에도 선과 악이 있다. 범부들은 번뇌로 인해 악업을 많이 짓기 때문에 윤회를 하면서 고통을 받는다. 선인선과(善因善果) 악인악과(惡因惡果)로, 〔업이 있는데도〕 과보를 받지 않는 것이 아니라, 아직 때가 오지 않았을 뿐이다. 자업자득이고, 자작자수(自作自受)이다. 결코 원인 없이 결과를 얻지는 않는다.122)

내가 나쁜 마음으로 남을 감동시키면, 남도 나쁜 마음으로 반응해 온다. 거꾸로 내가 착한 마음으로 남을 감동시키면, 남 또한 착한 마음으로 호응해 온다.123)

---

121) 위기백과 검색: 인연, 업, 과보. 印光人師嘉言錄(출전: 淨空老法師專集網), 157쪽. 불설대승무량수장엄청정평등각경친문기, 180쪽. 불설아미타경요해강기, 31, 63, 224, 414쪽. 불교바로알기, 231쪽. 일 또는 행위를 인(因)으로, 업을 과(果)로 이해하는 입장도 있다〔불설아미타경요해강기, 224쪽. 印光大師嘉言錄(출전: 淨空老法師專集網), 157쪽〕. 남회근 선생은 업이란 죄가 아니라 습관의 힘(習貫性的 力量)이라 한다(南懷瑾, 金剛經說什麽, 第十七品). 업장은 업에 의한 장애라는 뜻이다(불설대승무량수장엄청정평등각경친문기, 180쪽).

122) 印光大師嘉言錄(출전: 淨空老法師專集網), 88, 158쪽. 佛說大乘無量壽莊嚴淸淨平等覺經親聞記(출전: 般若文海), 德遵普賢 第二, 勸諭策進 第三十三. 佛說阿彌陀經要解講記(출전: 華藏淨宗學會), 18, 254쪽. 불설아미타경요해강기, 22, 153, 318쪽. 정확하게 업에는 선, 악, 무기(無記)가 있다(불설아미타경요해강기, 246쪽).

123) 의심 끊고 염불하세(철오선사어록 상), 127쪽

인연과보는 한 치의 어긋남도 없으며, 또한 과거·현재·미래에 통하고, 범인과 성인에 다 통하며, 서방극락 또한 인과에서 벗어날 수는 없다. 십법계의 인과는 하나하나가 분명하다. 응보는 스스로 받아야 하고, 어느 누구도 대신할 수 없다. 그 괴로움은 이루 말할 수 없을 정도로 심하다. 마치 그림자가 반드시 형체를 따르고, 메아리가 반드시 소리에 응하는 것 같이 절대로 헛되이 버려짐이 없다.[124]

사람들이 함께 지은 업을 동업(同業) 또는 공업(共業)이라 하고, 개인이 혼자서 지은 업을 별업(別業)이라 한다. 공업 속에는 별업이 동시에 존재한다. 공업은 함께 과보를 받고, 별업은 자신이 과보를 받는다. 〔사람들의〕 마음이 착하면 비바람이 순조롭고, 마음이 착하지 않으면 천재가 겹쳐서 발생한다. 공업 속에는 별업이 동시에 존재하는 것이므로, 마땅히 악을 끊고 선을 닦고 공덕[125]을 쌓아야만 이 혼란한 세상에서 다행히 어려움을 피할 수 있다. 염불은 중생의 업을 소멸시킬 수 있지만, 지금은 재난이 많아 온갖 업이 감응한다. 만약 10분의 1의 사람이라도 염불한다면 공업을 와해시킬 수 있다.[126]

---

124) 印光大師嘉言錄(출전: 淨空老法師專集網), 7, 68, 88쪽. 화두 놓고 염불하세, 229쪽. 불설대승무량수장엄청정평등각경친문기, 178, 416, 449, 507, 533, 546, 583, 626쪽. 불설아미타경요해강기, 22, 55, 63, 191, 251쪽. 불교바로알기, 63쪽. 정토혹문, 137쪽

125) 공덕과 복덕에 대하여는 이 책 【부록】 1항 (3)을 참조하라.

126) 印光大師嘉言錄(출전: 淨空老法師專集網), 135, 148쪽. 불설대승무량수장엄청정평등각경친문기, 114, 333, 589쪽. 불설아미타경요해강기, 267쪽. 印光大師嘉言錄(출전: 淨空老法師專集網), 135, 148쪽. 불설대승무량수장엄청정

경전에 '보살은 원인을 두려워하고(菩薩畏因), 중생은 결과를 두려워한다(衆生畏果)'라고 하였다. 악한 결과를 면하려면 먼저 악한 원인을 끊고, 선한 결과를 얻으려면 먼저 선한 원인을 심어야 한다. 따라서 자기의 이로움을 바란다면, 반드시 먼저 다른 이를 이롭게 하라. 자신을 이롭게 하는 일은 모두 악이며, 다른 사람을 이롭게 하는 일은 모두 선이다. 남을 이롭게 하는 것이 바로 자신을 이롭게 하는 것이다. 세간에서 최고의 선(善)은 부처님을 공경하는 일이다. 염불은 선(善)중의 선이며, 선악을 초월한 지극한 선이다.127)

화와 복은 스스로 짓고 스스로 받을 뿐이다. 하늘, 귀신은 인간의 일에 간섭할 권한이 없다. 그들은 마치 이 세상의 경찰이나 법관처럼 단지 자신의 직분을 행사할 뿐, 결코 복과 수명을 주거나 빼앗을 권리가 없다. 지옥에 떨어지거나 천상에 태어나는 것은 오직 사람이 자초한 것이다.128)

《화엄경》에서 이르시길, 만약 악업에 체상(體相)이 있다면, 시방 허공으로도 수용이 불가능하다고 하였다. 범부들은 무량겁 이래 악업을 지은 것이 대지보다 두텁고 대해보다 깊다. 우리는 금생과 과거생에 수많은 악업을 지었으며, 아마도 사람을 죽인 적도 있고 빚진 적도 있을지도 모른다. 사람이 이 세상에 태어난 것은 업을 갚기

평등각경친문기, 114, 333, 589쪽. 불설아미타경요해강기, 267쪽
127) 印光大師嘉言錄(출전: 淨空老法師專集網), 68, 82, 86, 95, 484, 521쪽. 불설대승무량수장엄청정평등각경친문기, 278, 592쪽. 불설아미타경요해강기, 121, 193~194쪽
128) 印光大師嘉言錄(출전: 淨空老法師專集網), 40, 77, 84쪽. 불설대승무량수장엄청정평등각경친문기, 518쪽

위해 온 것이다(人生爲酬業而來). 일체 고난은 따질 필요 없이, 역경이 오면 그것을 순순히 받는다. 만약 그 인연을 알면 달게 받을 수 있다. 이는 모두가 다 과거생과 금생에 지은 불선업(不善業)의 결과이다. 이 사실을 분명하게 알면 결코 하늘을 원망하지 않게 되고 다른 사람도 탓하지 않으며, 편안한 마음으로 받아들이게 된다. 죄와 복은 마음에서 나뉘고, 과보는 마음에서 달라진다.[129]

모든 병이 생기는 근원은 번뇌(망상·분별·집착)로 지은 업에 따라 생겨난다. 인(因)이 좋지 않아 마음이 청정하지 않고 자비하지 않으면, 반드시 목숨이 짧고 병이 많다. 인을 닦으면 과를 얻을 수 있다. 재물을 보시하면 재산을 얻으며, 법을 보시하면 총명과 지혜를 얻으며, 무외(無畏)를 보시하면 건강과 장수를 얻는다. 따라서 재산에 인색해서도 안 되며, 재물을 탐해서도 안 된다. 남을 가르치는 것에 인색하면 어리석음의 과보를 받고, 재물 보시에 인색하면 빈곤의 과보를 받는다. 사람들은 과보의 무서움을 모른다. 악업을 지으면 반드시 악보를 받게 되어, 오랜 겁에 걸쳐 육도를 윤회하는데, 곧 사면이 없는 감옥과 같다. 능엄경과 지장경에서는 지옥의 상황에 대해 매우 상세하게 설명하고 있다.[130]

---

129) 印光大師嘉言錄(출전: 淨空老法師專集網), 24, 124, 132쪽. 불설대승무량수장엄청정평등각경친문기, 292~293, 313~314, 500쪽. 불설아미타경요해강기, 31쪽

130) 印光大師嘉言錄(출전: 淨空老法師專集網), 13쪽. 불설대승무량수장엄청정평등각경친문기, 335쪽. 불설아미타경요해강기, 156, 355, 438쪽. 불교바로알기, 211쪽. 금강경강의, 373쪽. 무외(無畏)는 두려움이 있는 타인에게 두려움을 없게 하는 것이다.

부귀와 빈천은 숙세 행위의 과보이다. 한번 먹고 마시는 일이 전생에 이미 정해지지 않은 것이 없다. 재물은 운명에 있는 것이면 없애려고 해도 없앨 수가 없으며, 운명에 없는 것이면 얻으려고 해도 얻을 수가 없다.[131]

세간에서 높은 관직을 지내고 많은 재물을 버는 사람들은 대부분 과거생에 훌륭한 수행자들이었다. 그러나 이들은 습기가 아직 없어지지 않아, 기꺼이 서방에 왕생하려고 하지 않았기 때문에, 여러 해의 고행을 현생의 영화와 부귀로 바꾸었다. 그 복을 다 누리고 나면 제8식 아뢰야식의 밭에는 여전히 악업의 종자가 남아 있어서 인연에 따라 나타나며, 〔내생의〕 과보는 아마도 삼악도에 있을 것이다. 즉 삼세원(三世怨)에 떨어진 것이다. 그러니 이는 참으로 너무나 가치가 없는 일로, 탄식할 뿐이다.[132]

생활할 때, 수입에 맞추어 지출하고, 배부르게 먹고 따뜻하게 입으면 충분하다. 적은 것에 만족하면서, 하루에 두 끼니의 밥이 있고, 머물 곳이 있으면 그것으로 충분하다. 세상 사람들은 모두가 미혹되고 어리석어 언제나 남과 비교하고자 하는데, 이것이 바로 인간세상에서 겪는 괴로움의 근원이다. 세상 사람들은 '태어날 때도 가지고 오지 않았으며, 죽을 때도 가지고 가지 않는다'라고 말은 하지만, 사

---

131) 불설대승무량수장엄청정평등각경친문기. 418, 507, 701쪽. 불설아미타경요해강기, 245쪽
132) 불설대승무량수장엄청정평등각경친문기. 649쪽. 삼세원이란 전생에 복덕을 쌓아 금생에 그 복덕을 누리면서 악업을 지어 내생에 다시 악도에 떨어지는 원통함을 말한다.

실상 그 또한 한 가지도 내려놓지 못한다.[133]

복은 있으나 지혜가 없으면 재산은 좋은 것이 아니다. 이러한 재산은 자신을 해칠 뿐만 아니라, 그 자손까지 해치게 된다. 자손도 그의 복을 타고 난다. 그러므로 자손에게 재산을 남겨주지 말아야 한다.[134]

여래께서 위로 불도를 이루고, 중생이 아래로 아비지옥에 떨어지는 것은 모두 인과 밖을 벗어날 수 없다. 삼계육도 윤회를 벗어나고자 하면 반드시 업을 끊어야 한다. 삼계육도 윤회를 하는 업의 원인은 바로 견혹과 사혹이다. 따라서 이를 완전히 끊어버려야 비로소 삼계육도 윤회를 벗어날 수 있는데, 이는 [범부가] 한 생에 해낼 수 있는 것이 아니다. 업장이 끊어지지 않으면 임종할 때 반드시 장애가 되어 왕생할 수 없다.[135]

인과는 절대로 없어질 수 없다. 그러나 우리들은 인(因) [즉 이미 지어진 업]은 장악할 수 없지만, 연(緣)은 장악할 수 있으며, 악연을 끊어버리고 선연을 증장시키면 기대한 과보를 얻을 수 있다. 마음은 업을 지을 수도 있고, 마음은 업을 바꿀 수도 있다. 현재의 모든 경계와 미래의 과보는 모두 업의 소치이며 또한 마음의 조화이다. 업이란 이미 지난 때에 지은 것이라, 이것은 참으로 어찌할 수가 없다.

133) 불설대승무량수장엄청정평등각경친문기, 207~208, 313~314쪽
134) 불설대승무량수장엄청정평등각경친문기, 501쪽. 불설아미타경요해강기, 366쪽. 정토혹문, 121쪽
135) 印光大師嘉言錄(출전: 淨空老法師專集網), 108쪽. 불설대승무량수장엄청정평등각경친문기, 522쪽. 불설아미타경요해강기, 22쪽

다행스럽게도 〔지금〕 마음을 낼지 말지 선택의 기회가 나한테 있어서, 업을 지을지 업을 바꿀지도 결코 남한테 달려 있지 않다.[136] 정해진 운명을 바꾸는 방법에 관하여는 자세한 것은 〈요범사훈〉을 참조하라.[137]

불법의 기초는 삼세인과와 육도윤회 위에 세워졌다.[138]

(5) 윤회

윤회란 마치 수레바퀴가 회전하여 멎지 않는 것처럼 중생이 번뇌와 업으로 인하여, 즉 죄와 복의 인연으로 주인 노릇을 하지 못하고 흘러 돌아 삼계육도에 태어나고 죽는 것이 끝없는 것을 말한다. 태어나도 온 곳을 모르고, 죽어도 가는 곳을 모른다. 이 괴로운 존재에서 벗어나는 경지가 열반이다. 세간의 어떤 괴로움도 생사윤회보다 더 엄청나게 무거운 것은 없다.[139]

이하 죽음 · 윤회 · 환생에 관한 설명은 별도의 각주가 없는 한 주로 오총룡 서사의 「징토도인(淨土導言)」[140]을 정리한 것이다.

「사람은 누구나 할 것 없이 다 오래 사는 것을 탐하고 죽는 것을 두려워하는데, 이는 자신이 주관할 수 없다.」[141] 제7식과 제8식이

---

136) 徹悟禪師語錄 卷上. 불설아미타경요해강기, 195쪽
137) 불설대승무량수장엄청정평등각경친문기, 418~419쪽
138) 금강경강의, 338쪽
139) 위키백과 검색: 윤회. 印光大師嘉言錄(출전: 淨空老法師專集網), 110쪽. 의심 끊고 염불하세, 89쪽
140) 불력수행, 2016, 비움과 소통 中
141) 불설대승무량수장엄청정평등각경친문기, 423쪽

몸을 떠나 더 이상 몸을 잡고 지탱하지 않는다면 혈액순환과 신진대사가 멈추고, 생명이 끝나는데, 이것이 죽음이다. 죽음이 임박한 것을 임종, 호흡이 끊어지고 몸까지 완전히 식고 제8식이 몸을 떠난 것을 명종이라 한다. 사람이 죽음에 이르는 과정은 아래의 4단계로 구분해 볼 수 있다.

임종(병이 위중함 ⇒ 호흡이 끊김 ⇒ 난심위) ⇒ 명종(몸이 완전히 식고, 제8식이 몸을 떠남)

임종에 이르러 호흡이 끊기고 몸이 점차 식어감에 따라, 평소 우리 일상생활을 지휘하던 전오식과 제6식이 더이상 활동을 하지 못하고 떠나간다. 몸에 아직 체온이 남아 있다면 오직 제7식과 제8식만 남는다. 난심위는 망자의 몸이 완전히 식어 최후에 제8식이 곧 이 몸을 떠나게 되는 순간에 나타나는 어지러운 마음 상태이다. 난심위에서는 다겁생에 걸쳐 제8식 속에 저장되어 있던 업종자들이 서로 다투어 현행을 일으키려고 한다. 이미 전오식을 통제하던 제6식이 떠나간 상태이므로 임종자는 의식이 없어 제대로 판단작용을 하지 못한다. 따라서 이 업종자들이 현행하여 만들어 내는 환영을 실제 일어나는 일로 착각하게 된다. 이때 무량겁 이래의 원수와 빚쟁이들이 모두 한꺼번에 달려들어 아우성치며 호락호락 넘어가지 않으려 한다. 이처럼 혼잡하고 어수선한 순간에는 대체로 가장 강력한 업종자가 먼저 현행을 일으킨다.[142]

---

142) 불력수행, 32~33쪽

염불하여 정토에 태어나길 구하는 목적은 생사윤회에서 벗어나는 것으로 그 중에서 가장 중요한 것은 바로 마지막 임종할 때의 일념이다. 임종의 한 생각에 따라 십법계의 차이가 벌어진다. 임종시에 탐·진·치 악습이 여전히 남아 있다면, 무량겁 이래의 원수와 빚쟁이들(怨家債主)[143]이 모두 달려들어 핍박하고 때리면서 어찌 당신을 용서하겠는가. 업에 따라 다음 생을 받게 되고, 악업에 끌려 삼계육도에서 영원히 윤회하게 된다. 진실로 아미타불을 생각하고 극락정토 왕생을 구한다면 아미타불을 친견하면서 극락왕생하지 않을 리가 없다. 그러므로 우리들이 바로 이 나무아미타불 한 구절의 성호를 천번 만번 염송하며, 그렇게 하루종일 한평생 염불하는 까닭도, 바로 임종시의 한 생각을 무르익게 하기 위한 목적 밖에 없는 것이다.[144]

〈군의론(群疑論)〉에서는 중풍 같은 질병, 또는 갑작스런 사고사 등의 10종 악연으로 죽는 경우에는 임종시에 염불하기 어렵다고 하였다. 설령 이러한 악연이 아닌 가벼운 병에 걸려서 죽었다고 할지라도 풍도(風刀)로 사대가 해체되고 분리되는 것을 모면할 수는 없으며, 마치 살아 있는 거북의 등껍질을 벗기는 것처럼 그리고 게가 끓는 물에 떨어진 것처럼 고통이 핍박하고 두려움과 공포가 크면 염불할 수 없다. 또 병이 없이 죽는다고 하더라도 세속의 인연을 다하지 못하고 세속의 생각을 멈추지 못하며 생을 탐하고 죽음을 두려워

---

143) = 원친채주(怨親債主)
144) 印光大師嘉言錄(출전: 淨空老法師專集網), 58쪽. 의심 끊고 염불하세(철오선사어록), 123쪽. 불설대승무량수장엄청정평등각경친문기, 90쪽

하며 어지럽게 헤매게 되며, 가족들이 울고 온갖 근심거리가 끓는다면 염불할 수가 없다. 또 병에 걸리기 이전이라 하더라도 나이가 많아서 신체의 노쇠가 현저하고 몸이 견딜 수 없을 정도로 피곤하며 근심걱정으로 괴로워한다면 염불할 수 없다.[145]

제8식은 사람이 죽어 호흡이 끊어진 후에는 즉시 떠나지 않고, 반드시 몸 전체가 다 차가워지기를 기다려, 한 점의 따뜻한 기운도 없으면 바야흐로 떠난다. 제8식이 떠나면 이 몸은 털끝만큼의 지각도 없다. 만약 몸에 한 곳이라도 약간의 따뜻한 기운이 있으면 제8식은 아직 떠나지 않은 것이다. 경전을 살펴보면, 목숨(壽)·따뜻함(煖)·식(識) 세 가지는 항상 서로 여의지 않는다고 이르고 있다. 죽을 때는 전오식, 제6식, 제7식으로 순서로 떠나고, 제8식이 가장 늦게 떠난다. 즉 난심위가 지난 후, 제8식은 몸을 떠나는데, 제8식마저 완전히 망자의 몸을 떠나면 완전한 죽음 즉 명종에 이르게 된다. 이 명종 이전의 상태를 임종이라 한다. 제8식이 몸을 벗어나는 순간 바로 중음신(中陰身)이 형성된다.[146]

중음신이란 제8식이 죽은 후에 수태가 되기 전에 중간단계에서 잠시 형성한 몸을 말한다. 중음신은 비록 망자의 몸을 떠났지만, 여전히 몸에 있던 때의 감정과 견해를 가지고 있다. 십법계 중 어느

---

145) 정토혹문, 115~117쪽. 태어남은 산 거북이의 등가죽을 벗기는 것과 같고, 죽음은 산 게를 끓는 물에 집어넣는 것과 같다(화두 놓고 염불하세, 226쪽). 죽을 때 신식이 몸을 떠나는데, 마치 산 거북이가 껍질을 벗는 것과 같다(불설아미타경요해강기, 150쪽).

146) 印光大師嘉言錄(淨空老法師專集網), 67, 128쪽. 화두 놓고 염불하세, 224쪽. 불력수행, 30, 33쪽

곳의 중음신을 형성할 것인지는 난심위에서 현행을 일으킨 종자가 십법계 중 어느 도(度)의 업종자인가에 따라 결정된다.[147]

이 중음신은 다음에 받게 될 몸과 비슷하다. 중음신은 인연 있는 부모의 정자와 난자가 모일 때 태에 들어가는데, 이것을 삼화합이라 한다. 즉 생을 받는 것은 반드시 신식(神識)이 부모의 정자와 난자와 화합할 때이다. 이렇게 수태될 때 이미 신식은 그 태 속에 있게 된다. 신식은 영명하여 사람이 처음 수태될 때 먼저 온다. 그러므로 모태에 있는 아이가 활동을 하게 된다. 태를 받은 이후에는 제7식, 제6식과 전오식의 차례로 들어온다. 즉 죽을 때 떠나갔던 순서와 반대로 태에 들어오는 것이다.[148] 이것이 환생이고, 윤회의 과정이다.

만약 환생의 과정에서 중음신이 입태의 기회를 얻지 못하면 7일째 되는 날 죽었다가 다시 살아나게 된다. 이렇게 7일에 한 번씩 죽었다가 살아나기를 반복하는데 가장 늦게는 7일×7번＝49일에 입태를 할 수 있는 기회를 만나게 된다. 중음신의 절대다수가 존재하는 시긴은 49일이다. 그런데 중음신익 생사는 곧 무명심(無明心) 속에서 나타나는 생멸의 모습을 말하는 것으로, 세상 사람들의 생사의 모습과 같이 말할 수 없다.[149]

---

147) 印光大師嘉言錄(淨空老法師專集網), 129～130쪽. 불설아미타경요해강기, 368쪽. 불력수행, 33쪽
148) 印光大師嘉言錄(출전: 淨空老法師專集網), 67, 128, 130쪽. 화두 놓고 염불하세, 224쪽. 불력수행, 34쪽
149) 印光大師嘉言錄(출전: 淨空老法師專集網), 129쪽. 불설아미타경요해강기, 230, 368쪽. 불력수행, 34～35쪽

이 중음신의 단계는 난심위 다음으로 중요한 단계인데, 가족들은 반드시 그를 위해 독경과 염불, 방생과 경전을 인쇄하여 그에게 좋은 인연을 지어주어야 한다. 이것이 49재를 지내는 동안 중음신을 제도하는 준칙이다. 그러나 그가 어느 곳에 환생하는가는 여전히 자신의 업을 따라 유전(流轉)하는 것이며, 자신이 완전히 주재할 수는 없다.[150]

중음신이 모태에 들어가기만 하면 즉 새로운 몸을 받으면, 전생의 일을 모두 잊어버리게 되는데 이를 격음지미(隔陰之迷)라 한다. 이는 음(陰)에 막혀 미혹된다는 뜻이다. 보살이라 하더라도 격음지미가 있다. 윤회의 과정에서, 초과 수다원도 모태에서 나올 때 어둡고(昧), 보살은 격음지미에 어둡다(昏). 설사 불법을 만나서 공부를 할 수 있다고 하더라도 전생에서 배우고 닦은 것을 바로 이어나갈 수 없기 때문에 깨달음을 향한 여정에서 우리는 또다시 처음부터 시작할 수밖에 없다. 칠지보살 아래도 또한 격음지미를 가지고 있다. 설사 전생에 스님이었던 자도 끝내 미혹하여 돌이키지 못하는 이가 열에 아홉이라면, 숙세의 인연을 등지지 않는 이는 겨우 열에 한둘일 뿐이다. 그러나 정토법문을 닦으면 〔극락왕생 후에 중생제도를 위해 다시 사바세계로 온다고 하더라도〕 아미타부처님의 본원력과 위신력의 가지로 격음지미가 없다. 이분들은 오고 감이 스스로 여여(如如)하고, 육신통을 다 잊어버리지 않는다. 이것은 아미타불 48대원 중 제35원과 제36원에 의한 것이다.[151]

---

150) 佛說阿彌陀經要解講記(출전: 華藏淨宗學會), 406쪽. 불력수행, 35쪽
151) 불설대승무량수장엄청정평등각경친문기, 286, 295, 397, 456, 515쪽. 정토

신식(神識)이 모태에 있는 열 달 동안 느끼는 것은 마치 지옥에 있는 것과 같다. 엄마가 찬물 한 잔 마시면 마치 한빙지옥에 있는 것과 같고, 뜨거운 물을 마시면 마치 팔열지옥에 있는 것과 같다. 출생하려는 그 순간은 마치 협산지옥과 같으며, 태어나 공기를 접하는 그 순간은 마치 풍도지옥과 같다. 모태에서 나온 이후에는 전생의 일을 깨끗하게 잊어버린다. 자세히 말하자면, 어떤 사람은 입태시에는 미혹되지 않으나 태 속에 머물면서 기억을 잃어버리기도 하고, 어떤 사람은 입태시나 태 속에서 미혹되지 않으나 출태하는 순간 미혹되기도 한다.[152]

윤회는 너무 고통스러우며, 대단히 두려운 것이다. 태어나면 반드시 죽음이 있게 마련이다. 윤회는 확실히 진실로 있다. 부처님의 말씀은 거짓이 아니다.[153]

설사 가장 가까운 가족일지라도 두 사람의 생각은 각자 다르기 때문에 각자의 업력 또한 당연히 다르다. 그러므로 스스로 짓고 스스로 받으며, 홀로 태어났다가 홀로 가기에 대신할 수 있는 사람은 아무도 없다. 사람마다 각자 자신이 받은 과보로 인해 육도에서 돌아다닌다. 가족이 설사 서로 사랑할지라도 한번 다시 태어나면 전혀 알아보지 못한다.[154]

혹문, 17쪽. 불력수행, 39~41쪽. 왕생집, 227쪽. 금강경강의, 90, 211쪽
152) 불설아미타경요해강기, 150쪽. 금강경강의, 210쪽
153) 불설대승무량수장엄청정평등각경친문기, 426, 504~505쪽
154) 불설대승무량수장엄청정평등각경친문기, 512~513쪽

정토종 제11대 조사이신 성암대사께서는 '삼천대천세계의 모든 티끌 수로도 우리가 윤회하면서 들락날락 옮겨 다닌 몸을 다 헤아리기 어려우며, 사해(四海)의 바닷물로도 우리가 그렇게 헤어지면서 흘린 눈물을 셈할 수가 없다.'고 하셨다.[155]

송나라 양걸거사는 '애욕이 깊지 않으면 사바세계에 태어나지 않았고(愛不重 不生娑婆), 염불이 일념이 되지 않으면 극락에 태어나지 못한다(念不一 不生極樂)'고 하였다.[156]

불교에서 말하는 어리석음은 세상 사람들이 선악의 경계와 인연에 대하여, 그것들이 모두 과거 숙세의 업장과 현생의 행위로 초래되는 감응인 줄을 모르고, 세상에 인과응보나 전생과 내생 따위는 전혀 없다고 함부로 망발하는 것을 가리킨다. 이처럼 윤회를 믿지 않고, 인과를 믿지 않고, 성언량(聖言量)[157]을 믿지 않는 것은 대사견(大邪見)이다. 설사 부처님이 말씀하신 것이 불가사의한 경계에 속하는 것이라도 마땅히 부처님의 말씀인 성언량을 믿고 우러러야 하며 망령되이 추측하지 말아야 한다.[158]

---

155) 의심 끊고 염불하세(권발보리심문), 262~263쪽
156) 의심 끊고 염불하세(염불절요), 14, 233~234, 248, 255쪽. 왕생집, 103쪽. 양걸(楊傑)은 양무위(楊無爲)라고도 한다. 송나라 신종(神宗) 때 태상과 예부 원외랑 등을 지냈고, 예악(禮樂)에 밝았으며, 불교수행에도 정진하였다. 천태 지자 대사의 「정토십의론(淨土十疑論)」에 서문을 썼다〔의심 끊고 염불하세, 119쪽 각주 25〕. 연관 옮김, 왕생집, 2012, 호미, 203~204쪽〕.
157) 성언량은 성인께서 진리를 말씀하신 것을 말한다(의심 끊고 염불하세, 129쪽 참조).
158) 印光大師嘉言錄(출전: 淨空老法師專集網), 133, 159쪽. 화두 놓고 염불하세, 151~152쪽. 불설아미타경요해강기, 361쪽

죽음과 윤회, 그리고 환생에 관하여는 자세한 것은 〈티벳 사자의 서〉를 참고하라.

(6) 무상(無常) 등

부처님께서는 이 세계는 고(苦)·공(空)·무상(無常)이라 하셨다. 고집멸도, 고(苦)·공(空)·무상(無常)·무아(無我)·부정(不淨)이 우주와 인생의 사실진상이다. 부처님께서는 진실한 지혜로 이와 같은 세간과 출세간의 진상, 즉 우주와 인생의 사실진상을 깨달으셨다. 즉 우리들이 윤회 속에 떨어져 의혹을 일으키고, 업을 지으면서도 자신과 생활환경의 진상에 대해 전혀 이해하지 못하여, 잘못 생각하고, 잘못 보고, 잘못 행하는 것을 철저하게 다 보셨다.[159]

부처님께서는 삼계는 모두 고통뿐인 고해로, 고통은 많고 즐거움은 적다고 하셨다. 세상에는 고통과 어려움이 너무 많으며, 일마다 장애가 겹겹이 쌓여 있어, 뜻대로 되지 않는 일이 항상 10가지 가운데 8, 9가지나 된다. 육도 속에는 진정한 즐거움은 없으며, 설사 있다고 해도 영원히 지속될 수 없다. 인생은 한바탕의 공(空)에 불과하며, 인생은 무아(無我)로 사람의 몸은 사대와 오온의 거짓 결합이다. 또 인생은 무상(無常)한 것으로 생로병사가 있어, 오랫동안 지속되는 나라는 실체가 없으며, 생사윤회는 끝이 없다.[160]

---

159) 위키백과 검색: 반야. 印光大師嘉言錄(출전: 淨空老法師專集網), 119쪽. 불설대승무량수장엄청정평등각경친문기, 14~15, 583쪽. 불설아미타경요해강기, 19, 66, 230, 273쪽

160) 印光大師嘉言錄(출전: 淨空老法師專集網), 124쪽. 불설대승무량수장엄청정평등각경친문기, 40, 502, 524쪽. 佛說阿彌陀經要解講記(출전: 華藏淨宗學會),

진실한 지혜는 우주와 인생이 허깨비 같아 변화하여 무상한 것임을 아는 것이다. 만약 이를 진짜로 여기게 되면 미혹되고 전도되어 스스로 고생을 사서 하게 된다. 진상을 알면 놓아버릴 수 있으며, 놓아버리면 자재하다. 세간 일체는 모두 허망한 가짜로 진실한 것이 없고, 생사윤회의 업이니 단지 대범하게 떠나면 된다. 그러나 인생에서 제일 어려운 것이 놓아버리는 것이다.[161]

이병남 거사[162]께서는 왕생하시기 며칠 전에 '세계는 이미 혼란해져서 설사 불보살님이 오신다 해도 구제할 수 없다'고 말씀하셨다.[163]

세상의 재산·권리·명성·지위는 모두 거짓인 것이며, 단지 임종할 때 아미타불이 오시어 접인하는 것이 바로 진실한 것이다. 인생은 괴롭고 짧으며, 생사는 피곤하니, 속히 스스로 구제해야 하며, 또한 적어도 가족과 친척들을 구제해야 한다.[164]

69쪽. 불설아미타경요해강기, 50, 66, 145, 190, 273, 404쪽

161) 印光大師嘉言錄(출전: 淨空老法師專集網), 124쪽. 불설대승무량수장엄청정평등각경친문기, 40, 317, 502, 524쪽. 불설아미타경요해강기, 50, 66, 190쪽. 금강경강의, 109쪽

162) 이병남 거사는 인광대사님의 재가제자이고, 정공법사의 스승 중 한 분이시다.

163) 불설대승무량수장엄청정평등각경친문기, 114쪽

164) 불설대승무량수장엄청정평등각경친문기, 82쪽. 불설아미타경요해강기, 99쪽

제4장 경·율·론

부처님께서 멸도하신 후 제자들이 부처님께서 설하신 법을 결집하여 경·율·론 삼장(三藏)을 만들었다.[165]

부처님의 가르침이 통용되는 기간, 즉 법운(法運)은 1만 2천 년이다. 부처님과 그 후 몇몇 대제자들이 살아 있을 때까지의 시기를 정법시대라 하고 1,000년간이다. 불상과 불경이 남아 있는 시기를 상법시대라 하고 1,000년간이다. 불경이 모두 없어지고 단지 미신만이 남아 있는 시기를 말법시대라 하고 10,000년간이다. 부처님께서 열반에 드심을 보여주신 이래 지금까지 3,000여 년이 되었고, 세상은 이미 말법시대로 들어섰다. 1992년은 중국 역사기록에 의하면 불기 3018년이며, 바로 말법시대 두 번째 1,000년의 시작이다. 아직 9천여 년이 남았으며, 그 후로 불법은 장차 점점 쇠미해져서 최후에는 소멸된다. 지금은 법이 약하고 마가 강하다.[166]

---

165) 불설대승무량수장엄청정평등각경친문기, 120쪽. 불설아미타경요해강기, 209쪽, 능엄경 염불원통장 소초대의 강기, 177쪽. 부처님께서 설하신 경·율·논 삼장에 대하여 통달하지 않은 것이 없어야 삼장법사라 칭할 수 있다(불설아미타경요해강기, 17쪽).

166) 印光大師嘉言錄(출전: 淨空老法師專集網), 153쪽. 의심 끊고 염불하세, 267

예로부터 조사와 대덕들은 경문에 근거하여 부처님이 멸도하신 후로부터 다섯 시기로 나누었으며, 각 시기는 500년이다. 첫 번째 시기는 해탈견고로 매우 많은 사람이 해탈하였다. 두 번째 시기는 선정견고로 매우 많은 사람이 쉽게 선정을 얻을 수 있었다. 세 번째 시기는 다문(多聞)견고로 선정의 사람이 적고, 모두들 이론을 연구하여 저술이 대단히 많다. 네 번째 시기는 탑사견고로, 진정한 수행을 하는 사람은 적고 단지 사찰만을 지었을 뿐이다. 다섯 번째 시기는 투쟁견고로, 이 시기에는 싸움이 많다.[167]

1. 경전

제불은 우주와 인생의 사실진상을 철저하게 아시는 분인데, 부처님께서 말씀하신 법(法)은 이를 설명하는 것이다. 《열반경》에서 '법(法)은 부처님의 어머니이고, 부처님은 법에서 생겨난다. 삼세의 여래는 모두 법을 공양한다'고 말씀하셨다. 석가모니부처님께서 설하신 일체법의 내용은 우리에게 어떻게 괴로움을 여의고 즐거움을 얻어 원만하게 불도를 이룰 수 있는지 가르치는 것이다. 마음에 있는 것을 법(法)이라 하고, 법이 말로 표현되면 교(敎)라 부르는데, 흔히 교법(敎法)이라 통칭한다. 부처님께서 말씀하신 일체법을 기록한 것이 경전이고, 경전을 모은 것이 대장경이다. 대장경은 석가모니부처

쪽 각주 참조. 불설대승무량수장엄청정평등각경친문기, 40, 59, 595쪽. 불설아미타경요해강기, 91쪽. 금강경강의, 153~154, 292쪽

167) 불설아미타경요해강기, 210쪽. 정수첩요보은담, 218쪽

님께서 49년 동안 300여 회 설법하신 것을 고승대덕들의 정리와 분류를 거쳐 대총서(大叢書)로 편찬한 것이다. 경전은 모두 부처님께서 자기 진여본성에서 말씀하신 언어문자이며, 밀교의 말로는 진언(眞言)이다. 금강경 제14품에 따르면, 여래는 참된 말을 하는 분(眞語者)이고, 실제로 존재하여 허망하지 않은 말을 하는 분(實語者)이며, 늘지도 않고 줄지도 않아 완전히 같은 말을 하는 분(如語者)이고, 속임이 없는 말을 하는 분(不狂語者)이며, 사실과 다른 말을 하지 않는 분(不異語者)이다. 경은 삼세여래의 법신사리이고, 구법계 중생이 고해를 벗어나게 하는 자비로운 배이다. 그래서 하나의 경에 통달하면 일체경에 통달하는 것이다. 따라서 경전은 마땅히 진짜 부처님으로 보아야 한다.[168]

모든 대승경전은 실상을 본체(體)로 삼으며, 여기서 실상은 우주와 인생의 사실진상이다. 부처님께서 49년간 설하신 일체법의 내용은 바로 우주와 인생의 사실진상을 설명하는 것이다.[169]

부처님께서 멸도하신 후에 부저님의 시자였던 디문제일 아난이 부처님께서 이미 강설하신 경에 의거하여 구술하였으며, 거기에 참석한 500명의 아라한들이 모두 이의를 제기하지 않아야 비로소 정식으로 경으로 기록하였다. 이것이 경전에 대한 1차 결집인데, 이는

---

168) 印光大師嘉言錄(출전: 淨空老法師專集網), 69, 73~74, 89, 127쪽. 화두 놓고 염불하세, 42쪽. 불설대승무량수장엄청정평등각경친문기, 14~15, 27, 36, 62, 85, 584, 638쪽. 불설아미타경요해강기, 10, 19, 51, 85, 198, 230, 382쪽. 불교바로알기, 70쪽. 정토오경일론, 44쪽. 부처님께서 법을 설한 기간을 45년이라 하기도 한다.
169) 불설아미타경요해강기, 38, 198쪽

석가모니의 말을 제자들이 다시 암송하는 것이었다. 즉 현재처럼 책으로 만들어진 것이 아니라, 같이 암송하여 석가모니의 말임을 확인하는 것이 결집이었다.[170)

일체경은 지도 또는 처방전과 같다. 부처님께서는 자신의 경험과 수학(受學)방법, 즉 사실진상과 수학방법을 우리들에게 가르쳐 줄 뿐이다. 즉 제공하고 알려줄 뿐이다. 그 이상은 우리 자신의 노력에 의지해야 한다. 우리가 스스로 노력하지 않는데 부처님께서 우리를 깨닫도록 도와줄 수는 없다. 이 가르침에 따라 수행하고 수지한다면 또한 발원을 이룰 것이다.[171)

중국 불교계에서는 대승원교나 일승원교의 경전을 언급할 때, 첫째는《화엄경》이고, 둘째는《법화경》이며, 셋째는《범망경》이라는데 의견이 일치한다. 화엄경과 법화경을 대체로 일승원교의 대경이라 칭한다.[172)

부처님을 만나 직접 법음(法音)[173)을 들으면 깨달아 과위를 증득할 가능성이 높지만, 오늘날은 부처님께서 계시지 않으므로 오직 경전에 의지하여 수학(受學)할 수밖에 없다. 부처님의 경전을 읽을 수 있는 것은 직접 가르침을 받는 것과 마찬가지이다. 금강경에 따르

---

170) 위키백과, 검색: 불경. 불설대승무량수장엄청정평등각경친문기, 165, 607쪽. 불설아미타경요해강기, 95~96쪽
171) 불설대승무량수장엄청정평등각경친문기, 15, 67, 177쪽. 금강경강의, 241쪽. 수학방법＝수행방법
172) 불설대승무량수장엄청정평등각경친문기, 127, 166쪽. 불교바로알기, 196쪽
173) ＝원음(圓音)＝부처님께서 설하신 진리의 소리(불설아미타경요해강기, 209, 236쪽)

면, 경전이 있는 곳이 바로 부처님과 그분의 존중받는 제자들이 계신 곳이다.[174)

여래의 설법은 항상 중생에 수순한다. 부처님께서 설하신 음성을 원음(圓音)이라 한다. 부처님께서는 한 가지 음성으로 법을 설하지만 중생은 부류에 따라 각자 이해한다. 부처님 경전을 처음 볼 때 온갖 모순이 나타나니, 어느 때는 공(空)을 말하다가 금방 유(有)를 말하기도 한다. 부처님께는 본래부터 말할 수 있는 고정된 법이 없었다. 중생이 집착에 매여 있기 때문에, 부처님께서 법을 설하여 그 집착을 깨뜨려줄 뿐이다.[175)

학불(學佛)을 할 때 반드시 대장경에 의거하여야 한다. 일반 출가자 · 법사 · 대덕으로부터 위로는 법신대사 · 등각보살에 이르기까지, 이러한 훌륭한 선지식들의 말씀이 부처님께서 경에서 강설하신 것과 상응하지 않는다면, 일체 따라서는 안 된다. 그래서 만약 어떤 말이 경전을 인용한 것이면 어떤 경인지 자세히 살펴보아야 한다.[176)

세상에는 미치광이들이 있어, 간혹 자신의 학식이 고명함을 표방하기 위해 어떤 경을 위조라 말하고, 혹은 또 경은 부처님 말씀이 아니라고 말하면서 함부로 떠들어댄다. 이러한 사람들은 자신이 이

---

174) 印光大師嘉言錄(출전: 淨空老法師專集網), 20~21쪽. 불설대승무량수장엄청정평등각경친문기, 462, 520, 592, 610쪽. 불설아미타경요해강기, 209쪽

175) 印光大師嘉言錄(출전: 淨空老法師專集網), 149쪽. 불설대승무량수장엄청정평등각경친문기, 637쪽. 불설아미타경요해강기, 236쪽

176) 불설대승무량수장엄청정평등각경친문기, 341, 425쪽. 불설아미타경요해강기, 403, 405쪽

미 법을 비방한 죄를 지었는지조차도 알지 못한다.[177]

고승대덕께서는 무간지옥의 업보를 자초하고 싶지 않거든 여래의 정법(正法)을 비방하지 말라고 하셨다. 〈대지도론〉에 '어떤 보살이 대반야를 비방하면 그는 악도에 떨어져 무량겁을 지나게 될 것이요, 설사 다른 수행을 닦더라도 이 죄를 없애지 못한다. 나중에 선지식이 아미타불을 부르게 하는 인연을 만나야만 죄를 멸하고 정토에 왕생할 수 있다.'고 하였다.[178]

경전을 읽을 때에는, 반드시 몸을 단정히 하고 바르게 앉은 다음에, 부처님의 얼굴을 대하여, 친히 그 원음(圓音)을 듣는 것 같이 하여야 한다. 처음부터 끝까지 한 번에 죽 읽어가되, 문자든 의미든, 일절 따지지 않는다. 이 구절이 어떤 의미이고 이 문단이 어떤 의미인지 분별하는 것은, 모두 범부의 감정과 망상으로 예측하고 생각하는 것이다. 절대로 분별심을 일으켜서는 안 된다. 옛사람들은 오롯이 경전 듣기를 중시하였는데, 마음에 분별을 일으킬 수 없기 때문이다. 만약 한 사람이 소리를 내어 경을 독송하고, 한 사람은 옆에서 마음을 거두어 진실로 들으면, 글자와 구절마다 틀림없이 분명하다. 그 마음을 오롯이 집중하면 바깥의 일체 소리와 빛깔(色)이 들어올 리가 없다. 지혜로운 자가 경전을 독송하면, 활연히 대오하여 고요한 선정에 들어간다. 만약 경전을 읽을 때, 참선하면서 화두를 간(看)하는 것 또는 주(呪)를 지송하거나 염불하는 것처럼 동일하게 오

177) 불설대승무량수장엄청정평등각경친문기, 425쪽
178) 의심 끊고 염불하세(철오선사어록), 188쪽. 왕생집, 375쪽

롯한 마음의 뜻으로 오래 힘쓰면 스스로 어느 날 활연히 관통하는 이익이 있을 것이다. 만약 의리(義理)를 연구하거나 주소(註疏)를 뒤져보고 싶다면 별도로 시간을 내어, 오직 연구에만 종사해야 한다. 연구할 때는 비록 읽을 때보다 엄숙하지는 않아도, 역시 공경이 아예 없을 수는 없다. 아직 업장이 소멸되지 않고 지혜가 밝지 않았다면, 모름지기 읽는 것을 위주로 하고, 연구는 단지 약간 곁들이면 된다. 그리고 마땅히 염불을 위주로 하고, 경을 읽는 것을 보조로 삼아야 한다.179)

경을 베껴 쓰는 것을 사경(寫經)이라 하는데, 사경은 한 글자도 소홀히 할 수 없다. 그 필체는 반드시 정자체(正式體)에 의하여야 한다.180)

낡은 경전을 손볼 수가 없으면 불태워야 허물이 없다. 만약 손을 볼 수가 있으면 불사르지 말아야 한다. 이런 변통을 모르고 지금까지 감히 불사르지를 못하여 경전을 볼 수도 없고, 양호한 경전과 같이 보관할 수도 없다면 오히려 성선에 대한 모독이 된다.181)

---

179) 印光大師嘉言錄(출전: 淨空老法師專集網), 70~71쪽. 독(讀)은 경본을 보면서 읽는 것, 송(誦)은 경본을 보지 않고서 외우는 것이다(불설대승무량수장엄청정평등각경친문기, 706쪽). 독(讀)은 책을 보는 것, 혹은 나지막한 소리로 낭송하는 것이며, 송(誦)은 큰 소리로 낭송하는 것이다(금강경강의, 446쪽)
180) 印光大師嘉言錄(출전: 淨空老法師專集網), 72쪽. 여기서 정자체는 해서(楷書)체이다(출전: 화두 놓고 염불하세, 239쪽).
181) 印光大師嘉言錄(출전: 淨空老法師專集網), 128쪽

2. 계율

계율은 불제자들의 생활규범이다. 계(戒)는 금계(禁戒)이며, 일체의 나쁜 행위나 악한 행위를 경계하는 것이다. 계의 작용은 그릇됨을 방지하고 허물을 그치게 하는데 있다. 율(律)은 법률이다. 불법의 계율은 중생으로 하여금 삼계를 뛰어넘어 윤회에서 벗어나게 하는 것이다. 《능엄경》에서 이르길, '마음을 거두는 것(攝心)을 계율로 삼는데, 계율로 인하여 선정이 생기고, 선정으로 인하여 지혜가 발휘된다. 세 가지 중에 가장 중요한 것이 계율이다.'고 하였다. 《무량수경》에서 말씀하시길, '경전과 계율을 받들어 지키기를(奉持經戒) 마치 가난한 사람이 보배를 얻듯이 하여(如貧得寶) 과거의 악행을 고치고 미래의 선행을 닦아야 한다.'라고 하였다. 부처님께서는 마지막에 계를 스승으로 삼을 것을 당부하셨다.[182]

'모든 악을 짓지 말고(諸惡莫作), 뭇 선을 받들어 행하는 것(衆善奉行)'은 계율의 총체적 원칙으로 일체 불법을 배우는 사람에게 총괄적으로 친절하고 중요한 말씀이다.[183] 한편 제악막작 중선봉행은 복덕의 자량이기도 하다.[184]

계율 중에서 삼귀의와 오계는 불법에 들어가는 첫문이다. 삼귀의는 부처님(佛), 가르침(法), 승가(僧)에 귀의하는 것을 말한다. 재가

---

182) 印光大師嘉言錄(출전: 淨空老法師專集網), 126쪽. 불설대승무량수장엄청정평등각경친문기, 120, 583쪽. 불설아미타경요해강기, 193, 209, 223쪽. 정공 큰스님 정토법문 제29강(유튜브), 금강경강의, 299쪽
183) 불설대승무량수장엄청정평등각경친문기, 278쪽
184) 금강경강의, 242쪽

에서 불법을 배우면 오계와 팔계가 있고, 출가자에게는 비구계와 비구니계, 사미계가 있다. 비구계와 비구니계는 전수해 주시는 분이 있어야 하지만, 보살계와 나머지 계는 〔만약 전수해 주시는 분이 없다면〕 자신이 부처님 앞에서 직접 선서하면 얻을 수 있다.185)

살생, 도둑질, 삿된 음행, 거짓말, 음주가 오악인데 오악을 행하지 않는 것이 오계를 지키는 것이다.186)

모든 악업 중에 살생이 가장 중하다. 살생하는 원인을 만들면 병의 고통과 수명이 짧은 과보를 받게 된다. 여래께서 범망경, 능엄경, 능가경 등 여러 대승경전에서, 살생과 고기를 먹는 화를 지극히 말씀하셨는데, 이것을 발본색원하려는 진실한 대자비심이라 말할 수 있다. 근래의 전쟁 등에 의한 살육의 참상은 천고에 들어보지 못한 것이다. 하물며 다시 수재·화재·질병·폭풍·지진·가뭄·폭우 등의 재난은 수시로 보고 들을 수 있다. 모두 단단히 맺힌 살생의 업이 인연이 되어 일어나는 것이다. 비록 살생은 인과에 따라 과거의 원한에 의한 과보라 할지라도, 과보를 받는 그 순간에는 아무도 내가 전생에 그를 죽였기 때문에 금생에 그에게 살해를 당한다는 생각을 하지 않는다. 따라서 그 원한이 사무치어 내가 다음 생에 반드시 너를 죽이겠다고 한다면, 원한에 의한 인과응보는 끊이지 않고, 원한은 더욱 깊어진다. 이는 참으로 무서운 일이다. 세상사람들이 고기를 먹기 때문에 모든 간접적으로 살생의 업을 짓는다. 매일 고

185) 印光大師嘉言錄(출전: 淨空老法師專集網), 155쪽. 불설대승무량수장엄청정평
　　 등각경친문기, 318쪽. 불설아미타경요해강기, 105, 251쪽
186) 불설대승무량수장엄청정평등각경친문기, 527쪽

기를 먹으면 즉 매일 살생을 하는 것이다. 마침내 누겁에 걸쳐 돌고 돌면서 서로를 죽인다. 일체중생은 자신을 사랑하고 아끼며, 자신을 보호하고 중시하지 않음이 없다. 다른 이를 죽여 그 고기를 먹으면서 마음은 더욱 즐겁지만, 모기가 자기를 무는 것도 참지 못한다. 또 큰 것은 죽일 수 없고, 작은 것은 죽일 수 있다고 말할 수 없다.[187]

《능엄경》에서는 '사람이 양을 먹으니, 양이 죽어 사람이 되고, 사람은 죽어 양이 된다'고 하셨다. 또 '생명을 죽이거나 혹 그 고기를 먹으면, 미진겁이 지나도록 서로 먹고 서로 죽이는데, 마치 바퀴가 돌아가면서 서로 위아래가 바뀌듯이 쉼이 없다. 선정과 부처님의 출현이 없으면, 그칠 수 없다.'고 하셨다. 그러나 선정의 도는 매우 얻기가 어렵고, 여래가 세상에 출현하는 것 역시 쉽게 만날 수 없다. 《입능가경》에서는 세존께서 고기를 먹는 것을 갖가지로 크게 꾸짖으시면서, '일체중생은 무시 이래로 나고 죽으면서 윤회가 그치지 않는다. 어찌하여 부모·형제·남녀권속 내지 친구와 친애하는 이, 시중드는 이가 생을 바꾸어 짐승 등의 몸을 받았다는 생각을 짓지 않고, 잡아서 먹을 수 있다는 말인가.'라고 말씀하신 것이 있다. 일체중생은 모두 불성이 있으며, 모두 과거의 부모였고 미래의 여러 부처님이니, 살생을 금하고 중생의 생명을 사랑하고 아껴야 한다.[188]

불교에서는 살아 있는 생명을 죽이지 말라고 하고, 세 가지 깨끗

---

187) 印光大師嘉言錄(출전: 淨空老法師專集網), 93~95, 131, 157쪽. 불설대승무량수장엄청정평등각경친문기, 527쪽. 불설아미타경요해강기, 212쪽. 불교바로알기, 57~58, 211쪽
188) 印光大師嘉言錄(출전: 淨空老法師專集網), 90, 92, 95쪽

한 고기, 즉 ① 나를 위해 죽이는 현장을 보지 않은 것, ② 나를 위해 죽인 것이란 말을 듣지 않은 것, ③ 나를 위해 죽인 것이 아닌가 하는 의심이 가지 않는 고기는 먹을 수 있다고 가르치고 있다. 살생을 막고 채식을 하면서 염불하는 것이, 천재(天災)와 인화(人禍)를 돌이켜 바로잡아, 가족이 화목하고 몸과 마음이 건강하며, 천하가 태평하고 사람들이 안락하게 하는 제일묘법이다. 채식을 하는 사람은 전염병이 유행할 때 전염되는 일이 절대적으로 적다. 야채는 청결한 식품으로 그것을 먹으면 기가 맑아지고 지혜가 밝으며, 오랫동안 건강하고 잘 노화되지 않는데 자양의 힘이 풍부하기 때문이다. 인광대사께서는 살생을 삼갈 것과 채식(素食)을 할 것과 염불을 제창하셨다.[189)]

　방생은 원래 살생을 막는 것이고, 살생을 막는 것은 필히 채식에서 시작된다. 부처님께서는 《범망경》에서 '너희 불자들이여, 자비로운 마음으로 방생업을 행하라. 이 세상 모든 남자는 다 나의 아버지였고, 모든 여인은 나의 어머니였으니, 나의 세세생생으로 보면 그들로부터 태어나지 않은 적이 없기 때문이다. 육도중생이 다 나의 아버지요 어머니거늘, 그들을 잡아서 먹는 것은 곧 나의 부모를 죽이는 것이며, 또한 나의 옛 몸을 먹는 것이니라. 모든 지대와 풍대는 나의 옛 몸이고, 모든 화대와 풍대는 다 나의 본래의 몸이니, 그러므로 항상 방생을 행할지어다. 세세생생 몸을 받아 상주(常住)하는 법으로 사람들로 하여금 방생을 하도록 가르치고, 만일 세상 사람들이

---

189) 印光大師嘉言錄(출전: 淨空老法師專集網), 88, 93, 95쪽. 불설대승무량수장엄청정평등각경친문기, 179, 527쪽. 불설아미타경요해강기, 434쪽

축생을 죽이는 것을 보거든 마땅히 방편으로 구호하여 고난을 풀어 주어야 한다.'라고 하셨다.[190)]

수명을 연장하고, 몸과 마음이 안락하며, 모든 인연이 뜻과 같으려면, 마땅히 대비심을 발하여, 살생을 막고 방생(戒殺放生)하며, 염불로 정토에 회향(回向)[191)]하여 〔그들이〕 도탈(度脫)하게 해야 한다.[192)]

부처님께서는 경전에서 죄가 되는 것 가운데 가장 엄중한 죄는 바로 삼보의 물건을 훔쳐 사용하는 것으로 반드시 지옥에 떨어진다고 말씀하셨다.[193)]

일체중생은 음욕으로부터 생겨나기 때문에 이 계율은 지키기가 어렵고 범하기는 쉽다. 삿된 음행을 짓지 말아야 한다. 재가자나 출가자를 막론하고 음욕은 탐욕과 삿된 생각을 증장시키기 때문에, 부부 이외에는 결코 허락하지 않는다. 만약 음욕을 끊지 않고 업을 지닌 채 극락에 왕생하면 하삼품에 속한다.[194)]

자신이 아직 미혹을 끊지 못하였으면서도 미혹을 끊었다고 이르거나, 아직 도를 얻지 못했으면서도 도를 얻었다고 이르는 것은 대

---

190) 印光大師嘉言錄(출전: 淨空老法師專集網), 88쪽. 범망경보살계3, 305쪽
191) 회향은 닦은 공덕과 복덕을 대중에게 나누어 주어 함께 누리는 것을 말한다 (불설대승무량수장엄청정평등각경친문기, 186쪽).
192) 印光大師嘉言錄(출전: 淨空老法師專集網), 89~90, 92쪽
193) 불설대승무량수장엄청정평등각경친문기, 416쪽
194) 印光大師嘉言錄(출전: 淨空老法師專集網), 157쪽. 불설대승무량수장엄청정평등각경친문기, 417쪽

망어, 즉 큰 거짓말로 그 죄가 지극히 중하여, 목숨을 마치면 결정코 바로 아비지옥에 떨어져 영원히 벗어날 기약이 없다.[195]

계에는 지키지 않으면 그 자체로 죄가 되는 성계(性戒)가 있고, 그것을 지키지 않으면 성계를 파하게 되는 원인이 되는 차계(遮戒)가 있다. 살생, 도둑질 등은 성계를 깨뜨리는 것이고, 술을 마시거나 고기를 먹는 것은 차계를 깨뜨리는 것이다. 오계를 지키지 못한다면, 염불을 아무리 많이 할지라도 결코 왕생할 수 없다.[196]

계율을 어기는 것이 만약 중생을 이롭게 하기 위한 것이라면, 이를 개계(開戒)라 말하고, 만약 자신의 이익을 위한 것이라면, 이를 파계(破戒)라 한다.[197]

보살계에서는 자살이 허용되지 않으며, 고의로 자신의 신체를 훼손한 것도 보살계를 범한 것이 된다.[198]

부처님께서는《범망경》제29경계에서 '점치고 관상보고 해몽하면서 길흉을 말하며, 주술로 교묘한 술수를 부리는 것'을 금하였고, 제33경계에서도 '점치지 말라'고 하였다. 이는 마음이 삿된 것이다.[199]

---

195) 印光大師嘉言錄(출전: 淨空老法師專集網), 158쪽
196) 불설대승무량수장엄청정평등각경친문기, 528쪽. 불설아미타경요해강기, 360쪽. 범망경보살계2, 193~194쪽. 범망경보살계3, 48쪽
197) 불설대승무량수장엄청정평등각경친문기, 418쪽
198) 금강경강의, 504쪽
199) 범망경보살계4, 119, 177쪽

고인께서 말씀하시길, '명예를 탐하고 이익을 탐하는 것은 귀신의 무리를 쫓아가는 것과 같고, 애욕을 쫓고 증오를 쫓는 것은 불구덩이에 들어가는 것과 같다.'고 하였다.200)

만약 정토수행자가 계율의 범위를 알고자 하면 무량수경 속에서 찾을 수 있으며, 다른 곳에서 구할 필요가 없다.201)

3. 논장

논(論)은 부처의 가르침인 경과 계율을 주석·연구·정리·요약한 문헌을 말한다. 경·율·론을 해석한 것이 소(疏)이며, 소를 주해한 것이 초(鈔)이고, 초를 주해한 것이 연의(演義)이다.202)

불경은 대략 오천 권이 넘는다. 주해까지 합친다면 모두 만 삼사천 권이 된다. 조사나 대사들은 경전을 대강(大綱)으로 삼고, 조사와 대덕들의 어록을 세목으로 삼으면, 혼란스럽지 않을 수 있다고 말하셨다. 특히 근대의 인광대사문초(印光大師文鈔)는 사람들의 근기에 가장 부합한다.203)

---

200) 정토혹문, 144쪽
201) 불설대승무량수장엄청정평등각경친문기, 528쪽. 정공법사님은 《불설대승무량수장엄청정평등각경》 제33품에서 제37품까지를 계율이라 하면서 매일 독송할 것을 권장하신다.
202) 시공불교사전 검색: 논. 불설아미타경요해강기, 27쪽
203) 불설아미타경요해강기, 228쪽. 금강경강의, 463~464쪽

제 5 장   불교의 수행자

불교는 대승(大乘)과 소승(小乘)으로 구분된다. 승(乘)은 '탈 것'
이라는 뜻인데 가르침을 의미한다. 소승의 사람은 자신을 이롭게 하
는 것만 구할 뿐 다른 사람에 대한 자비심이 없다. 소승은 오로지
석가모니불 한 분만을 인정하며, 심지어 대승은 부처님의 말씀이 아
니라고까지 말한다. 이들이 수행하여 도달할 수 있는 가장 높은 과
위는 오직 아라한뿐이다. 대승은 소승의 상대적인 말이다. 소승의
근성은 매우 집착하고, 대승은 비교적 원융하며 심량이 크고 넓다.
중생이 정토법문을 듣고서 믿고 지녀 봉행(信受奉行)하면 일생에 성
불하니, 이것이 바로 대승 중의 대승이다.[204]

소승(小乘)은 성문과 연각을 말하고, 대승(大乘)은 보살을 말한다.
이승은 성문과 연각을 칭하기도 하고, 성문 · 연각과 보살을 칭하기
도 한다. 삼승(三乘)은 성문 · 연각 · 보살인데, 성문은 소승, 연각은
중승, 보살은 대승이다. 일승(一乘) 또는 불승(佛乘)은 부처님을 칭
한다. 성문은 고 · 집 · 멸 · 도 사제를 닦는데, 성문(聲聞)이란 직접

---

204) 불설대승무량수장엄청정평등각경친문기, 146~147, 359쪽. 불설아미타경요
해강기, 298, 407쪽

부처의 음성을 들으며 교화를 받았다는 뜻이다. 연각(緣覺)은 십이인연을 닦는데, 연(緣)으로 닦아 깨달았다는 뜻이다. 연각은 다른 이의 가르침에 의하지 않고 홀로 깨달았다는 뜻에서 독각(獨覺)이라 번역하기도 한다. 보살은 육도만행(六度萬行)을 닦는다. 사제·십이인연·육도만행은 모두 생사를 여의고 번뇌를 끊는 방법이자 지름길이다. 흔히 성문·연각·보살 이 삼자를 양·사슴·소가 끄는 수레에 비유하기도 하고, 토끼·말·코끼리에 빗대어 표현하기도 한다. 성문·연각은 지혜는 있으나 복보는 없다. 그러나 보살은 보시를 많이 닦아 복보가 크다. 재가자든 출가자든 수행이 일정한 정도에 이르면 모두 성문·연각·보살이 될 수 있다.205) 참고로 소승에서는 사과 아라한을 대성(大聖)이라 부르고, 대승에서는 지상보살(초지부터 십지까지의 보살) 및 등각보살을 대성이라 한다.206)

1. 성문·연각

소승의 수행 계위(위차)는 초과 수다원, 이과 사다함, 삼과 아나함, 사과 아라한의 4단계가 있는데 이를 소승사과라 한다. 88품의 견혹을 끊으면 수다원이다. **수다원**은 이미 삼계의 88품의 견혹을 끊

---

205) 위키백과 검색: 이승, 삼승, 일승, 연각. 화두 놓고 염불하세, 41쪽 각주 참조. 불설대승무량수장엄청정평등각경친문기, 26쪽. 불설아미타경요해강기, 393쪽. 능엄경 염불원통장 소초대의 강기, 178~180, 183쪽. 금강경강의, 193, 471쪽. 집(集)는 세간의 원인이고 고(苦)는 세간의 결과이며, 도(道)는 출세간의 원인이고 멸(滅)은 출세간의 결과이다(불설대승무량수장엄청정평등각경친문기, 470쪽).

206) 불설대승무량수장엄청정평등각경친문기, 163~164쪽

어 성인의 무리 속에 들어가기는 했지만, 아직 81품의 사혹을 끊지 못했기 때문에 여전히 삼계 속에서 수행하며, 다만 삼악도에는 떨어지지 않는다. 인간세상과 천상을 일곱 번 왕래하면서 닦아야 [아라한이 되어] 삼계를 벗어날 수 있다. 그의 도력은 마음대로 해도 살계를 범하지 않고, 가는 곳에는 벌레들이 저절로 물러난다. 땅을 갈면, 벌레들이 네 치 이상 물러난다. 수다원도 육근이나 육진에 대해 마음이 전혀 움직이지 않는 것이 아니다. 단지 성자의 흐름에 들어섰을(入流) 뿐이다. 아직 마음의 흐름은 공(空)이 되지 못하였다. 마치 바위가 풀을 누르는 것과 같다. 적당한 환경이 갖추어지면 여전히 폭발할 수 있다. 욕계의 구지(九地)[207] 사혹 중 앞의 6품을 끊으면 **사다함**이고, 뒤의 3품을 끊으면 아나함을 증득하는데, 그러면 다시 욕계에 오지 않고 사선천 중 오불환천[208]에 거주한다. **아나함**이 나머지 색계와 무색계의 72품의 사혹을 다 끊으면 아라한과를 증득하여 삼계를 벗어나게 된다. **아라한**을 증득하면 소승의 멸진정으로 이를 소승열반이라 한다. 아라한은 한 번 정(定)에 들면 팔만사천 대겁이나 지속된다. 한편 대승 비구의 멸진정은 십지보살, 법운지보살의 경계이다.[209]

만약 수다원이 일곱 번째 인간계에 있을 때, 우연히 부처님을 만나게 되면 반드시 81품 사혹까지 끊어 아라한과를 증득할 수 있고,

---

207) 구지에 대하여는 이 책 【부록】 1항의 (2)를 참조하라.
208) 무번천·무열천·선현천·선견천·색구경천
209) 印光大師嘉言錄(출전: 淨空老法師專集網), 122쪽. 불설대승무량수장엄청정평등각경친문기, 359, 379쪽. 불설아미타경요해강기, 360~361쪽. 금강경강의, 208, 212쪽

삼계육도를 벗어나 더 이상 윤회하지 않는다. 아라한은 이미 육신통이 자재하다. 만약 수다원이 일곱 번째 인간계에 있을 때, 부처님이 계시지 않아 부처님의 가르침이 없을지라도 습기(習氣)를 끊고 역시 삼계를 초월하게 되는데, 바로 연각(벽지불)이다. 연각도 소승이지만 아라한보다 한 단계 높고 일체만법의 연기를 안다.210)

초과와 이과가 올라가는 하늘은 욕계천이다. 삼과에 이르면 색계천에 오를 수 있다. 아라한은 무색계천에 오른다. 유마거사는 '아라한은 견사혹을 끊었지만 아직 남은 습기(餘習)는 끊지 못했다'고 말하였다.211)

성문이나 연각은 비록 견사혹을 끊었다고 하더라도, 진사혹과 무명은 여전히 깨뜨리지 못하였다. 그래서 깊은 선정에 들었을지라도 지혜가 아직 앞에 나타나지 않아 마음을 밝혀 불성을 보지 못한다. 왜냐하면 아직 그의 심량은 크지 않아 주동적으로 남을 돕기를 원하지 않기 때문이다. 경에서는 종종 이러한 이를 소승인이라 일컫는다. 소승인들은 오로지 석가모니불 한 분만이 부처를 이룬 사실만을 인정할 뿐, 시방세계의 한량없는 부처님을 인정하지 않는다.

---

210) 印光大師嘉言錄(淨空老法師專集網), 111, 122쪽. 불설아미타경요해강기, 369쪽. 능엄경 염불원통장 소초대의 강기, 113, 180, 182쪽. 구역에서는 연각이라 하고 신역에서는 독각이라 한다. 꽃이 피고 잎이 지는 등의 외연(外緣)에 의하여 스승 없이 혼자 깨달은 자를 말한다(연관 옮김, 죽창수필, 2019, 불광출판사, 495쪽 각주). 부처가 세상에 출현하시지 않아 스스로의 수행에 의지하여 증득하는 것을 독각(獨覺)이라 말하고, 십이인연을 관하여 도를 깨달은 것을 연각(緣覺)이라 말한다. 이 두 가지는 소승에 속한다(불설대승무량수장엄청정평등각경친문기, 594쪽).

211) 금강경강의, 200~201, 206~207쪽

이들이 수행하여 도달할 수 있는 가장 높은 지위는 오직 아라한뿐이다.[212)]

2. 보살

(1) 여러 보살

보살은 범어 보리살타(Bodhisattva)의 줄임말로 이는 깨달은 유정(覺有情)으로 번역된다. 보살은 대사(大士), 개사(開士), 정사(正士)라고도 칭한다. 보살은 위로는 불도를 구하고(上求佛道), 아래로는 중생을 제도하여(下化衆生) 일체중생이 빠르게 성불하도록 돕는 분이다.[213)]

관세음보살, 대세지보살, 문수보살, 보현보살과 같이 부처님과 깨달음이 같은 대보살을 등각보살이라 한다. 설사 등각보살이라 할지라도 보살의 깨달음은 부처님처럼 원만하지 않으며, 적어도 여전히 일분의 생상무명(生相無明)이 있기 때문에 그분들 역시 모두 이와 같은 업을 가지고 있어, 여전히 구법계에 살고 있다. 생상무명이란 번뇌로 여전히 깨뜨려야할 일분의 미혹된 감정과 집착(情執)을 말한

---

212) 불설대승무량수장엄청정평등각경친문기, 199쪽. 불설아미타경요해강기, 298
      쪽. 불교바로알기, 14~15쪽
213) 불설대승무량수장엄청정평등각경친문기, 171쪽. 불설아미타경요해강기, 20,
      119, 239, 403쪽. 佛說阿彌陀經要解講記(출전: 華藏淨宗學會), 97쪽. 정사
      는 정지(正知)와 정견(正見)을 배우는 자이다(불설대승무량수장엄청정평등각
      경친문기, 435쪽). '상구불도'는 '상구보리(上求菩提)'라고도 한다.

다.214)

문수보살 · 보현보살 · 관세음보살 · 지장보살이 불교의 4대보살이
다. 이분들은 고불(古佛)의 화신으로 현재 등각보살의 신분으로 나
타나셨다. 대세지보살 역시 고불의 화신이시다. 불교의 4대보살 가
운데 지장보살만이 출가상(出家相)을 나타내고 있고, 나머지 세 분
은 재가상(在家相)이다. 그러나 보이는 모습만 그러하고 사실〔관
음〕· 문수 · 보현 · 미륵은 출가보살이다.215)

문수보살은 대지혜를 대표하는데, 일곱 부처님의 스승이고, 선종
(禪宗)의 초조이시다. 문수보살은 보현보살님과 함께 화엄회상에서
극락왕생을 발원하셨다.216)

보현보살은 대실천을 대표하며 십대원왕(보현십원)을 발하여 중
생들을 극락세계로 이끌어 주신다. 밀교의 금강살타보살(금강수보
살)은 보현보살의 화신이시다. 보현보살은 보살수행의 51개 계위를
거쳐 화엄세계에서 등각보살을 증득하였고, 염불하여 정토에 태어나
기를 발원하였다.217)

---

214) 불설아미타경요해강기, 20, 24, 65쪽. 능엄경 염불원통장 소초대의 강기, 66쪽
215) 불설대승무량수장엄청정평등각경친문기, 39, 169, 286, 314~315쪽. 불설
아미타경요해강기, 102쪽
216) 불설대승무량수장엄청정평등각경친문기, 166쪽. 불설아미타경요해강기, 120
쪽. 문수보살은 일곱 부처님의 스승으로서 지혜제일이다. 석가모니를 포함해
많은 보살들이 여러 겁을 거치면서 그를 스승으로 모셨다(금강경강의, 149
쪽). 화엄은 비유인데, 화(華)는 꽃으로 모든 품종의 꽃들이 다 대화원에 심
겨져 있는 것이고, 엄(嚴)은 아름다움으로 대법계를 비유한다(불설대승무량수
장엄청정평등각경친문기, 203쪽). 화엄회상은 부처님께서 화엄경을 설한 법
회를 말한다.

관세음보살은 관자재보살이라고도 하는데, 아미타불의 화신이시다. 대자대비를 대표하며 모든 곳에 나타나 중생을 구제하신다. 밀교의 준제보살은 바로 관세음보살의 화신이다. 관세음의 세(世)는 시방세계이며, 음(音)은 고난의 음성이다. 관(觀)은 지혜로서 관하는 것이다. 보살께서는 시방세계 중생의 음성을 듣고 자연스럽게 오셔서 제도한다. 화엄경, 능엄경, 법화경 보문품의 삼부경은 모두 '관세음보살께서 32응신을 가지고 있어, 마땅히 어떤 몸으로 제도할 자는 즉시 그 몸을 나타내어 그를 위해 설법하며, 마음을 따라 곧 이르며, 그 감응이 불가사의함'을 말하고 있다. 평소에 염불하다가, 위급하고 어려운 일이 닥쳤을 때 관세음보살을 부르면 언제나 기이한 효험이 있다.218) 또《천수천안관세음보살광대원만무애대비심다라니경》에서는 '오로지 관세음보살의 명호를 칭하면 무량한 복을 얻고 무량한 죄를 멸하며, 목숨을 마치면 아미타불국에 왕생하느니라'고 하였다.

지장보살은 대원력을 대표하며 특히 지옥중생을 구제하신다. 「지장보살은 지옥 안에 계시지만 일체 괴로움과 즐거움을 받지 않는다. 괴로움과 즐거움의 일은 있기는 하지만 그의 마음은 선정에 들어 있기 때문에, 그 어떤 것도 느끼지 않는다.」219)

대세지보살은 서방삼성 가운데 한 분이시며, 아미타불의 좌보처 보살이시다. 「대세지보살은 이치와 지혜를 대표한다.」220) 보살께서

217) 불설대승무량수장엄청정평등각경친문기, 166, 711쪽
218) 불설대승무량수장엄청정평등각경친문기, 166, 451~453쪽
219) 불설대승무량수장엄청정평등각경친문기, 286쪽
220) 불설대승무량수장엄청정평등각경친문기, 422, 451쪽

는 능엄경에서 중생들에게 염불원통(염불삼매)을 소개하셨기 때문에 정토종의 초조가 되신다.

미륵보살은 자씨(慈氏)보살 또는 아일다보살이라고도 하는데, 미륵은 범어로 자비를 뜻한다. 미륵은 성이며 아일다는 이름이다. 미륵은 복덕과 장엄을 대표한다. 미륵보살 같은 분도 오히려 하루종일 시방제불을 예경하여 무명이 깨끗이 없어져 원만하게 법신을 증득하기를 바란다.[221]

이 보살들은 모두 지혜와 신통과 덕능이 같고 평등하나, 법을 나타내기 위해 보살마다 각자 하나의 특징을 표방하는 것이다.[222]

불보살의 현신(現身)은 범부처럼 보이는데, 오직 도덕으로 사람들을 교화한다. 절대 신통을 드러내지 않는데, 만약 신통을 드러내면, 곧 세간에 머무를 수가 없다. 제불보살은 이 세간에서 중생을 제도하고 교화하실 때 신분을 드러내지 않으며, 신분이 드러나면 바로 가야 한다.[223]

(2) 육바라밀

보살은 대승(大乘)의 수행자이며, 육바라밀을 수행하고, 다시 백 겁 동안 부처의 32상 복덕인연을 심어, 무상보리를 증득하는 자이다. 육바라밀은 육도(六度)라 부른다. **육**(六)은 모든 수행방법을 보

---

221) 印光大師嘉言錄(출전: 淨空老法師專集網), 44쪽. 불설아미타경요해강기, 120쪽
222) 불설아미타경요해강기, 119쪽
223) 印光大師嘉言錄(출전: 淨空老法師專集網), 134쪽. 불설아미타경요해강기, 367쪽

시·지계·인욕·정진·선정·반야(지혜)의 여섯 가지 범주로 귀납시킨 것이다. 바라밀은 도피안(度彼岸) 또는 도무극(度無極)으로 번역하는데, 이를 약칭하여 **도**(度)라 한다. 도(度)는 '건넌다'는 뜻이다. 즉 도피안은 생사의 이 세계(此岸)에서 열반의 저 세계(彼岸)로 건넌다는 뜻이다. 또 육바라밀은 육도만행(六度萬行)이라고도 부르는데, 보살이 닦는 일체의 수행을 총칭한 것이다.224)

보시란 대체로 중생에게 이익이 되는 일을 힘껏 행하는 것을 말한다. 어른에 대해서는 공양이라 하고 동년배나 후배에 대해서는 보시라 한다. 부처님께 공양하는 일은 복을 닦는 것 중에 가장 수승하다. 보시와 공양은 조건이 없어야 한다. 삼륜체공(三輪體空)은 즉 주는 사람이나 받는 사람이나 주는 물건인 삼륜이 모두 공(空)한 것을 말하는데, 이것이 정업(淨業)이다. 집착하지 않고 보시하면 무위법이 되는데, 그 공덕이 무한하다. 반면 집착하면 유위법으로 공덕이 유한하다. 어떤 보시든 베푸는 자는 베푼다는 의식이 없어야 한다.225)

보시에는 재보시·법보시·무외보시가 있는데, 재보시는 첫째 자신의 근본번뇌인 탐심과 인색한 마음을 버리게 해주고, 둘째 불보살이 중생을 교화하는 일을 도울 수 있다. 외적 재보시는 재물을 보시하는 것이고, 내적 재보시는 자원봉사 같은 것을 말한다. 오늘날 이 세계에서 세상 사람들을 제도하려면 마땅히 자신의 재력과 물력을

---

224) https://zh.wikipedia.org/zh-tw/六度. 불설아미타경요해강기, 239쪽. 능엄경 염불원통장 소초대의 강기, 180, 182쪽
225) 불설대승무량수장엄청정평등각경친문기, 176, 288, 412쪽. 불설아미타경요해강기, 209, 398쪽. 정토오경일론, 25쪽. 금강경강의, 96쪽

제공하여 불타의 교육을 널리 펴야 한다. 보현보살께서는 '모든 공양 가운데 법보시(법공양)이 최고이다'고 하셨다. 이 법보시 가운데 염불법문을 널리 펴고 정토오경을 펴는 것이 제일 수승하다. 무외보시는 사람으로 하여금 두려움이 없도록 하는 것으로, 방생과 채식도 이에 속한다.226)

지계는 계율을 지키는 것이다. 지계는 초범입성(超凡入聖)과 요생탈사(了生脫死)의 제일 중요한 도이다.227)

인욕은 참고 견디는 것이다. 인욕은 제일 어렵고도 어려워 육도(六度)의 중심이다. 금강경에서는 '일체법은 인내에서 성취된다'고 말하였다. 작은 것을 참지 못하면 큰일을 망치니, 삼가지 않을 수 없다. 화엄경에서는 '한 생각 성내는 마음이 일어나면 백만 가지 장애의 문이 열린다'고 하였다. 고덕께서는 '화냄은 마음속의 불로 능히 공덕의 숲을 태울 수 있다. 보리도를 배우고자 하는 자는 인욕으로 화내는 마음을 지켜라'고 이르셨다. 임종할 때 화를 내게 되면 일생의 공덕이 전부 없어진다.228)

혹 누군가 자신에게 미안한 언행을 하는 경우에는 '그는 나의 대

226) 불설대승무량수장엄청정평등각경친문기, 59, 176, 179, 198, 839쪽. 정공 큰스님 정토법문 제61강 (유튜브). 정공법사님께서는 원문에서 '무량수경'이라 말씀하셨지만, 넓게 정토오경과 같은 의미로 새길 수 있다.
227) 印光大師嘉言錄(출전: 淨空老法師專集網), 126~127쪽. 초범입성은 범부를 초월하여 성인의 부류에 들어간다는 말이고, 요생탈사는 해탈과 같은 말이다.
228) 印光大師嘉言錄(출전: 淨空老法師專集網), 39쪽. 불설대승무량수장엄청정평등각경친문기, 420쪽. 불설아미타경요해강기, 242~243쪽. 금강경강의, 299쪽

선지식이다. 그가 지금 나에게 인욕바라밀을 닦도록 해주고 있으니, 그를 공경해도 모자라거늘, 어찌 그를 탓할 수 있겠는가?'라고 생각해야 한다. 화내는 마음은 숙세의 습성인데, 지금 내가 이미 죽었다는 생각을 하면, 누가 나에게 칼로 베거나 향으로 바르더라도 나와 무관하니, 마음에 맞지 않은 모든 경우에, 이미 죽었다는 생각을 하면, 화가 일어나지 않을 것이다.[229]

부처님께서는 《금강경》에서 보살의 육바라밀을 설하실 때, 특별히 보시와 인욕을 강조하시고 나머지에 대해서는 약간만 언급하셨다. 이는 육바라밀 수행의 성패가 보시와 인욕에 달렸다는 것을 의미한다.[230]

정진은 날마다 앞으로 나아가기를 구하는 것이다. 정(精)은 정순(精純)이며 진(進)은 물러나지 않는 것이다. 정진하기 전에 반드시 세 가지 기초인 보시·지계·인욕을 갖추어야 한다.[231] 선정(禪定)은 삼매(삼마지)를 번역한 말이다.

반야(지혜)는 일체법에 대하여 진실로 명료한 것이다. 선정에 들어가면 마음이 청정해져 반야가 나온다. 반야는 선정으로부터 나오는 진실한 지혜를 말한다. 지혜에는 반드시 선정이 있다. 육바라밀 중 앞의 다섯 가지 보시·지계·인욕·정진·선정에 의지하여 수행

---

229) 印光大師嘉言錄(출전: 淨空老法師專集網), 41쪽. 불설대승무량수장엄청정평등각경친문기, 511쪽
230) 불설아미타경요해강기, 386쪽. 불교바로알기, 171쪽. 능엄경 염불원통장 소초대의 강기, 118쪽
231) 불설대승무량수장엄청정평등각경친문기, 368쪽. 불설아미타경요해강기, 200쪽

하여 업장이 끊어져 없어지면 반야(지혜)가 곧 앞에 나타나게 된다. 지혜는 불법의 궁극적 목표이며, 계율과 선정은 수단과 방법이다. 그러나 육바라밀은 범부가 닦을 수 있는 것이 아니며, 앞의 다섯 바라밀은 범부가 할 수 있지만, 반야(지혜)가 없으면 '건넜다(度)'라 하지 않는다.[232]

육도(六度)는 보살이 일상생활 속에서 세상을 살아가고 사람과 사물을 대하는 강령이다. 보시로 인색과 탐욕을 치료하고, 지계로 악업을 치료하고, 인욕으로 성냄을 치료하고, 정진으로 게으름을 치료하고, 선정으로 산란한 마음을 치료하고, 반야(지혜)로 어리석음을 치료한다. 이 6가지의 강령은 남을 제도하는 것이 아니라, 바로 자신을 제도하는 것이다.[233]

3. 출가자와 재가자

스님은 승(僧) 또는 사문(沙門), 화상(和尙), 법사(法師)라고 한다. 사문은 고대 인도의 각 종교에서 출가한 사람에 대한 통칭으로, 근식(勤息)이라는 의미이다. 불교가 중국으로 전해진 후, 사문은 불교 출자자들만 사용하는 명칭으로 바뀌었고, 학습기간에 있다는 것을

---

232) 佛說大乘無量壽莊嚴淸淨平等覺經親聞記(출전: 般若文海), 禮供聽法 第二十六. 불설대승무량수장엄청정평등각경친문기, 230~232, 272~273, 318~319, 320, 368, 421, 478, 489, 511, 528쪽. 불설아미타경요해강기, 18, 119, 203쪽. 능엄경 염불원통장 소초대의 강기, 73쪽. 불교바로알기, 41쪽
233) 불설아미타경요해강기, 245쪽

가리키는 의미도 있다. 화상은 친교사(親敎師)로 번역되는데, 친히 우리를 가르치는 스승이라는 뜻이다. 법사는 직접적으로 나를 가르치는 분이 아니다. 또 화상을 가르치는 스승을 아사리(阿闍梨)라 한다. 스님들은 출가하여 불도를 닦는 분들로 비구, 비구니가 있다. 4명 이상의 출가자가 함께 수행하는 것을 승단이라 말한다. 불교에서 정한 출가자의 재산은 세 벌의 가사와 하나의 발우(三衣一鉢)이다.[234] 불도를 닦는 남자 신도를 우바이, 여자 신도를 우바새라 한다. 비구, 비구니, 우바이, 우바새 이들 모두를 합하여 사부대중이라 한다.

《유마경》에서는 '아뇩다라삼먁삼보리심을 발할 수 있음이 출가이니라'라고 말씀하셨다. 따라서 재가인도 아뇩다라삼먁삼보리심을 발하면 출가인과 같은 공덕이 있다.[235]

수행자는 몸을 이용하여 도업을 성취하나, 세상 사람들은 몸을 이용하여 업을 짓고 있다.[236]

부처님(佛), 가르침(法), 승가(僧)를 세 가지 보배라는 뜻에서 삼보(三寶)[237]라 한다.

---

234) 佛說阿彌陀經要解講記(출전: 華藏淨宗學會), 111쪽. 불설아미타경요해강기, 103, 105쪽. 불교바로알기, 20~21쪽
235) 정토오경일론, 25쪽
236) 불설아미타경요해강기, 189쪽
237) 삼보에 대하여는 이 책 【부록】 1항 (9)를 참조하라.

제6장 일대시교와 종파

1. 일대시교

부처님의 한평생 가르침을 일대시교라 한다. 일대시교를 다섯 시기로 분류한 것이 오시(五時)이다. 화엄시·아함시·방등시·반야시·법화열반시 5가지이다. 화엄시는 부처님께서 성도하신 후 선정 속에서 21일간 화엄경을 설한 시기이다. 아함시는 12년간 소승교를 설한 시기로 초등학교와 같다. 방등시는 8년간 사교(四敎)를 펴신 시기로 중학교와 같다. 반야시는 22년간 설한 시기로 대학과 같다. 법화열반시에서, 법화는 8년간 설하여 방편을 열어 실제를 드러내셨고(開權顯實),[238] 열반은 하루 밤낮 동안 설하셨다.[239]

---

238) 방편의 가르침(권교權敎)으로 진실한 가르침(실교實敎)을 열어 보이는 것(한국민족문화대백과)

239) 불설대승무량수장엄청정평등각경친문기, 121~125쪽. 불설아미타경요해강기, 338쪽

2. 종파

불교가 중국에 전래된 후, 그 가르침의 의미가 너무나 광범위하고 심오하여, 그 가르침을 완전히 수학하여 원만하게 성취할 수 있는 사람은 한 사람도 없었다. 이런 까닭에 각자 자신의 근기에 맞는 경전을 선택하여 배우고 익히게 되면서, 대승과 소승을 합하여 10개의 종으로 나누어졌고, 각각의 종에는 또 여러 파가 생겼다. 정토종도 10개 종파 가운데 하나이다. 각 종파는 믿고 의지하는 경전 즉 소의경전을 가지고 있다.[240]

(1) 오종

오종(五宗)이란, 불법이 중국으로 전해진 후 삼장십이부[241] 중에서 대략 선종·교종·율종·밀종·정토종의 다섯 종파로 나눠지게 된 것을 말한다. 중국의 선종은 오직 금강경을 주체로 삼는다. 선종의 초조는 가섭이고, 제2조는 아난이며, 제8조는 용수이고, 제28조가 달마이다. 교종은 경전을 공부한다. 율종은 계율을 지키고, 밀종은 삼밀수행을 하고, 정토종은 염불수행을 한다. 밀종의 삼밀수행이란 입으로는 진언을 외우고, 손으로는 결인(結印)을 하고, 마음으로는 관상(觀想)을 하여 이 삼밀(三密)이 상응하는 수행이다. 황념조 거사는 '정토종은 밀교의 현설(顯說)이고, 밀엄국토가 바로 극락국토이다.'라고 말하였다.[242]

---

240) 불설대승무량수장엄청정평등각경친문기, 14~15, 378쪽
241) 삼장은 경·율·론이고, 십이부는 〈대지도론〉에서 모든 경을 12종류로 분류한 기준이다(화두 놓고 염불하세, 44쪽).

계율은 교종 · 선종 · 밀종 · 정토종의 밑바탕이다. 반면 정토종은 율종과 교종 · 선종 · 밀종의 총 귀착지이다. 정토법문은 시방삼세의 모든 부처님께서 위로 불도를 이루고 아래로 중생을 교화하신 핵심 방편으로 시작인 동시에 끝인 법문이다.243)

한편 대승불교의 종파인 오종(五宗)은 천태종 · 화엄종 · 법상종 · 삼론종 · 율종을 말한다.244)

불제자가 수학하는 법문에 대해 간혹 자신을 찬탄하고 남을 비방하는데, 다른 법문도 모두 부처님 말씀임을 알아야 한다. 불제자가 수학하는 태도는 화엄경에서 선재동자가 53인의 대선지식을 참방하러 다닐 적에 자신을 낮추고 남을 찬탄한 태도를 배워야 한다.245)

(2) 오교와 팔교

화엄종(현수종)에서는 오교(五敎)를 말하는데, 소(小) · 시(始) · 종(終) · 돈(頓) · 원(圓)이다. 천태종에서는 팔교를 말하는데, 일대시교를 장교 · 통교 · 별교 · 원교의 화법사교(化法四敎)와 돈교 · 점교 ·

---

242) 불설대승무량수장엄청정평등각경친문기, 365쪽. 불설아미타경요해강기, 112, 237쪽. 불력수행, 171쪽. 정수첩요보은담, 245쪽. 정토오경일론, 29쪽. 금강경강의, 262쪽. 망상을 그치고 적정에 드는(지식적정止息寂靜) 것은 선종의 수학 방법이다. 선종이 가장 먼저 중국에 전래되었으며, 그 주요 방법은 마음을 관(觀)하는 것이었다. 나중에 중생들이 망상과 잡념이 많아 옛 사람만 못하여 그래서 화두를 참구하는 것으로 바뀐 것이다(불설대승무량수장엄청정평등각경친문기, 365쪽).
243) 화두 놓고 염불하세, 51~53쪽
244) 화두 놓고 염불하세, 44쪽 각주 9)
245) 불설대승무량수장엄청정평등각경친문기, 515쪽

비밀교·부정교의 화의사교(化儀四敎)[246) 8가지로 분류한 것을 말한다. 장교는 소승이며, 통교는 대승의 시작이고, 별교는 순수한 대승이며, 원교는 구경원융이다.[247) 이 책에서 간혹 보살의 계위를 언급할 때 별도의 설명이 없으면 위 **원교**의 분류방법에 의한 것이다.

---

246) 돈(頓)과 점(漸)에 대하여는 이 책 【부록】 1항 (6)을 참조하라.
247) 불설아미타경요해강기, 229~230, 338쪽. 능엄경 염불원통장 소초대의 강기, 70, 79~80, 186쪽

제 7 장 불교수행

불교수행의 1차적 목적은 삼계육도의 윤회를 벗어나는 것이고, 궁극적인 목적은 성불하는 것이다. 삼계육도를 벗어나기 위해서는 최소한 멸진정에 들어 아라한의 경지에 이르러야 한다. 이는 대승 칠신위보살의 경지이다. 즉 견사혹을 완전히 끊어내야 하는데, 사실상 범부가 할 수 있는 일이 아니다. 「범부가 삼계육도의 윤회를 벗어나는 길은 극락정토에 왕생하는 것인데, 그렇지 않으면 반드시 윤회에 들어가게 된다.」[248]

중생은 지금까지 악업을 짓는 일은 멈춘 적이 없다. 인간은 성현이 아닌 이상 어느 누군들 과실이 없을 수 없다. 과실을 알고 고칠 수 있다면 이보다 더 큰 선(善)은 없다. 자기 자신의 과실을 아는 것이 개오(開悟)인데, 이를 해오(解悟)라고도 한다. 깨달은 후에는 닦아야(修) 하는데, 닦는 것이 바로 잘못을 고치는 것이다. 잘못을 고쳐 새롭게 해야 하는데, 이를 증오(證悟)라 한다.[249]

---

248) 불설아미타경요해강기, 400쪽
249) 불설대승무량수장엄청정평등각경친문기, 504, 582, 587쪽

청량대사께서는 〈화엄경소초〉에서 해(解)는 있고 행(行)이 없으면, [즉 이해만 하고 실천수행을 하지 않으면] 사견(邪見)이 늘어난다고 하셨다. 수행공부는 선정과 지혜를 언제나 균등하도록 유지해야 한다.[250)

단지 글자에 의거해 뜻을 이해할 뿐, 자신이 직접 증명한 것이 아니라면, 이는 바로 단순히 읽기만 하고 제대로 이해하지 못한 것(記問之學)이며, 남의 스승이 되기에는 부족하다.[251)
기문지학

팔만사천 법문은 부처님께서 수도해 증득한 법문을 우리에게 일러준 것이다. 우리 자신이 스스로 닦고 스스로 제도하는 것이다. 부처가 대신해서 닦아줄 방법이 없다.[252)

1. 수행단계

원교의 보살수행 계위에는 52단계가 있다.[253) 십신 · 십주 · 십행 · 십회향 · 십지의 50단계, 여기에 등각 · 묘각을 합하여 총 52단계이다. 이는 학교에서 학년을 나누는 것과 같다. 초신위보살부터 등각보살까지 51계위는 바로 선정(定)의 깊고 얕음에 따른 구분이다.[254)
정

---

250) 불설아미타경요해강기, 218쪽. 능엄경 염불원통장 소초대의 강기, 74쪽
251) 불설대승무량수장엄청정평등각경친문기, 688쪽
252) 금강경강의, 459쪽
253) 보살계위에 대하여는 이 책【부록】4항을 참고하라.
254) 불설대승무량수장엄청정평등각경친문기, 20, 345쪽

1학년인 초신위보살(소승의 수다원의 경지)은 초과라 하는데, 초과는 처음 과위를 증득했다는 말이다. 초신위보살은 88품 견혹을 끊어야 도달할 수 있는 과위이다. 초과에 오르면 더이상 삼악도에 떨어지지 않는다. 그러나 아직 삼선도의 윤회는 남아 있다. 칠신위보살(소승의 아라한의 경지)은 88품 견혹과 81품 사혹을 모두 끊어 증득한 과위이다. 육근을 마음대로 사용하여 육진에 물들지 않는 실증(實證)을 하여 육근청정위라 부른다. 칠신위보살이어야 비로소 삼계 육도의 윤회를 벗어나는데, 즉 생사를 해탈한 것이다. 아라한과 칠신위보살의 경계는 같지만, 칠신위보살은 대지혜와 대신통력을 가지는데, 그 신통력이 아라한에 비할 바가 아니다. 팔·구·십신위보살은 진사혹을 깨뜨리고, 무명을 조복시켰다. 그러나 10학년인 십신위보살은 아직 출세간의 선정에 들지는 못하였다.

일품의 무명을 깨뜨리면 일분의 법신을 증득한다. 바야흐로 실상법(實相法)을 증득한 것이다. 무명을 깨뜨린 후에야 비로소 우주와 인생의 사실진상을 볼 수 있다. 이는 11학년인 초주보살 이상이라야 가능하며, 초주보살에서 등각보살까지는 법신을 부분적으로 증득(分證)하는 단계이다. 즉 초주보살 이상이 일품의 무명이라도 끊게 되면, 법신을 일부라도 볼 수가 있다. 이를 부처님의 지견에 들어간다(入佛知見)라고 한다. 이분들을 법신대사 또는 분증보살(分證菩薩) 또는 분증불(分證佛)이라 한다. 법신대사의 경지에 이르러야 비로소 출세간의 선정에 들어간다. 즉 견성(見性)한 것이다. 견성은 자성불(自性佛)[255]을 보는 것이다. 이렇게 성(性)을 보는 것(見)이 바로 성불이다.256) 법신대사는 아직 깨뜨리지 못한 무명을 단지 조복시키고 있는 것뿐이다. 이러한 초주보살 이상의 법신대사의 경계는 범부가 이를 수 있는 것이 아니다. 제10지보살인 법운지보살은 견사혹과 진사혹을 다 끊고, 또 40품의 무명을 끊었으나 여전히 두 품의 무명은 끊어지지 않고 남아 있다. 등각보살은 아직 깨어지지 않은 일품의 생상무명(生相無明)이 남아 있다. 등각보살이 마지막 일품인 생상무명이 깨뜨려 41품의 무명을 다 끊으면 여래의 과위인 묘각에 이르러 원교불이 된다. 41위 법신대사들은 모두 각종 신분으로 나타나 중생을 제도할 능력이 있다.257)

　제불여래께서는 진실한 지혜(眞實慧)에 머무시는데, 〔법신대사는〕 반드시 일품의 무명을 깨뜨리고 일분의 법신을 증득해야 〔부분적이긴 해도〕 진실한 지혜에 머물 수 있다. 교하(敎下)의 대개원해, 선종의 대철대오 명심견성, 밀종의 삼밀상응(三密相應) 현밀융통(顯密融通)이 모두 〔부분적이긴 해도〕 진실한 지혜에 머무는 것이다.258) 일

---

255) ＝본성불(本性佛)〔불설아미타경요해강기, 333쪽〕
256) 천태종의 교리에 따르면 부처님도 장교불, 통교불, 별교불, 원교불이 있다. 장교의 아라한은 칠신위보살과 같다. 장교불은 팔신(八信)과 구신(九信)과 같다. 장교불은 아라한에 비해 높지만 초주보살만은 못하다. 초주보살은 자성(自性)을 보지만 장교불은 자성을 보지 못하기 때문이다. 통교불 역시 자성을 보지 못한다. 별교불은 41품 무명 중 단지 12품을 끊어 제이행위보살과 같다. 원교불은 41품을 완전하게 끊었다.(불설아미타경요해강기, 232～233쪽)
257) 印光大師嘉言錄 (淨空老法師專集網), 113～115쪽. 불설대승무량수장엄청정평등각경친문기, 111～112, 283쪽. 불설아미타경요해강기, 49, 109, 132～133, 138, 163, 252, 333, 413쪽. 능엄경 염불원통장 소초대의 강기, 76, 218쪽. 佛說大乘無量壽莊嚴淸淨平等覺經親聞記(출전: 般若文海), 貳 概要(三 一經宗趣), 德遵普賢 第二
258) 佛說大乘無量壽莊嚴淸淨平等覺經親聞記(출전: 般若文海), 壹 前言

체의 상(相)이 모두 공(空)이 될 때 비로소 명심견성할 수 있으며, 부처를 볼 수 있다.[259)

번뇌는 무량한 겁 동안 만들어진 것이어서, 하루아침에 없앨 수 있는 것이 절대로 아니다. 그러므로 부처님께서는 [번뇌를 제거하고 청정한 마음을 회복하여] 성불하려면 삼대아승지겁[260)이 필요하다고 하였으며, 이는 사실상 너무나 어렵다. 수행을 통해 번뇌 가운데 견혹을 끊어 초과를 증득하는 것만도 '폭이 40리가 되는 폭류(瀑流)의 흐름을 단박에 끊는 것과 같다'고 하였다. 부처님께서 금강경, 능엄경, 무량수경에서 모두 말씀하시길, 우리들과 부처님의 연분은 무량겁 이래 세세생생 수행하여 쌓은 선근(善根)인데, 어찌하여 여전히 성불을 못하고 있는가. 우리는 지금까지도 초과를 증득한 적이 없기 때문에 아직까지 성불하지 못하고 있는 것이다. 우리들은 세세생생 유치원에만 있었고, 아직 1학년에도 입학하지 못한 상태이다. 지금 세상에는 [초과를 증득하는 것도] 이를 해낼 수 있는 사람이 없다. 하나의 아승지겁 동안 초과 초신위보살부터 시작하여 삼현(三賢)[261)의 과위를 증득할 수 있다. 두 번째 아승지겁 동안 칠지보살의 과위를 증득할 수 있으며, 세 번째 아승지겁 동안 제10지 법운지보살의 과위를 증득할 수 있다. 화엄경에서는 성불하려면 무량겁이 필요하다고 말하고 있는데, 이것 역시 초과 초신위보살의 위불퇴부터 계산한다.[262)

---

259) 금강경강의, 406쪽
260) =아승기겁
261) =십주보살 · 십행보살 · 십회향보살

〈대지도론 12〉에서 이르길, 사리불이 60겁 동안 보살도를 행하면서 보시의 강을 건너려 할 때 [즉 보시의 수행을 완성하려 할 때], 어떤 걸인이 와서 그의 눈을 구걸하였다. 사리불이 [걸인에게] 말하길, [당신은] 눈을 붙일 곳이 없는데, 무엇 때문에 그것을 구하는가? 만약 나의 몸과 재물이라면, 마땅히 당신에게 줄 수 있지 않겠는가? [걸인이 말하기를,] 당신의 몸과 재물 말고 오직 당신의 눈을 가지기를 원할 뿐이다. 만약 당신이 [나에게] 눈을 보시하면, 나는 눈으로 볼 수 있다. 사리불이 눈 하나를 빼서 주었다. 걸인이 눈을 얻은 후, 자신은 오른쪽 눈이 아닌 왼쪽 눈을 원했다고 하면서 사리불에게 다시 왼쪽 눈을 요구하였고, 사리불이 왼쪽 눈까지 빼주었는데, 걸인이 사리불 앞에서 냄새를 맡더니, 냄새를 혐오하여, 침을 뱉고 땅에 버리고, 또 발로 밟았다. 사리불이 생각하고 말하길, 이렇게 나쁜 사람은 제도하기가 어렵다. 눈이 [그에게] 실제로 쓸모가 없는데, 억지로 그것을 구하여, 얻고 나서는 버리고, 발로 밟으니, 얼마나 나쁜가! 이러한 사람들은 제도할 수 없다. 스스로 조절(自調)하여 생사를 벗어남만 못하다. 이렇게 생각하고 보살도에서 퇴전하여 소승으로 돌아갔다. 역시 현우경6, 미륵소문본원경, 육도집경4 등에는 바라문이 [사리불에게] 눈을 구걸한 일이 모두 실려 있다. 사리불은 퇴심 (후에는) 진점겁(塵點劫) 동안 모두 성문이었고, 다시 대승심

262) 불설대승무량수장엄청정평등각경친문기, 17~18, 100쪽. 불설아미타경요해강기, 85~86, 88, 240, 299, 302, 342쪽. 능엄경 염불원통장 소초대의 강기, 76쪽. 불력수행, 2016, 비움과 소통, 39~41쪽. 한편 정공법사님은 두 번 째 아승지겁이 시작되면 초주보살의 과위를 증득하게 된다고 말씀하시기도 한다(불설아미타경요해강기, 373쪽). 아승지겁은 조를 기본단위로 하여 그 위에 1천을, 아래에는 8개의 만(萬)자를 두고, 여기에 3을 곱한 것이다.

(大乘心)을 일으키지 않았다. 다시 석가모니불에 이르러 그때 비로소 대승심을 일으키게 되었다. 그래서 〔한번〕 물러서면 (다시 나가기가) 어렵다. 사리불은 두 눈을 파내고도 여전히 퇴보하였다. 한쪽 눈을 파내기도 힘든데, 여전히 기꺼이 두 쪽 눈을 파내고도 퇴보한다.263)

2. 수행목적

불교수행은 **선정(삼매)**에 들어야 한다. 세간정에 들면 견사혹의 일부라도 끊을 수 있고, 출세간정에 들어야 견사혹을 완전히 끊을 수 있다.264) 세간정은 출세간정에 들어가기 위한 과정에 불과하다.

불교를 수학(修學)하는 궁극적 목표는 계·정·혜 삼학을 얻어 탐·진·치 삼독을 대치하는 것이다. 지계는 자기 마음속의 번뇌(結使)가 다시 외계와 연계되어 매듭이 생기지 않도록 하기 위함이다. 외부의 것이 들어오지 못하도록 하며, 스스로도 나갈 생각을 하지 않는 것이다. 이 지계를 위해서는 선정(定)이 필요하다. 선정(定)에 의해 지혜가 일어나기 시작할 때에야 결사가 조금씩 동요하기 시작한다. 번뇌가 일단 깨어지면, 즉 마음이 청정해지면 심성은 크게 광명을 발하여 우주와 인생의 사실진상을 분명하게 보는데, 이를 조견(照見)265)이라 한다. 즉 일체 만사만법의 사실진상을 조견할 수

---

263) 佛學大辭典 검색: 乞眼婆羅門. 정토혹문, 82쪽. 정수첩요보은담, 325쪽.
264) 한편 정공법사님은 구차제정 즉 멸진정을 출세간의 선정이라 하신다(출전: 불설아미타경요해강기, 193쪽).

있다. 조견하면 진정으로 지혜가 생긴다. 지혜가 일어나는 작용이 비춤(照)이다. 지혜가 비추면 번뇌에 물들지 않을 수 있다. 오직 진실한 지혜만이 번뇌를 그치게 할 수 있다. [번뇌와 이에 따른] 업보가 소멸되어야만 지혜가 계발될 수 있다. 달리 말하면, 불교수행의 궁극적인 목표는 출세간의 **선정(삼매)**에 들어가 **번뇌를 모두 끊고 진심을 증득(斷惑證眞)**하여 자신이 본래 가지고 있던 청정한 마음을 회복하는 것이다. 그래서 모든 팔만사천 수행의 목적은 선정을 구함에 있다.[266]

팔만사천 법문은 하나하나가 모두 평등하여, 어떠한 법문 하나도 모두 청정한 마음을 회복하게 할 수 있다. 그러나 어떤 법문은 수행하기가 매우 쉬우나 반면에 어떤 법문은 매우 어렵다. 요컨대 수행자의 근기에 맞아야 한다. 이론상으로는 모두가 생사를 끝내고 삼계를 벗어날 수 있지만, 실제로는 그 방법에 의해 수학한다는 것은 어려움이 첩첩산중이며, 내외가 모두 장애가 있어 성취하기가 매우 어렵다. 즉 수행자의 근기가 설익고 무르익음이 있어 비록 하나의 법이기는

---

265) 비추어 봄

266) 불설대승무량수장엄청정평등각경친문기, 20, 63, 98, 150, 203, 227, 303, 572, 606쪽. 佛說阿彌陀經要解講記(출전: 華藏淨宗學會), 46쪽. 불설아미타경요해강기, 83, 190, 228쪽. 능엄경 염불원통장 소초대의 강기, 51, 101~102쪽. 금강경강의, 98, 197, 203, 288, 340쪽. 마음자리가 청정하여 시방삼세를 통달하면, 그것을 조(照)라 말하고, 또 신통이라 칭한다.[印光大師嘉言錄(출전: 淨空老法師專集網), 109쪽. 佛說大乘無量壽莊嚴淸淨平等覺經親聞記(출전: 般若文海), 貳 槪要(十門開啟──玄義), 三 一經宗趣]. 단혹증진(斷惑證眞), 반망귀진(反妄歸眞), 파미개오(破迷開悟), 초범입성(超凡入聖), 명심견성(明心見性)은 비슷한 의미이다. 여기서 단혹(斷惑)은 초정이견(超情離見), 업진정공(業盡情空), 염적정망(念寂情亡)과 같은 의미이고, 증진(證眞)은 개오견성(開悟見性)과 같은 의미로 볼 수 있다.[편집자 주]

하나 이익은 다르다. 모든 수행은 삼혹 중에서 우선 삼계육도의 업인(業因)인 견사혹을 끊어야만 바야흐로 생사를 마칠 수 있다.267)

각종 수행법은 모두 궁극적으로 청정한 마음에 도달(회복)하기 위한 것인데, 청정한 마음에도 정도의 차이가 있기 때문에 보살에도 각기 다른 단계와 지위가 있으며, 수학(修學)의 정도에도 깊고 얕음의 차이가 있다.268)

선정(定, 禪定)은 삼매(삼마지)를 번역한 말로, 마음을 한 곳에 모아 산란하지 않게 하는 마음작용이다. 정정(正定), 정수(正受), 심정(心定)이라 한다. 쉽게 말하면, 고도의 정신집중으로 매우 고요한 상태에 들어갔다는 의미이다. 정정(正定)은 잡념을 제거하여 마음이 산란하지 않고 하나의 경계에 오롯이 집중한다는 뜻이다. 정수(正受)는 정상적인 향수(享受)라는 뜻이다.269)

선정은 중간역으로 구경의 목표가 아니다. 게다가 선정이 깊고 얕음은 무량하고 무변하여 절대로 적은 것을 얻음에 만족해서는 안 된다. 선(禪)을 닦는 것이 결코 가부좌를 틀고 앉기만(打坐) 하는 것이 아니다.270)

---

267) 印光大師嘉言錄(출전: 淨空老法師專集網), 6, 26, 59, 61, 80, 117쪽. 불설대승무량수장엄청정평등각경친문기, 22~23, 695쪽. 불설아미타경요해강기, 22, 154, 206~207, 221, 228, 235쪽

268) 금강경강의, 288쪽

269) 위키백과: 삼매, 삼마지. 百度百科: 正定. 불설대승무량수장엄청정평등각경친문기, 234쪽. 佛說阿彌陀經要解講記(출전: 華藏淨宗學會), 64쪽. 불교바로알기, 41쪽. 정수첩요보은담, 407쪽

270) 불설아미타경요해강기, 207, 217쪽. 불교바로알기, 184~185쪽

선(禪)은 밖으로 형태에 집착하지 않는 것(不取於相), 정(定)은 안으로 마음을 움직이지 않는 것이다(如如不動). 즉 경계에 임해서 무심한 것이 바로 선(禪)이다. 또 선(禪)은 정려(靜慮)라는 뜻인데, 정(靜)은 안정으로 지(止)의 뜻이고, 려(慮)는 관(觀)의 뜻이다. 지(止)는 생각이나 지각 감각을 정지시켜 그것을 애써 한곳에 그치게 하는 것이다. 지(止)에 이른 후에야 능히 관(觀)할 수 있고, 이 둘을 동시에 갖춘 것이 바로 삼매요, 진정한 정(定)의 경계이다. 불교의 수행방법은 많지만 총괄하면 즉 지관(止觀)이다. 즉 생각을 집중시켜 한곳에 그쳐 머무르게 하는 것이다. 만약 염불할 때 일체 망념도 없고 일체 망상도 없으면 바로 지(止)이다. 이 한 마디 명호가 또렷하고 명백하면 바로 관(觀)이다.[271]

아미타경의 일심불란, 능엄경 대세지보살 염불원통장의 도섭육근(都攝六根) 정념상계(淨念相繼) 득삼마지(得三摩地),[272] 밀종의 삼밀상응,[273] 교종의 대개원해(大開圓解),[274] 천태종의 지관(止觀),[275]

---

271) 불설아미타경요해강기, 207쪽. 불교바로알기, 184~185쪽. 능엄경 염불원통장 소초대의 강기, 203~204쪽. 금강경강의, 69, 72, 477, 577쪽
272) 육근을 모두 거두어, 깨끗한 염불이 계속 이어지게 하여, 삼마지(삼매)를 얻는 것
273) 삼밀은 신밀(身密), 어밀(語密), 의밀(意密)을 가리키는데, 몸의 자세는 신밀이고, 입으로 염송하는 진언은 어밀이며, 생각으로 그 종자나 본존을 관상(觀想)함이 의밀이다. 이 삼밀을 수행하면, 여래 삼밀의 가지(加持)를 받아 중생의 삼업이 여래의 삼밀과 혼연일체가 되는데, 이를 삼밀상응이라 한다[화두 놓고 염불하세, 51쪽 각주 17)].
274) 印光大師嘉言錄(출전: 淨空老法師專集網), 112쪽. 대개원해는 '원만한 깨달음을 크게 연다'는 의미이다.
275) 진실로 일심불란에 이르는 것이 필요한데, 자기도 잊고, 신체도 잊고, 일체의 상황을 잊으면, 서우 약간 일심불란의 모습이다. 전일(專一)에 도달하면, 일

금강경의 불취어상(不取於相) 여여부동(如如不動), 선종의 대철대오 (大徹大悟) 명심견성(明心見性)이 모두 출세간의 선정(禪定)이다. 이러한 경지는 실상법(實相法)을 증득한 것인데, 진정으로 자재를 얻을 수 있다. 현생에 실상(實相)을 증득한 사람이 없는 것은 아니나, 이러한 선근을 가진 이가 잘 없다. 인광대사님께서는, '대철대오는 실제 증득이 아니다. 증득(證)하면 마칠 수 있으나, 깨달음(悟)만으로는 마치지 못한 것이다. 〔정토법문 이외의〕 다른 법문을 닦는 것은, 모두 모름지기 미혹을 끊고 진심을 증득(斷惑證眞)해야 바야흐로 생사를 마치는 것이다.'고 말씀하셨다.276)

도를 닦는 사람이 선정의 힘이 깊으면 육진의 경계에 대하여 완전히 집착이 없으며, 애증을 일으키지 않는다. 이것을 따라 공(功)을 배가하고 수행에 힘쓰면, 더 나아가 무생법인(無生法忍)277)을 증득한다. 즉 혹업이 깨끗이 다하고, 생사의 근본을 베어 끊는다. 그러나 이 공부는 매우 용이하지가 않다. 말세에서 증득은 실로 어렵다.278)

심불란일 때가 바로 지(止)이고, 생각(念頭)의 정지인데, 지(止)로부터 정(定)을 얻을 수 있다(金剛經說什麼: 止住的持名唸佛).

276) 印光大師嘉言錄(출전: 淨空老法師專集網), 26, 112쪽. 불설아미타경요해강기, 268쪽

277) 무생법인에 대하여는 【부록】 1항 (7)을 참조하라.

278) 印光大師嘉言錄(출전: 淨空老法師專集網), 12쪽

3. 수행방법

우리의 마음을 어지럽게 하는 번뇌에는 팔만사천 가지가 있기 때문에, 부처님께서 말씀하신 법문과 수행법도 팔만사천 가지가 있다. 팔만사천 법문에서 닦는 것은 모두 선정(禪定)이다.[279]

일반적으로 선정을 이루는 불교수행에는 크게 깨달음(覺), 바름(正), 청정함(淨) 이 세 가지 문이 있다. 선종은 깨달음의 문으로 들어가 대철대오 명심견성을 목표로 한다. 선종 이외의 각 종파를 교하(교종)라 칭하는데, 교하에서는 바름의 문으로 들어간다. 경전의 이론과 방법에 따라 우주와 인생에 대해 잘못 가지고 있는 자신의 견해와 생각을 바르게 고친다. 정토종과 밀종(밀교)은 청정의 문으로부터 들어간다. 염불은 깨달음(覺), 바름(正), 청정함(淨)을 닦되 청정을 위주로 한다. 정토수행을 하는 사람이 중요하게 여기는 것은 청정심에 있으므로, 이들이 닦는 것을 정업(淨業)이라 말한다.[280]

(1) 선종

선(禪)은 우리들이 본래 갖추고 있는 진여불성(真如佛性)인데, 선문(宗門)에서는 이를 부모가 나기 전의 본래 면목(父母未生前本來面目)이라 말한다. 불법의 모든 종파의 수지(修持)는 반드시 수행을 일으

---

[279] 불설대승무량수장엄청정평등각경친문기, 150, 203, 572쪽. 불설아미타경요해강기, 190, 228쪽. 오총룡 거사는 번뇌를 끊는 수행방법으로 지관(止觀)을 말씀하신다(불력수행, 38쪽).

[280] 불설대승무량수장엄청정평등각경친문기, 109, 244, 461, 673~674쪽. 불설아미타경요해강기, 26 및 276 및 303쪽. 불교바로알기, 72~74, 80, 85쪽

켜 알음알이가 끊기는데(行起解絕) 이르러야 바야흐로 실익이 있다.
선종에서 의미 없는 화두를 가슴속에 품고 목숨과 길일처럼 여겨,
시일을 따지지 않고 항상 참고(參叩)하여 몸과 마음의 세계를 모두
알지 못하면 바야흐로 대철대오(大徹大悟)인데, 즉 수행을 일으켜
알음알이가 끊긴 경지이다. 여기서 더 나아가 오직 지극하게 수행에
힘써야, 주체(能)와 객체(所), 감정(情)과 견해(見)가 소멸할 수 있고
본래 가지고 있던 진여불성, 진심(眞心), 부모가 나기 전의 본래 면
목이 발현된다.281)

　　선종의 대철대오는 곧 명심견성(明心見性)이다. 참구(參究)의 힘
이 지극하여 생각이 고요하고 감정이 사라지면(念寂情亡), 즉 알음
알이가 사라지면, 부모가 나기 전의 본래 면목을 철저하게 볼 수 있
는데, 이것이 대철대오 명심견성이다. 선종은 즉심성불(卽心成佛)을
표방한다. 그러나 참선으로 설령 대철대오 명심견성하더라도 단지
마음에 본래 갖추고 있는 이성불(理性佛)282)을 본 것일 뿐이다. 만
약 대보살의 근성, 최상상의 근기라면 깨닫는 즉시 곧 미혹을 끊고
진심을 증득(斷惑證眞)하고, 곧 생사를 마칠 수 있다. 그러나 근기가
조금만 떨어지는 자는 설령 미묘한 깨달음이 있어 미래를 모두 안다
고 하더라도, 견사혹을 끊어 없앨 수 없어, 오히려 삼계 속에 다시

---

281) 印光大師嘉言錄(출전: 淨空老法師專集網), 114쪽. 선종(禪)은 〔화두를〕 참구
　　 (參究)하는 방법을 사용하여, 심의식(心意識)을 떠나 참선한다. 여기서 말하
　　 는 식은 제6식의 분별이며, 의는 제7식의 집착이며, 심은 제8식으로 종자를
　　 함장하고 있다. 반면 정토종에서는 염불 방법을 사용한다(불설아미타경요해
　　 강기, 204, 207쪽).
282) 우리들의 마음이 본래 가지고 있는 천진불성(天眞佛性)〔印光大師嘉言錄(출
　　 전: 淨空老法師專集網), 102쪽〕

태어남을 면할 수 없다. 생사를 마치고자 하면 반드시 실제로 진심을 증득해야 한다. 만약 오직 깨닫기만 하고 진심을 증득하지 못하였다면 즉 번혹(煩惑)[283]이 여전히 남아 있는 것으로, 크게 노력해야 한다.[284] 지금은 대철대오 명심견성한 자를 만나기도 어려운데, 하물며 깨달음을 증득한 자는 말할 것도 없다.[285]

선종은 돈오(頓悟)이기 때문에 돈교에 속하여 차제가 없고 단계가 없다. 상근이지(上根利智)[286]가 가르침의 대상이다. 또 철저하게 깨달은 후에라도 세세생생 불퇴하기란 쉽지 않다. 다시 환생하면 할수록 격음지미(隔陰之迷) 때문에 더욱 미혹되며 상황은 더욱 나빠진다. 중하근기의 평범한 사람들은 성취하기가 어려운데, 갑자기 초월하여 바로 들어갈 수(頓超直入) 없다. 배우는 자가 선(禪)의 연유(所以)를 모르기 때문이다. 또 이를 지도해 줄 훌륭한 스승(巧人), 즉 이끌고 붙잡아 주고 선택(提持抉擇)을 해줄 선지식(善知識)이 없다. 그리고 화두를 참구할 수 있는 충분한 시간과 조용한 공간이 마련되어야 열심히 할 수 있다.[287]

육조 혜능선사의 문하에서 성취한 사람이 매우 많아 마음을 밝혀

---

283) 번뇌

284) 印光大師嘉言錄(출전: 淨空老法師專集網), 59~60, 98, 100, 113쪽. 정토오경일론(정종심요), 28쪽. 깨달음(悟)이란 돌아갈 길을 분명하게 아는 것과 같고, 증득(證)이란 그 길로 돌아가서 편안하게 쉬는 것과 같다.

285) 印光大師嘉言錄(출전: 淨空老法師專集網), 98쪽

286) 상근기의 날카로운 지혜

287) 印光大師嘉言錄(출전: 淨空老法師專集網), 155쪽. 불설대승무량수장엄청정평등각경친문기, 25, 242쪽. 불설아미타경요해강기, 88, 128, 204, 214, 207, 361, 427쪽. 능엄경 염불원통장 소초대의 강기, 187쪽

불성을 깨달은 사람이 43인이 있었으나, 이는 실로 전무후무한 일이라 말할 수 있다. 그러나 다른 조사의 문하에서는 셋이나 다섯 사람, 혹은 한두 사람이었으나, 이것 또한 이미 대단한 일이라 할 수 있다. 이로써 선종은 성취하기가 어려움을 알 수 있다. 참선은 〔범부에게는〕 쉽지도 않고 온당하지도 않다.[288]

진헐청료 선사께서 〈정토설(淨土說)〉에서, '선종의 대선장들이 이미 불공(不空) 및 불유(不有)의 선법(禪法)을 깨치고 나서도 다시 뜻을 세워서 정토수행에 부지런히 힘쓴 것은 정토수행을 통하여 견불(見佛)하는 것이 선종의 견성(見性)보다 쉬운 것이 아니었겠는가'라고 말씀하였다.[289]

《관무량수경》은 시심작불(是心是佛) 시심시불(是心是佛) 두 가지 말씀이다. 선종의 직지인심(直指人心) 견성성불(見性成佛)과 비교해 보면 더욱 단순 명료하고 통쾌하다. 견성(見性)은 심의식(心意識)을 완전히 떠나 영광(靈光)이 솟구쳐야 비로소 견성이라 한다. 그래서 어렵다. 작불(作佛)은 부처님 명호를 지송하며 부처님의 의보와 정보의 복덕을 관조(觀)하면 곧 작불이다. 그래서 쉽다. 경전에서 이르시길, '너희들이 마음으로 부처님을 생각할 때가 바로 32상 80종호이다. 어찌 부처님을 생각하는 것이 곧 작불이 아니겠는가.'라고 하셨다. 성불(成佛)과 작불(作佛)은 이치상으로는 둘이 아니나 성불과 작불은 그 쉽고 어려움이 현격하다.[290]

---

288) 불설대승무량수장엄청정평등각경친문기, 57, 89~90쪽
289) 정토혹문, 29~30쪽

(2) 교종(교하)

교하인 화엄종 · 천태종 · 법상종 · 삼론종 · 율종은 그 대상이 상근기와 중근기이므로, 대체로 상근기의 총명하고 지혜가 있는 사람이 수학하면 모두 성취가 있을 수 있다. 하지만 중근기는 수행의 자질이 매우 부족하고, 하근기에게는 몫이 없다. 다시 말하면, 상상의 이근(利根)이 아니면 대통(大通)할 수 없는데, 넓게 섭렵해야 하기 때문이다.[291] 한편 「아함경은 중근기와 하근기 사람을 제도한다.」[292]

화엄경의 교학대상은 41위의 법신대사이고, 권교의 이승(二乘)은 그 몫이 없다.[293]

능엄경은 주로 능엄대정을 설하고 있는데, 이는 일반적인 선정이 아니라, 여래과지에서의 대정(大定)으로 성정(性定)이라고 부른다. 이 경에서 25분의 보살이 닦은 것은 모두 능엄대정으로 무량무변한 법문을 대표한다. 능엄대정은 세상 사람들이 해낼 수 없고, 이 경계에 들어갈 능력이 없다. 그래서 부처님께서 비로소 이 세상에 오시어 우리들에게 염불법문을 말씀하셨다. 오직 자식이 어머니를 기억하는 것 같이 하는 염불수행만이, 마음을 가진 사람이 모두 봉행할 수 있다.[294]

---

290) 徹悟禪師語錄 卷上
291) 불설대승무량수장엄청정평등각경친문기, 109쪽. 불설아미타경요해강기, 26쪽. 능엄경 염불원통장 소초대의 강기, 187쪽
292) 불설아미타경요해강기, 128쪽
293) 불설대승무량수장엄청정평등각경친문기, 38쪽
294) 印光大師嘉言錄(출전: 淨空老法師專集網), 59쪽

미륵보살이 계신 도솔천은 쉽게 갈 수 있는 곳이 아니다. 미륵보살께서 가르치시는 유심식정(唯心識定)295)을 닦아 성공하여야 갈 수 있는데, 유심식정은 보통사람이 수행하여 성공할 수 있는 것이 아니다. 이를 닦는 것은 서방에 왕생하는 것만 못하다. 미륵보살님께서는 서방극락에 상주하면서 매일 아미타부처님의 수업을 받고 있다. 그러므로 서방에 태어나면 그를 따라 도솔천 내원에 가는 일은 당연히 어려움이 없다.296)

이론상 금강경을 이해하기 어렵지 않지만, 이것을 닦아서 증득하기란 참으로 어렵고도 어렵다. 금강경에서 수보리가 부처님께 '마땅히 어떻게 마음을 항복시키고, 어떻게 머물러야 하는가'라고 여쭈었다. 부처님께서 말씀하신 '마땅히 머무는 바 없이 그 마음을 내는 것(應無所住而生其心)'은 초지부터 제10지까지, 즉 십지보살이라야 이룰 수 있는 일이다. 실제 금강경에서 사용하는 방법은 우리는 행할 수 없다.297)

불법에서 수행하는 총강령은 계·정·혜 삼학이다. 삼학, 육도(六度), 십대원왕은 서방에 간 후에야 비로소 원만하게 할 수 있고, 사바세계에서는 완성할 방법이 없다.298)

---

295) 능엄경 25가지 원통 중 미륵보살의 식대(識大)원통을 말함
296) 불설대승무량수장엄청정평등각경친문기, 168쪽. 불설아미타경요행강기, 117~118쪽
297) 불설대승무량수장엄청정평등각경친문기, 39~40, 523쪽. 정토오경일론(정종심요), 36쪽. 금강경강의, 269쪽
298) 불설대승무량수장엄청정평등각경친문기, 304쪽. 불설아미타경요해강기, 228쪽

정토법문에서는 한 마디 아미타불로 이것이 가능하다. 만약 범부가 착실하게 염불한다면 자기도 모르는 사이에 은연중에 도의 미묘함에 합치하여 온갖 인연에 머무르지 않고 쉬지 않고 마음을 내니 십지보살과 같다.[299]

(3) 밀종

밀종은 지혜를 열어야 비로소 배울 수 있다. 속마음이 청정하고 티끌 하나에도 물들지 않아야 하므로, 보통사람이 배우면 반드시 지옥에 떨어진다. 엄격하게 말하자면, 팔지보살이어야 비로소 밀종을 배울 자격이 있으며, 정식 학생이다. 원교의 초주보살도 방청할 따름이다. 이는 농담이 아니니, 분명히 알아야 한다. 내 〔정공법사〕가 학불(學佛)할 때, 장가(章嘉)대사께서는 나에게 밀종을 전수하지는 않았지만, 밀종의 내용을 많이 말씀해주셨다. 밀종은 최고의 불법이자 가장 수승한 불법이다. 그러나 그 방법은 마에 홀리기 쉽다. 또 밀교를 배우는 의궤는 복잡하고 공양의 도구 또한 부유한 사람이 아니면 할 수 없다.[300]

원교의 대경(大經)으로 화엄경과 법화경이 있는데, 지극(極)하다고 말할 수는 없다. 지극히 원만(圓)하고 지극히 돈(頓)한 것은 오직 이 하나의 정토법문이 있을 뿐이다. 선(禪)은 즉심성불(卽心成佛)로 돈이

---

299) 불설대승무량수장엄청정평등각경친문기, 39~40, 523쪽. 정토오경일론(정종심요), 36쪽. 금강경강의, 269쪽
300) 불설대승무량수장엄청정평등각경친문기, 95, 242쪽. 능엄경 염불원통장 소초대의 강기, 93쪽

기는 하나 아미타경과 비교하면 칠일에 성취할 수 없다. 인광대사께서 말씀하시길, 밀교의 즉신성불(即身成佛)은 생사를 마치고 삼계를 벗어날 따름이어서, 이러한 공부는 아라한과 벽지불은 자격이 충분하나 단지 장교불을 이룰 뿐이며, 별교와 원교에는 미치지 못한다.[301]

정토종의 수행법은 제2편에서 소개한다.

4. 수행자세

무릇 부처님과 조사들이 생사를 마친 것을 배우려면, 모름지기 부끄러워 하는 것, 즉 **참괴**(慚愧)와 **참회**(懺悔)를 바탕으로 하여 악을 그치고 선을 닦는 것에서부터 시작해야 한다. 참괴(慚愧)의 참(慚)은 양심의 가책을 받음을 말하고, 괴(愧)는 여론의 질책을 두려워함이다. 〔참회(懺悔)의 참(懺)은 뉘우친다는 뜻이다. 회(悔)는 후회한다는 뜻이다.〕 회(悔) 한 자는 반드시 마음에서 일어나야 한다. 마음에서 진정으로 뉘우치지 않으면 말로 해도 무익하다. 비유하자면 처방전을 읽기만 하고서 약을 복용하지 않는다면, 결코 병을 치료할 희망은 없는 것이다.[302]

정성과 **공경**은 실로 초범입성(超凡入聖) 요생탈사(了生脫死)의 극히 미묘한 비법이다. 도(道)에 들어가는 문이 많지만, 변하지 않는

---

301) 佛說阿彌陀經要解講記(출전: 華藏淨宗學會), 469쪽. 불설아미타경요해강기, 427쪽
302) 印光大師嘉言錄(출전: 淨空老法師專集網), 45~46쪽. 불설대승무량수장엄청정평등각경친문기, 546쪽

것은 정성과 공경이다. 예배, 독송, 염불 등 갖가지 수지(修持)는 모두 마땅히 정성과 공경을 위주로 해야 한다.[303]

수행의 성취여부는 90%가 성취하는 태도에 달려 있고, 방법은 기껏해야 10%를 차지할 뿐이다. 양호한 수학태도가 있으면 방법을 알지 못하여도 성취할 수 있다.[304]

어느 종파나 법문을 수행하든지, 가장 중요한 것은 반드시 일문에 깊이 들어가는 것이고(一門深入), 성패의 관건은 바로 마음을 오로지 한 곳에만 집중하여 움직이지 않는 데 있다. 만약 한 문에 깊이 들어가면 최소 시간으로 선정과 지혜를 진정으로 얻을 수 있다. 한 종파를 배워야 진정으로 빨리 성취할 수 있고, 한 종파에서도 한 경전을 깊이 들어가야 한다. 번뇌가 끊어지지 않았을 경우에는 오직 일문만을 닦아야 하며, 번뇌가 끊어진 다음에는 널리 배우고 많이 들을 수 있다. 법문마다 다 배워야 한다는 것은 한 법문을 성취한 후의 일이다. 범부가 무량한 법문을 배우고자 하지만, 실제로는 불가능한 일이다. 그래서 조사나 대덕들이 우리에게 먼저 청정한 마음을 닦아 일문에 깊이 들어가 정토에 태어나기를 구하라고 권하는 것이다. 선도대사께서는 만약 이해를 구하고자 할 경우에는 여러 법문을 배워도 무방하지만, 만약 수행하고자 할 경우라면 반드시 일문을 지켜야 한다고 하셨다.[305]

---

303) 印光大師嘉言錄(출전: 淨空老法師專集網), 69∼70쪽
304) 불설대승무량수장엄청정평등각경친문기, 695쪽
305) 불설대승무량수장엄청정평등각경친문기, 184, 273, 445쪽. 불설아미타경요해강기, 203, 309, 386쪽. 능엄경 염불원통장 소초대의 강기, 100쪽. 불교

신체는 단지 도구에 불과하다. 그것을 이용하여 도를 닦는데, 거짓(假)을 빌려 참(眞)을 닦는 것이다. 수행은 반드시 몸이 건강할 때에 해야 한다. 예를 들어 불칠(佛七)법회[306]는 나이가 많으면 견디기가 쉽지 않다. 그러므로 몸이 아직 쇠약해지기 전에 젊고 건강할 때에 수도에 전념해야 한다. 수명이 다하면 도를 닦고자 해도 닦을 수가 없다.[307]

또 수행의 큰 장애는 퇴전(退轉)이다. "부처님 공부 1년이면 부처님은 눈앞에 계시고, 부처님 공부 2년이면 부처님은 서천(西天)에 계시고, 부처님 공부 3년이면 부처님은 구름과 연기처럼 사라진다." 이 말에서 볼 수 있듯이 범부중생은 쉽게 퇴전한다.[308]

바로알기, 175쪽

306) 도량(道場)을 설립하여 7일 주기로 불사를 하는데, 아미타불을 염하면 염불칠, 관세음보살을 염하면 관음칠, 선좌하면 선칠, 그 밖에 능엄칠, 대비칠 등의 설법을 통칭하여 불칠이라 한다.〔출전: https://baike.baidu.com/item/佛七, 2021.7.10 확인〕

307) 佛說大乘無量壽莊嚴淸淨平等覺經親聞記(출전: 般若文海), 如貧得寶 第三十七. 불설대승무량수장엄청정평등각경친문기, 513, 517쪽.

308) 불력수행, 2016, 비움과 소통, 39~41쪽

제 2 편

정토법문

제1장 통도법문과 특별법문

1. 통도법문

자력에 의지하여 계·정·혜 삼학을 닦고, 번뇌를 끊어 진심을 증득하여 생사를 마치고 궁극적으로는 불과를 이루는 것을 통도(通途)법문이라 이름한다. 통도법문은 전부 자력에 의지한다. 따라서 통도법문을 자력문 또는 난행도라 한다.[1]

번뇌는 하루아침에 만들어진 것이 절대로 아니다. 우리들이 생사윤회 가운데서 오랜 겁을 지내면서 지은 악업은 무량무변하다. 자력으로 생사를 마치는 것은 숙세의 근기가 깊고 두터운 자가 아니면 불가능하다. 자력에 의지하여 번뇌와 혹업을 다 없애고 요생탈사(了生脫死)하려 한다면, 그 어려움은 하늘에 오르는 것보다 어렵다. 말세 중생이 어떻게 생각이나 할 수 있겠는가. 나아가고 물러남을 수없이 반복하면서 얼마나 많은 좌절을 겪어야 할지 모르는 일이다. 그러므로 성불하려면 삼대아승지겁이 필요하며, 이는 사실상 너무 어렵다.

---

[1] 印光大師嘉言錄(출전: 淨空老法師專集網), 49, 71, 103쪽. 불설아미타경요해강기, 141쪽. 통도(通途)는 공통된 길이라는 뜻이다.

끊어야만 왕생할 수 있다. 석가모니불과 약사불 등의 정토가 그렇다.2)

선종과 교종의 모든 법문은 오직 자력에 의지하기 때문에 깨달음에 계합(契悟)하는 것이 어려운데, 하물며 요탈(了脫)은 어떻겠는가.3) 견사혹이 조금이라도 남아 있다면, 이 육신의 생사윤회는 결코 벗어날 수가 없다. 이렇게 자력으로 단계를 밟아가면서 생사윤회를 벗어나려 하는 것을 위(세로)로 삼계를 벗어난다(竪出三界)고 한다.

_{수출삼계}

2. 특별법문

무릇 견도(見道) 다음에 수도(修道)이고, 수도 다음에 증도(證道)이다. 이것은 천 분의 성인의 같은 길이고, 천고에 바뀌지 않은 정론(定論)이다. 「먼저 자신의 마음을 뚜렷이 알고 난 뒤에야 비로소 수도(修道)를 제대로 할 수 있다.」4) 그러나 어찌 견도를 쉽게 말할 수 있을 것인가. 교승[교종]에 의거한다면 반드시 대개원해(大開圓解)를 해야 하고, 종문[선종]에 의지한다면 반드시 직투중관(直透重觀)을 해야 한다. 그래야 뒤에 수도를 논할 만하다.5) 그렇지 않으면 곧 맹수할련6)으로, 담에 부딪치고 벽에 부딪치며, 구덩이에 떨어지지

---

2) 印光大師嘉言錄(출전: 淨空老法師專集網), 61쪽. 불설대승무량수장엄청정평등각경친문기, 260쪽. 불설아미타경요해강기, 240쪽. 불력수행, 45쪽
3) 印光大師嘉言錄(출전: 淨空老法師專集網), 105쪽. 요탈＝완전한 해탈
4) 금강경강의, 389쪽
5) 견도(見道)를 견혹을 끊은 단계로 보는 입장도 있다. 이에 대하여는 【부록】1항의 (2)를 참조하라.

않을 수 없다. 오직 정토일문은 그렇지 않다. 〔아미타경에서 말씀하신 바와 같이,〕이곳에서 서방으로 십만억불토를 지나, 한 세계가 있어 극락이라 이름하고, 그 국토에 부처님이 계시어 아미타라 불리시며, 현재 설법을 하고 계시니, 단지 발원과 지명염불이 있으면, 즉 왕생할 수 있다. 이것은 곧 부처님의 마음과 부처님의 눈으로 친히 알고 친히 보신 경계이다. 저 삼승성현(보살·연각·성문)이 알고 볼 수 있는 것이 아니다. 단지 마땅히 부처님의 말씀을 깊게 믿고, 의지하여 발원과 지명염불을 해야 한다. 곧 불지견(佛知見)으로 〔자신의〕지견을 삼는 것으로 다른 오문(悟門)[7]을 구할 필요가 없다. 기타 법문의 수도는 반드시 깨달은(悟) 후 법에 따라 닦고 익혀야 한다. 마음을 거두어 선정을 이루고(攝心成定), 선정으로 지혜가 발현되며(因定發慧), 지혜로 미혹을 끊는다(因慧斷惑). 발현된 지혜는 우열이 있고, 끊은 미혹도 깊고 얕음이 있어, 연후에 비로소 물러남(退)과 불퇴(不退)를 논할 수 있다. 오직 이 정토법문에서는 오직 믿음과 발원의 마음으로 〔아미타불〕명호를 오롯이 지니면 일심불란에 이르러, 정업(淨業)이 크게 이루어진다. 일단 왕생을 하면, 곧 영원히 불퇴전이다. 또 기타 법문의 수도는 먼저 현재의 업을 참회하지 않으면, 곧 장애가 생길 수 있어, 수행으로 나갈 수 없게 된다. 그러나 정업을 닦는 자는 대업왕생(帶業往生)으로 업을 참회하는 것이 필요 없다. 지심으로 하는 한 마디 염불은 80억겁의 생사중죄를 소멸시킬 수 있다. 또 기타 법문의 수도는 모름지기 번뇌를 끊어야 한

---

6) 막무가내로 수련하는 것
7) 깨달음의 법문

다. 만약 견사번뇌가 조금이라도 다하지 않으면, 즉 분단생사가 다하지 않아, 범성동거토를 벗어날 수 없다. 오직 정업(淨業)을 닦는 것은 곧 옆(가로)으로 삼계를 벗어나는 것(橫出三界)인데, 번뇌를 끊지 않고도, 이곳 범성동거토로부터 저곳 극락의 범성동거토에 태어난다. 저 국토에 한번 태어나면, 즉 생사의 근본이 곧 영원히 끊어진다. 이미 저 국토에 태어나면 즉 항상 부처님을 뵙고(見佛), 수시로 법을 들으며, 의식과 거처가 자연히 생겨난다. 물, 새, 나무들이 모두 설법을 하는데, 범성동거토에서, 횡으로 위의 세 가지 정토를 볼 수 있다. 모든 상선인과 한 곳에 있을 수 있으며, 원만하게 세 가지 불퇴전의 지위를 증득하여, 일생에 곧 보불위(補佛位)[8]에 이른다. 그러니 정토일문은 처음에 깨달음의 문(悟門)을 구하는 것이 생략되고, 뒤에 지혜가 발현되기를 기다리지 않는다. 업을 참회할 필요가 없고, 번뇌를 끊지 않으니, 지극히 간단한 요결이고, 지극한 지름길이다. 더불어 증득해 들어가는 것은(證入) 지극히 광대하며, 지극한 구경이다. 수학하는 자는 마땅히 세심하게 음미하고 상세하게 채택해야 한다. 일시적인 잘난 마음으로 이 수승한 최대 이익을 잃지 말아야 한다.[9]

정토법문은 진실한 믿음과 간절한 발원을 갖추고, 부처님의 명호를 지송하여, 부처님의 자비력에 의지하고, 〔번뇌에 따라 나타난〕 업력을 제어하고 조복하여, 발현될 수 없도록 하여, 서방에 왕생을 기대하는 것으로 특별법문이라 이름한다. 이 법문은 자력과 불력을

---

8) ＝일생보처. 일생보처에 관하여는 이 책【부록】1항 (15)를 참조하라.
9) 徹悟禪師語錄 卷上

함께 가진다.10) 따라서 정토법문을 타력문 또는 「이행도」11)라 한다. 여기서 타력은 아미타부처님의 힘을 말한다. 즉 정토법문은 아미타부처님의 힘에 의지하는 것이다.

부처님은 《대집경》에서 '정법시기에는 계율로 성취하고, 상법시기에는 선정으로 성취하고, 말법시기에는 정토로 성취한다'고 말씀하셨다. 또 《대집경》에서 '말법시대에는 억만 사람이 수행을 하더라도, 그 중 하나도 도를 얻기 어려우며, 오직 염불에만 의지해야만 생사윤회를 벗어날 수 있다'고 설하고 있다. 지금 세상에서 정토법문을 놓을 것 같으면 과위의 증득(果證)은 전혀 없게 된다. 진실로 성인이 떠난 시간이 이미 오래되었고, 사람들의 근기가 보잘 것이 없이 하찮아서, 부처님의 기피력에 의지하지 않으면 해탈하기가 절대 어렵다.12)

《나선경》에서는 '마치 백 개의 큰 돌을 배에 실었을 때 배의 힘에 의하여 그 돌이 물속에 가라앉지 않는데, 배가 없다면 아무리 작은 돌멩이라도 물속에 가라앉고 말 것이다. 비유하면 세간 사람이 일생 동안 악행을 지었지만 임종시에 염불하면 지옥에 떨어지지 않는다. 그러나 만약 염불이 아니라면 비록 제아무리 작은 악행일지라도 또한 지옥에 떨어지고 만다.'고 하였다.13)

---

10) 印光大師嘉言錄(출전: 淨空老法師專集網), 49, 71, 103쪽
11) 불설대승무량수장엄청정평등각경친문기, 580쪽
12) 화두 놓고 염불하세, 42~43, 49쪽. 불설아미타경요해강기, 209쪽
13) 화두 놓고 염불하세, 211쪽. 정토혹문, 107쪽.

모든 수행법 가운데 오직 염불만이 가장 간단하고 편리하고, 평등한 법이어서 상·중·하 모든 근기의 중생이 수행할 수 있고, 초학이라도 쉽게 닦을 수 있어서, 대소승 경론을 선택하는 것보다 훨씬 쉽다. 또 정토법문은 걷고 머물고 앉고 누울 때 언제든지 균일하게 할 수 있다.[14)]

정토법문은 번뇌를 끊을 필요 없이 바로 삼계를 뛰어넘을 수 있으므로, 수행하여 성취한 사람은 선종에 비해 훨씬 많다. 또 밀종의 삼밀가지 방편보다 매우 빨리 증득하며, 결코 마에 홀리지 않고 온당하다. 정토법문은 정토경전에 근거하여 수행하므로 가짜 사부의 폐해가 적다.[15)]

정토법문에서 서방만을 찬탄하는 것은, 초학자들로 하여금 쉽게 마음을 내게 하기 위함이고, 아미타불의 본원이 수승하기 때문이고, 아미타불과 이 국토의 중생들이 두루 인연이 있기 때문이다. 〔정토법문은 서방의〕 방위를 가리키고 〔아미타불의〕 형상을 세워서 (指方立相) 마음을 거두어 전일하게 집중하는 것이다. 교리를 좀 아는 총명한 사람들은 으레 염불수행이 왜 굳이 서방극락정토에 왕생하려고 선택하는지 따져 묻곤 한다. 마치 상대적인 분별과 취사선택을 완전히 초월한 수행만이 절대 궁극인양 여기는가 보다. 그러나

_{지방입상}

---

14) 불설대승무량수장엄청정평등각경친문기, 25, 95, 151, 282, 322, 461, 580 쪽. 불설아미타경요해강기, 26, 90, 207, 213, 250쪽. 정수첩요보은담 103쪽
15) 불설대승무량수장엄청정평등각경친문기, 25, 89~90, 95, 322, 580쪽. 불설 아미타경요해강기, 26, 90쪽. 능엄경 염불원통장 소초대의 강기, 93쪽. 정수 첩요보은담 103쪽

이는 취함도 없고 버림도 없는 궁극의 경지는 부처가 된 다음의 일이라는 것을 모르기 때문이다.16)

업장이 두터운 사람은 일생에 깨달음(明心見性)을 얻을 수 없기 때문에 정토종에서는 그 사람에게 먼저 서방극락에 왕생하기를 구하라 권한다. 정토법문에서 가장 중요한 것은 부처님의 힘(佛力)에 의지하여, 번거롭게 삼대아승지겁 동안 보살의 51단계 수행을 거치지 않고도, 삼계육도를 벗어나 생사윤회를 마치고 극락정토에 왕생하는 것이다. 왕생의 목적은 바로 생사윤회를 벗어나기 위함이다. 정토법문의 수승함은 **업을 가지고 왕생하여(帶業往生), 가로로(공간으로) 삼계를 벗어나는 것이다(橫出三界).** 곧 성인의 무리에 든다. 정토법문이 수승한 것은 이것 때문이다. 이는 아주 특별법문이고, 시방삼세 제불여래께서 중생을 제도하여 성불하게 하는 제일법문이며, 불가사의 최상승법이다. 이는 가장 수승한 성불의 도이다. 정토법문은 말법시대 재가인의 신분에게 더욱 친근하다. 재가인은 몸이 세상사에 있어 사무가 복잡하다. 마음을 거두어 참선을 하거나 고요한 방에서 경을 읽는 등은 형편이 되지 않거나 힘이 미치지 못한다. 만약 우리가 정토법문을 받들면 우리는 육신보살(육신대사)17)이다. 범부는 극락정토에 태어나지 않으면 반드시 윤회에 들어가게 된다. 만약 여래께서 이 법을 열지 않았다면, 즉 말세의 중생이 살아서 생사를

---

16) 佛說阿彌陀經要解. 화두 놓고 염불하세, 319쪽. 불설대승무량수장엄청정평등각경친문기, 55쪽
17) 육신보살이란 우리처럼 보통의 육신을 가진 살아 있는 사람이다. 보살이 다시 인간의 몸으로 온 것이다(금강경강의, 429쪽).

해탈하려 해도 절대 희망이 없을 것이다. 지금의 말법시대에는 정토법문을 버리고서는 다른 방법이 없다. 정토법문 이외의 다른 법문에는 업을 가지고 간다는 말이 없다.[18] 문수보살과 보현보살과 대세지보살과 관세음보살 등 등각보살들 또한 아직도 깨뜨리지 못한 생상무명(生相無明)이 한 품 있으니, 그분들 역시 모두 업을 가지고 있는 것이다.[19]

일체제불의 세계는 평등하지 않고, 그들이 닦는 인(因) 또한 매우 복잡하다. 그러나 정토법문이 접인하는 대상은 위로는 등각보살부터 아래로는 지옥중생에 이르기까지 모두 그 안에 포함된다. 즉 서방에 왕생하는 인(因)은 〔염불로〕 모두 똑같다. 또 오직 정토법문만이 인(因)이 같으면 과(果)도 같다. 따라서 비록 극락에 삼배구품이 있을지라도 그 신통도력과 의정장엄은 모두 같고, 일체 물질을 누리는 것 또한 아미타부처님과 똑같다.[20]

정토법문은 행하기는 쉬우나 믿기 어려운(易行難信) 법문이다. 아미타경에서는 일체세간이 믿기 어려운 법(一切世間 難信之法)이라

---

18) 印光大師嘉言錄(출전: 淨空老法師專集網), 5~7, 15, 18, 24, 27, 29, 53, 60~61, 90, 97, 100, 102, 105, 133, 160쪽. 화두 놓고 염불하세, 54쪽. 불설대승무량수장엄청정평등각경친문기, 33, 213, 493쪽. 佛說阿彌陀經要解講記(출전: 華藏淨宗學會), 334쪽. 불설아미타경요해강기, 23, 213, 290, 302, 400쪽. 능엄경 염불원통장 소초대의 강기, 42, 62~63, 91, 151, 197, 231쪽. 불가사의는 상상할 수 없고 말로 표현할 수 없다는 뜻이다. 불가에서는 항상 언어가 끊어지고 마음이 가는 곳이 멸하였다(언어도단言語道斷 심행멸처心行滅處)고 말하는데, 이것이 이러한 경계이다(불설대승무량수장엄청정평등각경친문기, 122쪽).

19) 불설아미타경요해강기, 23~24쪽

20) 불설대승무량수장엄청정평등각경친문기, 37, 80~81쪽

하였다. 진정한 지혜는 여래의 제일법문을 조금도 의심하지 않는 것이다.[21)]

옛사람들이 '다른 법문으로 도를 배우는 것은, 개미가 높은 산에 기어오르는 것 같지만, 염불법문으로 극락왕생하는 것은, 순풍에 돛단배가 물살 따라 나가는 듯하다.'고 비유하신 것이 가장 적절하다. 예부터 정토법문을 닦아 성취를 얻은 사람의 숫자가 가장 많다. 초과에서부터 단숨에 곧바로 보살의 51단계를 뛰어넘을 수 있다.[22)]

《관불삼매경》에 보면, 석가모니부처님께서 부왕에게 염불을 권하셨다. 부처님께서는 '항하사'[23)]처럼 많은 성인에게 공양하는 것은 착실하게 염불(老實念佛)하여 극락정토 왕생을 구하는 것보다 못하다'고 하셨다.[24)]
노실염불

정토법문은 바로 염불왕생이다. 무량무변한 법문 중에서 만약 염불법문을 선택한다면, 즉 자기 마음을 한 마디 부처님 명호에 둔다면, 이것이 바로 진실한 지혜(眞實慧)에 머무는 것이다.[25)]
진실혜

부처님께서 대보살들에게 가르친 각종 이론과 방법은 우리 같은 범부들은 행할 수 없다. 부처님께서 〔정토법문 이외의〕 많은 다른

---

21) 불설아미타경요해강기, 427쪽. 정수첩요보은담, 16쪽
22) 화두 놓고 염불하세, 50쪽. 불설아미타경요해강기, 21쪽
23) '항하'는 갠지스강을 말하고, '사'는 모래을 말한다. 항하사는 갠지스강의 모래이다.
24) 佛說大乘無量壽莊嚴淸淨平等覺經親聞記(출전: 般若文海), 法藏因地 第四. 불설대승무량수장엄청정평등각경친문기, 106쪽
25) 佛說大乘無量壽莊嚴淸淨平等覺經親聞記(출전: 般若文海), 壹 前言. 불설대승무량수장엄청정평등각경친문기, 37쪽

법문을 설하신 것은 제3자에게 말씀하신 것이지, 우리와 같은 범부들에게 말씀하신 것이 아니다. 다른 법문으로도 성불의 목표에 도달할 수 있지만 시간이 오래 걸린다. 자신의 능력이 부족하기 때문에 불보살의 가피가 필요한 것이다.[26]

경전이 많고, 종파가 복잡하므로, 법문을 선택할 때에는 자신의 근성, 지혜, 지식정도, 생활상황 등을 살펴보아야 한다. 어떤 법문을 배우는 것이 좋은지는 반드시 지도할 수 있는 좋은 스승과 선지식(善知識)이 있어야 한다. 그러나 현재는 과거와 비교할 수 없을 만큼 선지식을 찾기가 매우 어렵다. 왕왕 법문을 잘못 선택하면 정력과 시간을 낭비하게 된다. 오직 염불법문은 평등한 법이어서 초학이라도 쉽게 닦을 수 있어 다른 대소승경론을 선택하는 것보다 훨씬 쉽다. 만약 선택할 줄 모르면 부처님께서는 오직 염불법문만 하게 하셨으니 믿고 발원하여 일심으로 전념하기만 하면 된다.[27]

오늘날에는 법은 약하고 마군은 강하다. 《능엄경》에서는 '삿된 스승의 설법이 마치 항하강의 모래숫자처럼 많다'고 하였다. 말법시기에는 바르지 않은 스승이 법을 설함이 마치 항하의 모래알 숫자만큼이나 많다. 이러한 악지식들은 종승[선종]과 교승[교종]에 모두 통달하여 설법할 때 경전을 인용하여 대도리를 말하여 경론의 이치에 부합되기 때문에, 믿지 않을 수가 없는데, 담론 중에서 간혹 정토법

---

26) 불설대승무량수장엄청정평등각경친문기, 47, 154쪽. 불설아미타경요해강기, 61, 250쪽
27) 불설대승무량수장엄청정평등각경친문기, 150~151, 282쪽. 불설아미타경요해강기, 207, 213쪽

문을 경시하거나 부정하거나 의심한다. 이러한 말을 들은 자가 마음이 동요하여 염불을 포기하고서, 애석하게 길을 잘못 들어서면 불법에서 성취할 수가 없고, 이번 일생을 또다시 헛되게 보내게 된다. 왕왕 그 과보는 대단히 비참하다. 그에게는 이번 일생에 희망이 없다. 이와 같이 남을 그르치게 하는 죄는 크다.[28]

대가들이 쓴 몇 권의 책을 보고, 몇 마디 한담을 듣고서 마음이 동요된다면, 이는 근성이 오히려 아직 성숙하지 못한 소치이다. 만약 어떤 사람이 '이 법문이 좋고 저 경전이 뛰어나다'라고 한다 해도 참고 흔들림이 없어야 한다. 누가 뭐라 해도 잠시 듣지도 보지도 말고 한쪽에 두어야 한다. 후에 자신의 지혜가 자라나면 그때 가서 보아야 한다. 색다른 것에 쏠리지 않도록 하며, 인욕바라밀을 닦아 지극히 끈기 있게 배워야 한다. 선재동자는 53분의 선지식에게 참방하고 그들로부터 널리 배우고 많이 들었으나, 여전히 정토에 일심으로 귀향하였으며, 자신의 본원을 바꾸지 않았다.[29]

---

28) 불설대승무량수장엄청정평등각경친문기, 405, 637, 639, 652, 686쪽. 불설아미타경요해강기, 198, 444쪽. 능엄경 염불원통장 소초대의 강기, 95쪽
29) 불설대승무량수장엄청정평등각경친문기, 153쪽. 불교바로알기, 123쪽

제 2 장   소의경전

1. 정토오경

정토종은《무량수경》,《관무량수경》,《불설아미타경》,《화엄경》
보현행원품,《능엄경》대세지보살 염불원통장을 소의경전으로 한다.
여기에 〈왕생론〉[30]을 더하여 정토오경일론이라 한다.

정토경전은 처음에는 삼경일론(三經一論)만이 있었다. 즉《무량수
경》,《관무량수경》,《불설아미타경》, 〈왕생론〉이다. 청나라 함풍
(1851년)에 위원(魏源) 거사가《화엄경》보현행원품을 이 삼경 뒷부
분에다 첨부하여 '정토사경'이 되었다. 중화민국 초년에 인광대사가
《능엄경》대세지보살 염불원통장을 발췌하여 앞의 4종에 함께 수록
하여 '정토오경'을 만들었다 이 정토오경은 제일보장(第一寶藏)으로
더 없이 수승하다. 무량수경은 정종 제일경이고, 아미타경은 가장
널리 유통되고 날마다 염송되는 경전이다.[31]

---

30) 왕생론은 세친보살이 지은 〈무량수경우바제사원생게〉를 말하며, 정토론이라고
도 한다(의심 끊고 염불하세, 제51쪽 각주). 세친보살은 천친보살이라고도 하
며, '무량수경우바제사원생게' 등 500부의 대승논서를 저술하는 등 대승불교
유식학파의 논사로 활동하고 정토불교를 선양하였다(출전: 정토오경일론, 비
움과 소통, 56쪽). 또 「왕생집」, 368쪽 참조

정토수행자는 정토오경일론이 아니면 받아들이지 말아야 한다. 일상생활 속에서 정토오경일론이면 이미 사용하기에 충분하다. 이외에 다른 경전을 더 공부한다면, [우리들의 근기에 맞지 않기 때문에] 설사 극락왕생할 수 있을지는 몰라도, 품위는 그다지 높지 않을 수 있다.[32]

서방에 가면 모든 법문을 다 들을 수 있고 배울 수 있다. 따라서 이러한 사실을 알면 지금 당장은 정토법문 외의 다른 일체의 경론을 모두 내려놓아야 한다. 우리가 설사 대경과 대론을 읽을 시간이 있다고 한들 정말로 이해할 수 있겠는가? [정토수행자가 정토오경일론 외에] 능엄경·법화경·화엄경을 배우는 것은 모두 청정한 마음에 장애가 될 수 있다. 조사·대덕들을 본받아 삼장십이부는 남에게 양보하면 이것이 지혜의 선택이다.[33]

(1) 무량수경

무량수경은 '아미타불의 48원을 소개하고 있다. 48원은 위없는 법문을 열어주는 여래의 과지상의 경계이고, [정토수행은 이] 과(果)로서 인(因)을 삼는 것이다. 이 48원은 제불의 원을 뛰어넘을 뿐 아니라, 지극히 수승하고 원만하다. 그 중 제18원 십념필생원이 가

---

31) 불설대승무량수장엄청정평등각경친문기, 16~17쪽. 佛說阿彌陀經要解講記(출전: 華藏淨宗學會), 97쪽. 능엄경 염불원통장 소초대의 강기, 62쪽. 정토오경일론, 13쪽
32) 불설대승무량수장엄청정평등각경친문기, 341쪽. 불설아미타경요해강기, 227~228쪽
33) 불설아미타경요해강기, 303, 405쪽

장 핵심이다. 십념필생이란 열 번 염불하면 반드시 극락에 왕생하게 하겠다'는 아미타불의 발원이다. 이것으로 지명염불이 제일임을 알 수 있다.[34)

무량수경은 부처님께서 설하신 가장 진실한 경전이고, 정종 제일 경이며, 서방극락세계에 대한 개론이다. 만약 항상 독송한다면 자신도 모르는 사이에 일체제불의 가지를 받게 된다. 이 경은 화엄경의 개요이다. 그래서 이 경에 의해 수행하면 화엄의 모든 법문을 수행하게 된다. 중생의 근기에 가장 맞는 것이 바로 본경이다. 이 무량수경을 만날 수 있는 사람은 극소수에 지나지 않는다.[35) 〈정영소(淨影疏)〉에서 무량수경은 근기가 성숙한 사람을 위한 돈교법문이라고 하셨다. 무량수경은 일승원교일 뿐만 아니라 원돈(圓頓)의 극치이다.[36) 한편 불교경전은 성문장과 보살장으로도 나누는데, 무량수경은 대승경전에 속하므로 당연히 보살장에 해당한다.[37) 또 방등시기에 설법하신 것으로, 그 후 여러 차례 설법하셨으니, 오시 중 어느 한 시기에 국한시킬 수 없을 것 같다.[38)

무량수경의 수행방법은 '보리심을 발하여 일향으로 아미타불을 전념하는 것'이다. 이것이 바로 제불여래의 위없는 법이고, 무량수

---

34) 불설대승무량수장엄청정평등각경친문기, 27, 226, 265, 631쪽. 불설아미타경 요해강기, 405, 413쪽. 불교바로알기, 199쪽
35) 불설대승무량수장엄청정평등각경친문기, 38, 164, 195, 215, 411, 413, 692쪽
36) 불설대승무량수장엄청정평등각경친문기, 126~127쪽
37) 불설대승무량수장엄청정평등각경친문기, 121쪽
38) 불설대승무량수장엄청정평등각경친문기, 121~125쪽. 불설아미타경요해강기, 338쪽

경의 종요이다. 철오대사께서는 '진실로 생사를 위하여, 보리심을 발하고, 깊은 믿음과 발원으로, 부처님의 명호를 지송하라'고 하셨다. 진실로 생사를 위해 보리심을 발하는 것은 도를 배우는 공통된 길(通途)이고, 깊은 믿음과 간절한 발원으로 부처님 명호를 지송함은 정토법문의 바른 종지(正宗)이다. 고덕들은 무량수경을 찬탄하면서 말씀하시길, 중생이 발심하여 아미타불 명호를 전념할 수 있으면 모두 다 왕생할 수 있다. 이처럼 명확하고 간단하면서 요점이 있어 정종 제일경이라 칭한다고 하셨다.[39]

《무량수경》에서 '항상 본 경전을 끊임없이 독송한다면 매우 빨리 일생 중에 도를 얻을 것이다.'고 하셨다. 우리들이 무량수경에 의거하여 20%를 행할 수 있으면 극락세계 하하품에 왕생할 수 있다.[40]

《법멸진경》에서 '법이 없어지는 때에는 능엄경이 제일 먼저 없어진다'고 했다. 그 이유는 능엄경이 마구니를 비추어 정체를 드러내는 거울(照妖經)이기 때문이다. 만약 능엄경이 없어지지 않는다면 중생은 부처와 마를 구별할 수 있다. 미래 세상에 경도(經道)가 다 멸한다. 부처님께서《무량수경》에서 말씀하시길, '나는 대자비심으로 중생들을 불쌍히 여겨 특별히 이 무량수경을 남기어 백 년 동안 머물게 할 것이니 그때 어떤 중생이든 이 경전을 만나는 사람은 뜻

---

39) 진위생사(真爲生死) 발보리심(發菩提心) 이심신원(以深信願) 지불명호(持佛名號). 十六字 爲念佛法門一大綱宗〔徹悟大師遺集 卷上〕(출전: 臺中蓮社). 의심 끊고 염불하세(철오선사어록), 88~89, 141쪽. 印光大師嘉言錄(출전: 淨空老法師專集網), 164쪽. 불설대승무량수장엄청정평등각경친문기, 27, 157, 203, 691쪽. 정토오경일론, 34쪽
40) 불설대승무량수장엄청정평등각경친문기, 394, 694쪽

하고 발원한 대로 모두 제도 받을 수 있을 것이니라.'하셨다. 무릇 다른 경전은 남기지 않고 특별히 무량수경만 남기신다는 뜻은, 바로 염불법문이 착수하기 쉬우면서 모든 근기의 중생들을 두루 포섭하고, 진리에 들어가기에 탄탄하면서 그 효과가 아주 빠르기 때문이다. 또 《대아미타경》에 의하면, 경교(經敎)가 완전히 소멸될 때가 되어도 여전히 허공에 한 마디 '나무아미타불'은 있으며, 이를 부르면 여전히 효과가 있다고 하였다.[41]

무량수경은 다섯 가지 한역본이 남아 있는데, 하련거 거사께서 이를 하나로 회집하여 《불설대승무량수장엄청정평등각경》[42]이라 이름하였다. 이 회집본은 대단히 훌륭하며, 가장 중요하고 가장 정화(精華)가 되는 경문이 모두 수록되어 있으며, 다섯 가지 원본 경전이 포함되어 있다. 이 경은 모두 48품으로 구성되어 있는데, 48편 혹은 48장이라고도 한다.[43] 정공법사님께서는 이 회집본을 전세계에 널리 보급하는데 힘쓰셨다.

세존께서 49년 동안 말씀하신 일체법 가운데 화엄경이 제일이다. 화엄은 세존의 일대시교의 근본법문이다. 화엄경은 불법 전체의 강령이자 불학 전체의 개론이다. 화엄은 마지막 보현행원품에 '십대원

---

41) 의심 끊고 염불하세(철오선사어록), 151쪽. 불설대승무량수장엄청정평등각경친문기, 110, 686~687쪽. 불설아미타경요해강기, 91쪽. 李炳南 거사, 佛學問答類編 – 淨土第十二, 문답 제657조. 정수첩요보은담, 360쪽. 정토혹문, 90쪽. 《대아미타경》은 무량수경의 여러 한역본 중의 하나이다.

42) 이 회집본은 정토오경일론(비움과 소통 간)으로 출간되어 있다.

43) 불설대승무량수장엄청정평등각경친문기, 159쪽. 불설아미타경요해강기, 17쪽. 청정은 승보이며, 평등은 법보이며, 각은 바로 불보이다(불설아미타경요해강기, 253쪽).

왕을 발하여(十大願王) 중생들을 극락으로 이끄는 것(導歸極樂)'이
있기 때문에 비로소 원만하다. 당나라 때 일본의 대덕이신 도은(道
隱)대사께서는 '일체경을 비교하면 화엄경이 제일이고, 화엄경과 무
량수경을 비교하면 무량수경이 제일이다'라고 말씀하셨다. 따라서
전적으로 극락을 설하고 있는 무량수경은 화엄경의 총 귀결이라 할
수 있다. 또 도은(道隱)대사께서는, '백만아승지겁의 인연으로 화엄
의 경전(典)이 일어났고, 일대사인연으로 법화의 가르침(敎)을 이루
었으며, 역시 이 무량수경의 유서(由序)가 되었다.'고 말하였다. 아
미타경은 무량수경의 정화이며, 무량수경은 아미타경을 상세하게 설
명한 것이다. 그래서 화엄경은 대본(大本)이며, 무량수경은 중본(中
本) 화엄이고, 아미타경은 소본(小本) 화엄이다. 한편 하련거 거사께
서 편찬하신 정토수행 의규인 〈정수첩요〉는 포켓용 화엄이라 할 수
있다.[44] 정토는 화엄이 돌아가 머물 곳(歸宿)이며, 또한 화엄의 총
결이다.[45]

(2) 불설아미타경

아미타경은 정토종의 기본경전이다. 아미타경은 요진시대에 구마
라집이 번역한 《불설아미타경》이 널리 독송되고 있다. 부처님이 49
년 동안 설한 경전 중에서 아미타경이 가장 진실하다. 아미타경은

---

44) 印光大師嘉言錄(출전: 淨空老法師專集網), 161쪽. 佛說大乘無量壽莊嚴淸淨平
   等覺經親聞記(출전: 般若文海), 一 敎起因緣. 불설대승무량수장엄청정평등각
   경친문기, 127, 166쪽. 불설아미타경요해강기, 311, 313, 405쪽. 불교바로알
   기, 196~197쪽. 정수첩요보은담, 502쪽. 정토오경일론, 46쪽
45) 불설아미타경요해강기, 405쪽

진실 중의 진실이다.[46] 당나라 때 현장법사가 새로 번역한 아미타경을 《칭찬정토불섭수경》이라 한다.

(3) 관무량수경

관무량수경은 주로 관상(觀想)염불에 대하여 소개하고 있으며, 아울러 관상(觀像)염불과 지명염불도 말씀하신다. 「관경사첩소(觀經四帖疏)는 고금의 관무량수경 주해 가운데 제일이다.」[47]

(4) 화엄경 보현행원품

화엄경은 여래께서 처음 정각을 이루신 뒤 41분의 법신대사를 위해, 일승묘법을 있는 그대로 설하신 방대한 법문이다.

화엄경의 선재동자는 문수보살의 문하생이었으며, 문수보살은 발원하여 정토에 태어나기를 구하였다. 후에 선재동자가 50여 대선지식을 두루 참방하여 배움을 청하려고 나왔을 때, 첫 번째 스승〔덕운비구가〕염불법문을 가르쳤고, 〔이후〕선재동자가 등각에 이른 뒤, 마지막 스승인 보현보살이 그에게 십대원왕을 설해주면서, 선재동자와 화장해회 동참대중 모두로 하여금 한결같이 서방극락세계에 왕생하여 부처의 과위를 원만히 성취하도록 두루 권하는 내용으로 끝마치고 있다. 즉 보현보살이 십대원왕을 발하여(十大願王) 중생들을 극락으로 이끄신 것이다(導歸極樂). 화엄경의 선재동자는 한 생에 원만하게 성취하였는데, 실은 보현보살의 십대원왕이 극락으로

---

46) 佛說阿彌陀經要解講記(출전: 華藏淨宗學會), 62쪽
47) 불설아미타경요해강기, 70쪽

인도함으로 인해 비로소 한 생에 원만하게 성취한 것이다. 보현보살이 스스로 닦은 것은 십대원왕이며, 사람들로 하여금 닦게 한 것은 염불법문이다.[48]

화장해회의 대중들이 모두 법신을 증득하신 분들인데도, 한결같이 서방정토에 왕생하여 부처의 과위를 원만히 성취하길 바란다. 그런데 우리가 도대체 어떤 사람이라고, 감히 그분들을 우러러 따르지 않는다는 말인가? 선재동자가 증득한 내용은 이미 보현보살과 같고, 모든 부처님과도 사실상 다르지 않은 이른바 등각보살이다. 부처와 단지 한 칸의 차이 밖에 나지 않는 등각보살도 극락왕생을 회향하고, 화장세계해의 모든 보살들도 한결같이 이 가르침을 닦는 것이다. 등각보살은 비록 시방세계에 가서 모든 부처님께 공양할 능력이 있을지라도, 〔부처님께서 세상에 머무시는 기간이 짧은 까닭에 부처님을 공양하는 것을〕 중단하는 때가 있음을 면하기 어렵다. 특히 〔사바세계에서는〕 중단되는 시간이 너무나도 길며, 다른 모든 불국토 역시 마찬가지이다. 서방에 태어나면 수명이 무량하고, 보리를 성취하는 길은 조금도 장애가 없으므로, 등각보살은 속히 원만하게 불도를 이루려는 까닭에 모두가 서방에 태어나기를 발원한다.[49]

사실 화엄경 보현보살의 십대원왕은 서방에 간 후에야 비로소 원만하게 할 수 있고, 사바세계에서는 완성할 방법이 없다. 이것이 바

---

48) 화두 놓고 염불하세, 49쪽. 佛說阿彌陀經要解講記(출전: 華藏淨宗學會), 74쪽. 불설아미타경요해강기, 411, 433쪽
49) 화두 놓고 염불하세, 44, 88, 104~105, 107쪽. 불설아미타경요해강기, 121~122쪽

로 보현보살이 서방에 왕생하고자 한 이유이다.50)

(5) 능엄경 대세지보살 염불원통장

능엄경 대세지보살염불원통장은 정토종의 종지를 펼쳐 보여 주는 최상의 법문이다.51)

정토오경은 모두 수행의 근거로 삼을 수 있고, 그 가운데 하나를 취하면 된다. 이 오경 중에서 자신이 원하는 대로 그중 하나에 따라 수행하면 왕생할 수 있고, 죄를 소멸시키는 공덕도 모두 같다. 현재 많은 사람들이 죄를 소멸시키고 싶어서 지장경을 염송하고 지장멸정업진언을 염한다. 그들은 아미타불을 염할 줄 모르고, 아미타경을 염송하고 대세지보살염불원통장을 염송하면 죄를 소멸시키는 그 공덕이 지장경과 약사경의 그것과 비교할 수 있는 것이 아님을 알지 못한다.52)

오경일론에 더하여, 철오선사어록(夢東語錄)과 우익대사의 불설아미타경요해 이 두 책만 최선을 다해 믿고 따른다면 일체 경론을 연구할 겨를이 없어도 괜찮다. 불설아미타경요해는 부처님께서 불설아미타경을 설하신 이래 제일의 주해이고, 지극히 미묘하고 지극히 정확하다. 또 특히 근대의 인광대사문초는 사람들의 근기에 가장 부합된다.53)

---

50) 불설대승무량수장엄청정평등각경친문기, 304쪽. 정토오경일론, 47쪽
51) 화두 놓고 염불하세, 474쪽
52) 불설아미타경요해강기, 24쪽. 능엄경 염불원통장 소초대의 강기, 35~36쪽
53) 印光大師嘉言錄(출전: 淨空老法師專集網), 160, 164쪽. 불설아미타경요해강

(6) 다른 경전

《법화경》은 심오하고 미묘하여 모든 경전의 으뜸이라고 꼽힌다.[54] 법화경으로 말하자면, 처음부터 끝까지 부처님의 지견을 깨달아 들어가도록 열어서 보여주고 계시는데, 이 또한 처음부터 끝까지 온통 유일한 염불법문이 아니겠는가. 법화경 약왕보살본사품에서 이르시길, '만일 여래께서 멸도한 다음 500년 뒤에 어떤 여인이 법화경을 듣고 그대로 수행하면, 목숨을 마친 뒤에 대보살들이 아미타불을 둘러싸고 설법을 듣는 극락세계의 연화보좌 위에 태어난다.'고 하였다.[55]

《약사유리광칠불본원공덕경》에서 이르시길, '문수사리여, 만약 사부대중인 비구, 비구니, 우바새, 우바이가 능히 여덟 가지 재계를 받아 지니되 1년이나 혹은 석달 동안 계율을 받아 지니고, 이 선근으로 저 서방극락세계에 태어나서 무량수불을 뵈옵기 원하고 약사유리광여래의 이름을 듣게 된다면, 목숨을 마칠 무렵에 여덟 보살이 신통을 나투어 그의 갈 곳을 지시하나니, 바로 극락세계에 가서 온갖 빛깔의 보배 연꽃 속에 저절로 화생하게 되느니라.'고 하였다.[56]

기, 228쪽. 현재 철오선사어록은 '의심 끊고 염불하세(불광출판사)'에 실려 있고, 불설아미타경요해를 정공법사님께서 강설하신 것이 '불설아미타경요해강기(삼보제자, 비매품)'로 출간되어 있으며, 인광대사님의 법문은 '화두 놓고 염불하세(불광출판사)'로 출간되어 있다.

54) 정토혹문, 72쪽

55) 의심 끊고 염불하세, 137쪽. 불설아미타경요해강기, 211쪽. 법화경, 2023, 효림, 439쪽

56) 비구 청화 번역, 약사경, 2000, 홍법원, 92~93, 201쪽

《연명지장경》에서 이르시길, '만약 삼악도에 있는 자가 연명보살의 모양을 보거나 이름을 듣는다면 내생에는 사람으로 태어나거나 하늘에 나거나 혹은 극락정토에 왕생할 것이다'라고 하였다.[57)

2. 독송

정토경전이 있는 곳은 바로 아미타부처님이 계시는 곳이다. 경전을 펼치는 것은 아미타부처님께서 앞에서 우리에게 강경설법 하시는 것과 같으니, 반드시 경건하게 독송해야 한다.[58) 각명묘행보살께서는 〈서방확지(西方確指)〉에서 정토수행자는 정토 이외의 경전을 독송해서는 안 된다고 말씀하셨다.[59)

정토오경을 독송하는 것은 정토법문에 대한 이해를 넓혀, 즉 서방극락세계에 대한 이해를 투철하게 하여 신심을 내기 위함이다. 반드시 수시로 전체를 읽어야 하며, 하나의 경을 선택하여 지속적으로 독송하여야 한다. 이것이 하나의 문에 깊이 들어가는 것이다. 한 경전을 줄곧 염송해야 성공할 수 있다. 하나의 경전에 통하면 일체의 경전에 통하게 된다. 아미타경이나 무량수경을 한번 읽는다면, 일체 제불이 한번 관정(灌頂)[60)을 해주는 것과 똑같다. 독경은 바로 부처

---

57) 연명지장경(延命地藏經)은 일본대장경에 수록되어 있다. 일본의 불교사전에 의하면, 연명보살은 지장보살의 변체(變體)로 오불(五佛)의 보관(寶冠)을 머리에 쓰고 연화좌 위에 앉아 계시는 미묘장엄한 보살이다(인터넷 검색: 묘허스님, 지장경과 제경의 비교 6)
58) 불설대승무량수장엄청정평등각경친문기, 667쪽
59) 능엄경 염불원통장 소초대의 강기, 142쪽

님의 관정을 받아들이는 것이다. 독경이 바로 부처님을 기억하는 것(憶佛)이고, 정토오경을 생각하는 것이 바로 염불(念佛)이다.[61] 염불하는 사람은 하루종일 부처님의 광명 속에서 목욕하는 것이다.[62]

경전을 암송하는 것은 계 · 정 · 혜 삼학을 닦는 방법이고 대단히 좋은 방법이다. 날마다 경전을 암송하면 마음속은 한 가지 일만 생각하여 마음은 선정에 들고 선정이 오래되면 지혜가 열린다. 교리에 깊이 밝고 미혹을 끊고 진심을 증득한 자는 왕생의 품위가 더욱 높고 원만하게 불도를 이루는 것이 더욱 빠르다.[63]

인광대사님께서는 《아미타경》 읽기를 권장하신다. 송나라 당세량은 아미타경을 십만 번 독송하고 서방에 왕생하였다.[64]

한편 중화권 정토법문의 큰 지도자이신 정공법사님께서는 《불설대승무량수장엄청정평등각경》[65] 읽기를 권장하신다. 만약 전체를 읽을 시간적 여유가 없다면, 아침에는 6품의 48원을 독송하고, 아미

---

60) 관(灌)은 자비로써 도움을 준다는 뜻이고, 정(頂)은 지극히 높아 위가 없는 법 문이라는 뜻이다. 관정은 부처님의 지극히 높고 위없는 법문을 전수한다는 뜻 이다(불설아미타경요해강기, 384쪽).

61) 佛說大乘無量壽莊嚴淸淨平等覺經親聞記(출전: 般若文海), 往生正因 第二十五. 불설대승무량수장엄청정평등각경친문기, 195, 390, 411, 602, 642쪽. 능엄 경 염불원통장 소초대의 강기, 100, 105쪽

62) 불설대승무량수장엄청정평등각경친문기, 195, 390, 602, 642쪽. 불설아미타 경요해강기, 384쪽. 능엄경 염불원통장 소초대의 강기, 100, 105쪽

63) 印光大師嘉言錄(출전: 淨空老法師專集網), 103쪽. 능엄경 염불원통장 소초대 의 강기, 98~99, 101쪽

64) 화두 놓고 염불하세, 471쪽. 왕생집, 248쪽

65) 하련거 거사님이 다섯 가지 무량수경 판본을 하나로 회집한 경의 이름으로, 이 는 '「정토오경일론」(비움과 소통 간행)'에 실려 있다.

타부처님 명호를 부르되 많이 부를수록 좋고, 저녁에는 33품에서 37품까지 독송한다. 이 다섯 품은 계율이고, 아미타부처님께서 세상을 살면서 사람을 대하는 태도이다. 이 품들을 하루에 한 번씩 독송하여 자신을 각성시켜 하루의 생각과 행위를 점검하여 잘못을 고쳐 스스로 새로워져야 한다. 그리고 악을 끊고 선을 닦아야 한다. 이것이 바로 지계염불(持戒念佛)이다.[66] 반드시 이 경문을 숙달할 때까지 읽어야 하고, 그렇게 한 후에 외우되, 매일 아침저녁으로 한 번씩 읽으면서 자신의 몸과 마음에 과실이 있는지 없는지 점검해야 한다.[67]

---

66) 불설대승무량수장엄청정평등각경친문기, 414쪽. 32품에서 37품까지 독송을 권유하시는 말씀도 있다(불설대승무량수장엄청정평등각경친문기, 596쪽). 지계염불은 계율을 지키면서 하는 염불을 말한다(편집자 주).
67) 불설대승무량수장엄청정평등각경친문기, 707쪽

제 3 장 정토종지

1. 핵심이론

《관무량수경》에서 '이 마음이 바로 부처이고(是心是佛), 이 마음으로 부처를 짓는다(是心作佛)'라고 하였다. 시심시불 시심작불은 진리이며, 이것이 정토법문의 근거이고 이론의 핵심일 뿐만 아니라 동시에 불법 십대종파 무량법문의 공동근거이다. 능념(能念)[68]의 마음이 바로 여래의 과각(果覺)이고, 바로 본래 성불이다. 이 마음으로 아미타부처님의 명호를 집지하는 것이 바로 이 마음이 바로 부처가 되는 것이다. 본래 부처이고, 지금 또 부처가 되는 까닭에 바로 이 순간 이 자리에서 부처에 즉(即)[69]하는 것이다. 그래서 당신이 염불하고 있을 때 바로 이 마음으로 부처가 되는 것이다.[70]

청정한 마음은 성덕(性德)이고, 본각(本覺)이고, 본체이다. 수행의

---

68) 능념(能念)에 대하여는 이 책【부록】1항 (5)를 참조하라.

69) 즉(即)한다 함은 어떤 두 가지가 동일하지도 않으면서 또 역시 다르지도 않는 것을 이른다. 예컨대 물과 물결은 서로 즉한다(불설대승무량수장엄청정평등각경친문기, 68쪽).

70) 불설대승무량수장엄청정평등각경친문기, 26, 28쪽. 불설아미타경요해강기, 203쪽. 능엄경 염불원통장 소초대의 강기, 46~47쪽. 정토오경일론, 16쪽

공덕은 수덕(修德)이고, 시각(始覺)이고, 작용이다. 시심시불은 성덕을 말하고, 시심작불은 수덕을 말한다. 아미타불은 성덕이고, 아미타불을 염하는 것은 수덕이다. 성덕과 수덕은 둘이 아니다. 또 중생과 부처는 둘이 아니다. 서방정토에는 확실히 한 분의 아미타불이 계시고, 우리들의 자성도 한 분의 아미타부처님이시다.[71]

우익대사[72]께서는 '수덕(修德)의 공(功)이 있어야 성덕(性德)[73]이 바야흐로 드러난다.'고 하셨다. 비록 깨달았더라도(悟) 여전히 사(事)를 폐지하지 않은 것이 바야흐로 진실한 수행이다. 우익대사께서 말씀하신 '자심이 갖추고 있고 만들어 내는 아미타불 만덕홍명으로 마음을 매어놓는 경계로 삼아 잠시도 잊지 않는다'는 천고에 없었던 해결방법이다.[74]

염불 하나의 법은 여래의 아미타불 만덕홍명을 연(緣)으로 삼는데, 즉 여래의 만덕홍명은 곧 여래께서 과지에서 증득한 무상정등정각의 도(無上覺道)이다. 과지의 깨달음(果地覺)으로 인지의 마음(因地心)을 삼는다. 직접 아미타불께서 무량겁 동안 수행하신 선인(善因)과 선과(善果)를 우리의 현재의 수행의 인(修因)으로 삼게 하였다. 그러므로 인은 과지의 바다를 갖추고(因該果海), 과는 인의 근

71) 불설대승무량수장엄청정평등각경친문기, 63, 92, 150, 203, 572, 606쪽. 불설아미타경요해강기, 83, 190, 228쪽. 능엄경 염불원통장 소초대의 강기, 49, 51, 64~65, 101~102, 120쪽
72) 정토종 제9대 조사로 아미타불의 화신이라 한다(불설대승무량수장엄청정평등각경친문기, 103쪽).
73) 성덕(性德)과 수덕(修德)에 대하는 이 책 【부록】 1항 (12)를 참조하라.
74) 印光大師嘉言錄(淨空老法師專集網), 106, 109쪽

원을 꿰뚫을 수 있다(果徹因源). 이 법문은 전체가 부처님 경계이다. 이렇게 하면 당연히 원만한 불과(佛果)를 성취할 수 있다. 마치 향을 물들이는 사람은 몸에 향기가 있는 것과 같다. 일반 경론은 모두 인(因)을 닦아 과(果)를 이루는 것이며, 오직 정토법문만은 과(果)를 인(因)으로 삼아 과지(果地)에서 시작한다.[75]

　정토종을 특히 연종(蓮宗)이라고도 부른다. 보통 꽃들은 꽃이 먼저 피고 열매가 나중에 생기는 것과 같이, 다른 법문은 인(因)이 먼저 있고 과(果)가 뒤에 온다. 그러나 연꽃은 꽃과 열매가 동시에 생기는데, 정토법문도 인과 과가 동시에 이루어진다. 정토법문은 자력으로 차례차례 수행의 인을 닦아 과를 성취하는 것이 아니고, 특별히 여래의 과각(果覺)인 아미타불 만덕홍명을 부르는 것을 바로 수행의 인(因)으로 삼아 성취하는 법문이어서 연꽃에 비유하여 연종이라 부른다.[76] 정토법문은 완전히 여래의 과지상의 경계이다.[77]

2. 정업정인

　《관무량수경》에 정업정인(淨業正因)[78]이 나온다. 정업정인은 정

---

75) 印光大師嘉言錄(출전: 淨空老法師專集網), 7, 21, 199~200쪽. 불설아미타경요해강기, 156, 195쪽. 자세한 비유는 「정수첩요보은담」, 230~231쪽 참조
76) 불설대승무량수장엄청정평등각경친문기, 25, 362~363쪽. 불설아미타경요해강기, 76, 79, 172, 425~427쪽
77) 印光大師嘉言錄(출전: 淨空老法師專集網), 13, 17, 24쪽. 불설대승무량수장엄청정평등각경친문기, 20, 90, 212, 226, 693쪽. 자세한 비유는 「정수첩요보은담」, 233~234쪽 참조
78) ＝정업삼복

업(淨業)을 닦는 바른 인(因)이라는 뜻이다. 즉 정토수행의 밑바탕을 말한다. 부모님께 효도로 봉양하고, 스승과 어른을 받들어 섬기며, 자비로운 마음으로 살생을 끊고, 십선업을 닦으며, 삼귀의를 받들어 지니고, 모든 계율을 갖추어 지키며, 위엄과 예의를 범하지 않고, 보리심을 발하며, 인과응보의 법칙을 깊이 믿고, 대승경전을 독송하며, 수행에 정진하도록 서로 권하는 것이다. 이 11가지 일 중에 단지 한 가지라도 지키면서, 깊은 발원과 믿음으로 왕생에 회향하면 모두 원을 이룰 수 있다.[79]

정업정인에서 부모에게 효양하는 것이 제일이라 하였다. 그러므로 불효한 자는 종일 염불을 하더라도 부처님께서 기뻐하시지 않을 것임을 알 수 있겠다. 또 경전에서 이르길, '부모를 공양한 공덕은 일생보처보살을 공양한 공덕과 같다'고 하였다. 그리고 자비한 마음으로 살생을 끊는 것이 정업의 올바른 인이다.[80]

3. 삼자량

믿음(信) · 발원(願) · 수행(行)을 정토수행의 삼자량이라 한다. 이는 고해를 건너는 자비의 배이다. 이는 윤회를 벗어나는 일체 정념 공덕이다(一切出世正念功德). 이 삼자량의 인(因)으로 무상보리의 과(果)를 얻는 것이다. 이것은 바로 모든 대보살들과 문수보살과 보

79) 印光大師嘉言錄(출전: 淨空老法師專集網), 49쪽
80) 印光大師嘉言錄(출전: 淨空老法師專集網), 47, 120쪽. 불설아미타경요해강기, 76, 440쪽. 불교바로알기, 115쪽. 왕생집, 185, 326쪽

현보살의 진실한 지혜의 선택이다. 극락에 왕생하는 인(因)은 믿음·발원·염불수행이다. 문수보살·보현보살과 오역십악죄를 지은 자가 닦는 인(因)은 같으니, 전부가 믿음·발원·염불수행이다. 오로지 정토법문만이 인(因)이 같으면 과(果)도 같다. 정종의 수단은 간단하고 용이하고 또 온당하며, 기묘하고 빠른 지름길로 가는 것은 이것을 넘을 수 있는 것이 없다. 삼자량이 있으면, 아주 짧은 시간에 아미타불의 수승한 공덕과 이익을 얻게 되는 것은 물론, 성문과 연각과 보살이 여러 해 동안 수행한 고행을 능가한다. 한편 삼자량은 정토법문에서 말하는 자력과 타력 중에서 자력에 해당한다.[81]

믿음은 아미타불과 극락세계가 실제로 있다는 것, 그리고 10번 염불하면 아미타불의 접인을 받아 틀림없이 극락에 태어나게 됨을 믿는 것이다. 또「사바세계는 정말로 고통의 바다이고, 극락은 정말로 즐거움이라는 것을 믿는 것이다. 이러한 부처님의 말씀을 깊이 믿고 전혀 의혹이 없어야, 바야흐로 진실한 믿음이라 이름한다. 삼자량 가운데 믿음이 첫 번째이고, 가장 어려운 것도 믿음이다. 정토법문에 믿는 마음을 내지 않거나 혹 믿더라도 진실하고 간절하지 않은 것은 곧 업장이 깊고 중하기 때문이다.」[82]

---

81) 화두 놓고 염불하세, 200쪽. 佛說大乘無量壽莊嚴淸淨平等覺經親聞記(출전: 般若文海), 一 敎起因緣. 佛說阿彌陀經要解講記(출전: 華藏淨宗學會), 56쪽. 불설아미타경요해강기, 206, 228, 380쪽. 정수첩요보은담, 47쪽. 정토오경일론, 17쪽. 불력수행, 47쪽. 삼자량(三資糧)은 '밑천' 또는 '자본'이라는 뜻이다.

82) 印光大師嘉言錄(출전: 淨空老法師專集網), 12, 17쪽. 인광대사, 화두 놓고 염불하세, 113쪽. 의심 끊고 염불하세(정토법어), 247쪽. 불설대승무량수장엄청정평등각경친문기, 50~51, 217, 390, 498, 601쪽. 불설아미타경요해강기, 147쪽. 불설아미타경요해에서는 믿음으로 신자(信自), 신타(信他), 신인(信因), 신과(信果), 신사(信事), 신리(信理)의 여섯 가지를 들고 있다.

정토종 제2대 조사 선도대사는 '견고하게 진실한 믿음을 내어 비록 석가모니부처님과 제불이 몸을 나타내어, 이 정토법문을 버리고 다른 법문을 수행하도록 하신다고 해도 조금도 그 뜻을 바꾸지 말라고 하셨다. 이는 정업행자의 나침반이다.'고 하셨다. 이는 최초의 발원이 정토법문을 오롯이 수행하는 것이기 때문에 감히 그 발원한 바를 어길 수 없기 때문이다.[83]

어떤 사람은 선(禪)과 정(淨)을 함께 닦거나, 밀(密)과 정(淨)을 함께 닦거나, 심지어 밀(密)과 정(淨)과 선(禪)을 함께 닦는데, 이는 모두 정토법문에 대한 믿음의 뿌리가 없는 것으로 반드시 장애가 발생한다.[84] 또 어떤 사람들은 불법을 배운 후에 반신반의하여 여전히 점쟁이나 사주를 보는 사람을 찾아가 관상을 보고 풍수를 보고, 혹은 길흉화복을 알고자 하는데, 이는 불보살에 대한 신심이 없기 때문이다.[85]

발원이란 사바세계를 싫어하여 떠나고(厭離娑婆), 극락을 기쁘게 구하는 것이다(欣求極樂). 만약 이 세계의 고통을 안다면, 즉 사바를 싫어하는 마음이 저절로 생기게 될 것이다. 사바고해를 벗어나는 것은 마치 죄수가 감옥을 벗어나기를 바라는 것처럼 간절히 원하고, 극락에 왕생하는 것은 곤궁에 빠진 아들이 고향의 부모에게 되돌아가기를 생각하는 것처럼 절실히 원해야 한다. 진정으로 '싫어하여

---

83) 印光大師嘉言錄(출전: 淨空老法師專集網), 16, 160쪽
84) 불설아미타경요해강기, 82, 200쪽
85) 불설대승무량수장엄청정평등각경친문기, 642쪽

떠나는' 것이 필요하고 일체 모든 것에 대하여 미련을 갖지 말아야 한다. 아직 서방에 가지는 않았더라도 반드시 왕생하겠다고 결심한 사람은 법신대사라고 칭할 수는 없어도 육신대사라고 칭할 수 있다.[86]

발원하는 사람은 반드시 삼자량을 구족해야 하는데, 믿음은 진실하고, 발원은 간절하여, 세간의 일체를 간파(看破)하고, 마음속에서는 철저하게 내려놓아야(放下) 한다.[87]
<small>방하</small>

믿음과 발원이 전혀 없으면, 단지 부처님 명호를 염한다고 하더라도, 곧 자력(自力)에 속한다. 믿음과 발원이 없는 염불은 비록 참선하여 화두를 간(看)하는 것과 비교하여 공덕이 크지만, 믿음과 발원이 없기 때문에 아미타불의 서원과 감응도교(感應道交)[88]가 없다. 모름지기 믿음과 발원 없이 염불하는 것은 종가(宗家)[89]의 참구(參究)와 다르지 않다. 선가(禪家)에서 말하는 정토는 여전히 선종(禪宗)에 속한다. 평생 믿음과 발원이 없으면, 임종시에 결정코 불력에 의지하기 어렵다. 〔임종의 난심위에서〕 선악이 갑자기 한꺼번에 나

---

86) 印光大師嘉言錄(출전: 淨空老法師專集網), 14쪽. 화두 놓고 염불하세, 114쪽. 불설대승무량수장엄청정평등각경친문기, 118쪽. 정토오경일론(정종심요), 19쪽
87) 佛說阿彌陀經要解講記(출전: 華藏淨宗學會), 425쪽
88) 감응도교란, 중생이 부처의 응현(應現)에 통하고 부처가 중생의 기감(機感)에 통하는 것을 말한다(정토혹문, 64쪽 각주). 또는 감동과 호응의 길이 서로 통하는 것을 말한다(인광대사, 화두 놓고 염불하세, 303 및 328쪽). 감(感)은 우리가 부처님을 감동시키는 것이고, 응(應)은 부처님이 우리의 정성에 호응하는 것이다(의심 끊고 염불하세, 164쪽 각주). 감응도교는 중생이 느끼는 바와 부처가 응할 수 있음이 서로 오가는 것을 가리킨다(출전: 佛光大辭典, 5453쪽).
89) ＝선가＝선종＝선문

타날 때, 아미타불 네 자가 나타나는지 여부를 막론하고 왕생할 수 없다. 부처님을 구하지 않기 때문에, 부처님의 접인을 받을 수 없는 까닭이다.[90]

수행(行)이란 아미타불 명호를 염하는 것이다. 이를 지명염불 또는 칭명염불이라 한다. 「정종의 수행방법은 오직 아미타불 명호만 있을 뿐이다. 정토법문에서는 한 마디 아미타불 명호로써 청정한 마음과 평등한 마음을 닦는다.」[91] 염불수행의 목표로, 아미타경에서는 '아미타불 명호를 꼭 지니어(執持名號) 한마음이 되어 흐트러지지 않는 것(一心不亂)'을 말한다. 무량수경에서는 '보리심을 발하여 일향으로 아미타불을 전념하는 것(發菩提心 一向專念 阿彌陀佛)'을 말한다.

진실한 믿음을 내기가 그렇게 어렵다. 믿음이 진실하다면 발원은 저절로 간절해질 수 있으며, 발원이 간절하다면 염불수행은 저절로 용맹스러워질 것이다. 믿음이 아니면 발원을 열기에 부족하고, 발원이 아니면 염불수행을 이끄는 것이 부족하며, 지명염불의 미묘한 수행이 아니면, 발원한 바를 만족시키고 믿는 바를 증득하는 것이 부족하다.[92]

우익대사께서는 불설아미타경요해에서, '왕생 여부는 전적으로 믿음·발원의 유무에 달려 있다(得生與否 全由信願之有無). 품위의

---

90) 印光大師嘉言錄(출전: 淨空老法師專集網), 24~25, 27, 52쪽
91) 불설대승무량수장엄청정평등각경친문기, 39, 154쪽
92) 印光大師嘉言錄(출전: 淨空老法師專集網), 2쪽. 의심 끊고 염불하세, 143쪽

높고 낮음은 전적으로 지명의 깊고 얕음에 달려 있다(品位高下 全由持名之深淺)'고 말씀하셨다. 인광대사님께서는 이는 천불이 세 상에 나오셔도, 결코 바꿀 수 없는 철칙이라고 말씀하셨다. 따라서 염불수행의 많고 적음이나 얕고 깊음 또는 염불할 때 망상이 있든 없든 관계없이, 믿음과 발원만 있으면 모두 왕생할 수 있다.93)

정토법문은 믿음ㆍ발원ㆍ지명으로 서방에 왕생을 구하는 것이다. 오직 유심정토(唯心淨土)와 자성미타(自性彌陀)만에 치우쳐서 믿음 과 발원이 없거나 믿음과 발원이 있어도 진실하거나 간절하지 않고, 유유자적하게 수행을 그럭저럭 한다든지, 수행에 정진을 해도 마음 은 속세에 있으면, 정토법문이 아니다.94)

왕중회가 양걸 거사에게 묻기를, '마음이 정토이니 굳이 따로 찾 을 필요가 없다.'라고 합니다. 양걸 거사가 대답하기를, '만일 부처 님 경계에 있다면 깨끗하지도 더럽지도 않을 것이니 무엇 때문에 왕 생을 찾겠는가. 그러나 중생의 경계를 벗어나지 못했다면 어찌 지극 한 마음으로 염불하여 더러운 국토를 버리고 정토에 왕생하려 하지 않겠는가?'하였다.95) 꿈꾸는 눈이 아직 깨어 열리기 전에는, 괴로움 과 즐거움이 진짜처럼 완연한 법이다.96)

---

93) 印光大師嘉言錄(출전: 淨空老法師專集網), 27, 55~56, 60쪽. 화두 놓고 염불 하세, 110, 121쪽
94) 印光大師嘉言錄(淨空老法師專集網), 100쪽
95) 왕생집, 188쪽. 정토오경일론, 18쪽
96) 의심 끊고 염불하세(철오선사어록), 117쪽

제 4 장   서방의정

서방의 정보는 아미타불과 보살들이다. 아미타불, 관세음보살, 대세지보살을 서방삼성이라 한다. 서방에 계신 성중들을 총칭하여 일체청정대해중보살이라 칭한다. 의보는 극락세계의 생활환경이다. 서방세계의 의정장엄은 모두 자성(自性)이 본래 구족하고 있는 것으로 마음 밖의 법이 아닌데, 이를 성구(性具)라 한다. 서방극락세계는 진여본성이 변하여 나타난 경계이다. 즉 아미타불의 몸은 법성신(法性身)이고, 극락세계는 법성토(法性土)이다. 그래서 자성미타 유심정토라 말한다. 반면에 시방세계의 국토는 모두 예토(穢土)인데, 중생의 선악업이 변하여 나타난 경계로, 일체 현상은 모두 아뢰야식의 상분이다.97) 그러나 서방극락세계는 진실로 있는 것이고, 아미타불 역시 진실로 계신다.98)

---

97) 불설대승무량수장엄청정평등각경친문기, 26~27, 79쪽. 불설아미타경요해강기, 142쪽. 능엄경 염불원통장 소초대의 강기, 131쪽. 성구(性具)란 내가 본래 가지고 있는 진여법성(眞如法性)을 말한다(출전: 佛學大辭典).
98) 불설아미타경요해강기, 18쪽

1. 아미타불

아미타불은 극락세계의 교주이고, 극락도사(導師)이시다. 아미타불은 또 무량광불·무변광불·무애광불·무등광불·지혜광불·상조광불·청정광불·환희광불·해탈광불·안온광불·초일월광불·부사의광불의 별칭이 있다. 무량수불을 제외한 12개의 명호는 모두 광명의 덕이다. 아미타불은 무량존(無量尊)이라고도 한다.99) 또 아미타부처님의 분신과 화신은 무량무변하다.100)

무량수경에서는 아미타불을 광명중에서 극히 존귀하신 분(光中極尊)이고, 부처님 중의 왕(佛中之王)이라 하였다. 그래서 일체제불 중에서 아미타부처님이 제일이다. 무량수경에 따르면, 뭇 별들이 북두칠성을 둘러싸듯이 무량무수의 보살과 성문 대중이 있어 아미타불을 공경히 둘러싸고 있다.101)

아미타의 아(阿: ā)는 무(無)로, 미타(彌陀; mitā)는 양(量)으로, 불은 각(覺)으로 번역된다. 따라서 아미타는 무량각(無量覺)이다. 이 무량은 일체가 무량한 것을 가리켜서 광명·지혜·복보·덕능·재능·신통·기예·수명·수용(受用) 등이 모두 무량하다. 경 속에서는 특별히 무량수와 무량광 두 가지로 칭한다. 본사께서는 수명·광

---

99) 불설대승무량수장엄청정평등각경친문기, 341, 434쪽
100) 불설대승무량수장엄청정평등각경친문기, 361쪽
101) 불설대승무량수장엄청정평등각경친문기, 131, 313, 326, 339쪽. 정수첩요 보은담, 140, 171, 207, 210쪽. 황념조 거사께서는 '징관대사의 화엄대소(華嚴大疏)에서 이르길, 북두칠성이 머무는 곳을 뭇 별들이 에워싼 듯하다[여북진거소(如北辰居所) 중성공지(衆星拱之)]'고 말씀하셨다(불설대승무량수장엄청정평등각경친문기, 131쪽).

명의 두 가지 뜻으로 일체 무량을 다 섭수(攝受)[102]하였다. 우리들이 구하는 무량한 것 가운데 첫 번째가 수명이어서 무량수의 '수(壽)'자가 대표성이 있다. 만약 수명에 한계가 있다면 나머지 것들은 물거품으로 돌아간다. 광명은 공간적으로 시방에 두루 하고, 수명은 시간적으로 과거 · 현재 · 미래의 삼세에 다한다. 공간(가로)과 시간(세로)으로 서로 통한다.[103]

이 명호가 바로 우리들의 진심, 성덕(性德), 진여본성의 무량한 광명과 수명의 명칭이고, 법계의 본체이다. 석가모니부처님께서 일생에 말씀하신 일체법일 뿐만 아니라, 곧 시방삼세 일체불이 말씀하신 무량법문도 이 한 마디 아미타불을 떠날 수 없다. 그래서 아미타불은 시방삼세 일체불이 중생을 제도하는 성불의 제일 수승한 법문이다.[104]

아미타불은 순수한 범어이며 지금까지 번역하지 않는다. 왜냐하면 이는 위없는 밀주(密呪)이고, 대총지(大總持)법문으로, 깊고 깊은 밀(密)이다.[105] 원만하게 닦아 원만하게 증득하기 때문에 포괄한다. 일대장교(一大藏教)를 포괄하여 모두 남김이 없어, 일체의 대승, 선

---

102) 받아들여(화두 놓고 염불하세, 54쪽)
103) 불설대승무량수장엄청정평등각경친문기, 91, 147, 156, 685, 714쪽. 불설아미타경요해강기, 12, 279, 396쪽
104) 불설대승무량수장엄청정평등각경친문기, 91, 147, 13, 396, 522쪽 및 189쪽 각주. 佛說阿彌陀經要解講記(출전: 華藏淨宗學會), 373쪽. 불설아미타경요해강기, 12, 227, 279, 292, 337, 358, 396, 366, 410, 522쪽. 불교바로알기, 201쪽
105) 청정평등각(淸淨平等覺)이 대총지법문이다(불설대승무량수장엄청정평등각경친문기, 468쪽).

종(禪宗), 밀종, 소승, 계·정·혜 삼학(三學), 문·사·수 삼혜(三慧), 법신·반야·해탈의 삼덕(三德), 신·원·행 삼자량(三資糧)을 포함하고, 또 육도만행, 삼장십이부, 선종의 1,700공안, 또 십대원왕 등 무량한 수행문(行門)을 원만하게 구족하고 있다. 《대집경》에서는 한 마디 부처님 명호를 지념하는 것이 최상의 깊고 미묘한 선(最上甚妙禪)이라 말씀하셨다.106)

아미타불 명호를 펼친 것이 아미타불의 48원이며, 48원을 펼친 것이 무량수경이다. 무량수경을 다시 펼친 것이 화엄경이며, 화엄경을 펼친 것이 바로 대장경이다. 아미타불 명호는 부처님께서 49년 동안 설한 여래의 깊고 깊은 법장(法藏)의 총강령이다.107)

아미타불은 **법계장신(法界藏身)**으로, 모든 시방법계의 제불의 공덕은 아미타불 한 부처님께서 전체를 갖추고 계신다. 아미타불 명호는 뭇 덕의 근본이다. 이 명호의 공덕은 불가사의하다. 따라서 이 명호를 **만덕홍명(萬德洪名)**이라 하는데, 이는 만덕으로 이루어진 것이고, 그 속에는 만덕이 포함되어 있기 때문에, 그래서 이 이름을 부르면, 당신은 만덕을 불러와 온갖 덕의 근본을 심는 것으로 그 공덕은 불가사의하다. 아미타불만 소리 내어 불러도 곧 시방제불을 소리 내

---

106) 印光大師嘉言錄(출전: 淨空老法師專集網), 55쪽. 불설대승무량수장엄청정평등각경친문기, 99, 131, 173쪽.佛說阿彌陀經要解講記(출전: 華藏淨宗學會), 451쪽. 불설아미타경요해강기, 129, 329, 352, 417, 427쪽. 총지(總持)＝다라니(불설대승무량수장엄청정평등각경친문기, 202쪽). 다라니는 범어로 총지라 번역되고, 일체법을 총괄하고, 일체의 뜻을 지니고 있는 것으로 바로 일체법의 총강령이기도 하다(불설대승무량수장엄청정평등각경친문기, 298쪽).

107) 불설대승무량수장엄청정평등각경친문기, 207쪽. 불설아미타경요해강기, 70쪽

어 부르는 것과 같은 공덕이 있고, 부처님께서 설하신 모든 경전을 전부 다 읽는 것과 같으며, 광명·위신력·공덕 및 극락세계의 의정장엄을 생각하는 것이 모두 그 안에 포함되어 있다. 한 마디 아미타불 명호를 부르면, 원만한 법신·반야·지혜의 삼덕(三德)과 감응도교의 작용을 일으켜, 중생이 비록 아직 증득하지는 못했지만, 자성이 본래 갖추고 있는 제불여래가 과(果)에서 증득한 삼덕과 상응하기 때문에, 아미타불 명호를 염하는 것은 아미타불의 공덕을 자신의 공덕으로 변하게 하는 것이다. 불설아미타경요해에 따르면, 수행자의 믿음·발원·수행은 부처님의 공덕 전부를 거두어 자기 공덕을 이루게 한다(全攝佛功德成自功德).[108]
전섭불공덕성자공덕

선종에서는 일체를 버려야 하며, 정토종에서도 마찬가지로 일체를 버려야 하지만, 오직 한 마디 부처님 명호만은 가지고 있어 선종보다 훨씬 편리하다. 한 생각으로 일체 망념을 그치게 한다. 정토종의 일념(一念)은 선종의 무념(無念)보다 닦기가 쉽다.[109]

시방의 부처님을 이(理)로부터 말하면, 지혜와 덕능과 기예는 모두 평등하며, 중생을 제도하는 본원 역시 서로 같지만, 중생을 이끌어 접인하는 방법은 같지 않은데, 인연이 서로 다르기 때문이다. 아

---

108) 印光大師嘉言錄(출전: 淨空老法師專集網), 50쪽. 佛說大乘無量壽莊嚴淸淨平等覺經親聞記(출전: 般若文海), 積功累德 第八. 불설대승무량수장엄청정평등각경친문기, 212, 251, 343, 440, 581, 653쪽. 佛說阿彌陀經要解講記(출전: 華藏淨宗學會), 458~459쪽. 불설아미타경요해강기, 70, 174, 300, 379~380, 405쪽. 정수첩요보은담, 301쪽
109) 불설대승무량수장엄청정평등각경친문기, 677쪽. 불설아미타경요해강기, 138쪽

미타불은 특히 시방의 중생과 인연이 있으며, 인연과 발원은 서로 관계가 있다.[110]

2. 극락세계

아미타경에 의하면, 극락은 이 세계에서부터 서쪽으로 십만억 불국토를 지난 곳에 있는데, 뭇 고통이 없고 즐거움만 있는 세계이다. 아미타불의 전신인 법장보살이 210억의 정묘한 불국토의 정화를 섭취하여 10겁 전에 극락세계를 건립하셨다. 화엄경, 무량수경, 관무량수경, 아미타경 등에서 극락세계의 장엄한 모습과 그곳 사람들의 생활에 대하여 서술하고 있다.

세간의 모든 몸(根身)이거나 세계이거나, 모두 중생의 생멸심 속 선과 악의 동업(同業)과 별업(別業)이 감득한 것으로 이루어졌다 무너지니, 모두 오래 가지 못한다. 몸은 즉 생로병사가 있고, 세계는 즉 성주괴공이 있으며, 식물과 심리는 생주이멸이 있다. 이른바 사물이 극에 달하면 반드시 돌이켜지며, 즐거움이 극에 달하면 슬픔이 생긴다. 인(因)이 이미 생멸이므로 과(果) 역시 생멸이 아닐 수 없다. 그러나 극락세계는 아미타불께서 자심(自心)이 본래 갖추고 있는 불성(佛性)을 철저하게 증득하여 마음 따라 나타낸, 즉 우리의 진심(眞心)이 변화하여 나타낸 곳이다. 즉 모두가 아미타부처님의 48대원과 시방중생의 정업(淨業)에 의해 이루어진 것이어서, 성품에

---

110) 불설아미타경요해강기, 173쪽

맞는(稱性) 장엄하고 불가사의한 세계로, 아미타불의 화신(化身)이고, 화토(化土)이며, 아미타부처님의 교학도량이다. 서방극락세계는 화엄세계와 마찬가지로 불가사의한 해탈경계에 속하여 크고 작은 것은 둘이 아니고, 성(性)과 상(相)111)이 하나이다. 극락세계는 일진법계이고, 평등세계이며, 순선(純善)의 경계이다. 그러므로 서방극락세계는 그 즐거움이 다할 때가 없다.112)

수많은 경전과 논서는 방편설법으로 마지막 단계에서는 모두 서방정토로 돌아가게 한다. 정토는 모든 수행자가 돌아가 머무는 곳(歸宿)이다.113)

《불설대승무량수장엄청정평등각경》 제6품 제43 보향보훈원에서는 '극락국토에 있는 일체 만물이 모두 다 한량없는 보배향기가 합하여 이루어지고, 그 향기가 시방세계에 두루 퍼진다.'고 한다. 서방의 특징은 광명114)과 보배로운 향기로, 어떠한 물질이거나 모두 광명을 내고 향기를 풍긴다. 서방극락세계는 연못 속의 모래조차도 광명을 발하는 광명의 세계이다. 극락의 일체 모든 것은 향기를 뿜는데, 이 향은 각종 좋은 공덕이 있어, 당신으로 하여금 갖가지 선근을 증진시킬 수 있다. 서방극락세계에는 칠보가 있는데, 칠보라는 것은 사바세계의 입장에서 한 말이며, 무량수경에서는 서방세계의 온갖

---

111) 성(性)과 상(相)에 대하여는 이 책 【부록】 1항 (11)을 참조하라.
112) 印光大師嘉言錄(출전: 淨空老法師專集網), 20~21쪽. 불설대승무량수장엄청정평등각경친문기, 234, 246, 248, 255, 292~293, 306, 311, 318, 350, 357, 398, 446, 457~458쪽. 불설아미타경요해강기, 97, 215, 267쪽
113) 불설대승무량수장엄청정평등각경친문기, 15, 82, 165~166쪽
114) 맑음이 지극하면 빛이 통한다〔印光大師嘉言錄(출전: 淨空老法師專集網), 2쪽〕.

보배들을 언급하였는데, 진귀한 보배가 말로 다할 수 없을 정도로 많다. 모두 가볍고 부드러우며, 광명과 색깔은 미묘할 뿐만 아니라, 투명하고 향기가 있기 때문에, 극락세계를 향광장엄(香光莊嚴)세계라 부른다. 확실히 지극히 미묘한 형상이 있다. 이 향광장엄은 서방극락의 특징이다.115)

극락의 보배는 이 세계의 금ㆍ옥ㆍ구슬ㆍ보배와 결코 같지 않은데, 광채는 비교할 수 없을 뿐만 아니라, 응용방면에서는 더욱 비교할 수 없다. 예를 들면 서방의 황금은 옷으로 만들어 입을 수 있고, 유리와 수정 또한 부드럽다. 서방세계의 칠보는 모두 가볍고 부드럽다.116)

서방극락세계의 가장 수승한 점은, 첫째 업을 가지고 왕생할 수 있고(帶業往生), 둘째 왕생하여 물러나지 않으며(往生不退), 셋째 〔물러나지 않고 성불하는 것(不退成佛)이다.〕 즉 왕생한 후 일생에 성불하는 것이다.117)

극락의 가장 큰 장점은 무량한 수명이니 이것이 정토의 제일 수승한 점으로, 〔왕생자에게는〕 수학할 충분한 시간이 있다. 또 극락세계의 스승은 아미타부처님이시고, 함께 수행하는 동학은 관세음보살, 대세지보살, 문수보살, 보현보살 등 모든 대보살들이며, 모든 상선인이 한 곳에 모여 있으니 〔수행에서〕 물러남이 있을 수 없다.118)

---

115) 불설대승무량수장엄청정평등각경친문기, 294쪽. 불설아미타경요해강기, 172쪽
116) 불설대승무량수장엄청정평등각경친문기, 349, 379쪽
117) 불설대승무량수장엄청정평등각경친문기, 254쪽

다른 제불의 정토도 수승하지만 쉽게 가지 못하고 문턱이 매우 높다. 서방극락세계는 시방 일체제불께서 찬탄하시는 바이다. 제불께서는 자기의 중생들에게 아미타불의 서방극락세계에 가도록 추천하신다.119)

무량수경에서는 극락세계를 상배·중배·하배의 삼배로 분류한다. 관무량수경에서는 먼저 상품·중품·하품으로 나누고, 또 각 품마다 상생·중생·하생이 있어 총 구품으로 분류한다. 이 삼배와 구품을 합쳐서 삼배구품이라 칭한다. 염불수행의 성취 정도에 따라 극락의 삼배구품에 왕생하게 된다. 이것은 인과가 역력하기 때문이다. 그러나 사실은 극락에 왕생하는 사람이 적은데다 왕생한 사람의 대다수가 모두 하삼품이다.120)

서방극락세계는 악이 없어 모두가 정업(淨業)을 닦는다. 인(因)이 있으나 연(緣)이 없으면 〔과보가〕 생겨날 수가 없다. 과거세에 비록 괴로움의 인(因)이 있을지라도 서방극락세계에는 괴로움의 연(緣)이 없기 때문에 현행을 일으키지 않는다. 왕생자 중에 다시 악업을 짓는 사람은 한 사람도 없고, 매일 서방삼성과 만나 부처님께서 법을 설하는 것을 듣는다. 부처님께서 법을 설하시지 않으면 육진이 모두 다 법을 설하여 영원히 중단함이 없으니, 나쁜 생각과 나쁜 습기의 번뇌는 영원히 다시 작용을 일으키지 않는다. 서방에 태어난 사람은

---

118) 불설대승무량수장엄청정평등각경친문기, 67~68, 254, 263쪽
119) 佛說阿彌陀經要解講記(출전: 華藏淨宗學會), 31쪽. 능엄경 염불원통장 소초대의 강기, 115쪽
120) 불설대승무량수장엄청정평등각경친문기, 405쪽. 죽창수필, 415~416쪽

항상 아미타부처님의 광명 속에서 목욕을 하고, 또한 항상 아미타부처님의 성덕에서 풍겨 나오는 보배향기 속에 있어 자성을 깨달을 수 있어서, 비록 번뇌나 습기가 있을지라도 작용을 일으킬 수 없다.[121]

서방에 태어나는 것은 모두 화생(化生)이다. 서방극락세계는 평등의 세계이다. 서방극락에 태어난 후에는 우리들의 정보, 신체와 용모, 키, 그리고 거주하는 생활환경이 아미타부처님과 똑같다. 왕생한 모든 사람들은 누구나 다 칠보연못의 연꽃에서 저절로 화생(化生)하여, 모두 청허의 몸과 무극(無極)의 체질을 받게 된다. 생로병사가 없는 까닭에 무극의 몸이라 말한다. 성덕에 의해 이루어진 법성(法性)의 몸으로 법성은 진상(眞常)이기 때문에 그 체질은 생하지도 멸하지도 않는다. 반면에 〔이 세계〕 우리들의 몸은 법상(法相)의 몸이다.[122]

《불설대승무량수장엄청정평등각경》 제40품에 의하면, '어떤 중생은 부처님의 여러 지혜에 대해 의심을 품고 믿지 않지만, 윤회는 죄이고 왕생은 복임을 깊이 믿어서 선근의 근본을 닦고 익혀 그 〔극락〕국토에 태어나길 발원한다. 또한 어떤 중생은 불지(佛智)·보편지(普遍智)·무등지(無等智)·위덕광대부사의지(威德廣大不思議智)를 희구하면서도 자신의 선근에 대해 믿음을 낼 수 없는 까닭에 청정한 불국토에 왕생하고자 하는 의지가 약해서 머뭇거리며 한결같이 지탱하지 못한다. 그렇지만 끊임없이 염불이 계속 이어져서 그 공덕

---

121) 불설대승무량수장엄청정평등각경친문기, 246, 306, 333, 378쪽. 불설아미타경요해강기, 176, 267쪽
122) 불설대승무량수장엄청정평등각경친문기, 292~293, 357, 369~370쪽

으로 선한 발원이 근본이 되어 결실을 맺은 사람은 극락의 변지에 왕생할 수 있다. 이러한 사람들은 이 인연으로 저 국토에 왕생하더라도 무량수불의 처소 앞에 이르지 못하고, 500세 동안 부처님을 친견하거나 경전 설법을 들을 수 없으며, 보살·성문 성중을 볼 수도 없다. 이들이 부처님의 지혜 또는 수승한 지혜를 명료하게 알고 깊이 믿으면서 의심을 끊어 제거하고, 자신의 선근을 믿으면서 온갖 공덕을 지어 지극한 마음으로 회향한다면, 칠보연꽃 가운데 저절로 화생(化生)한다.'고 하였다.[123] 여기서 변지는 극락세계의 주변 땅을 가리키는 것이 아니라, 연꽃 속에서 연꽃이 피지 않아 부처를 친견할 수 없는 상태를 말한다.[124]

---

[123] 불설대승무량수장엄청정평등각경친문기, 619~628, 636쪽
[124] 불설대승무량수장엄청정평등각경친문기, 636쪽

제 5 장 조사 · 대덕

정토법문은 석가모니불과 아미타불께서 세우신 것이다. 오직 관음 · 세지 · 문수 · 보현 등의 보살만이 구경에 이 법문을 감당할 수 있다. 문수 · 보현이 그곳을 가리키고, 마명 · 용수[125]가 홍양하였다. 광려(匡廬) · 천태(天台) · 청량(淸涼) · 영명(永明) · 연지(蓮池) · 우익(蕅益)이 발휘하고 창도하며, 성인이거나 범부이거나 혹 어리석은 이나 지혜로운 이에게 널리 권하였다. 이 모든 보살과 대사(大士)들께서 천백 년 전에, 일찍이 나를 위해 장교(藏敎)를 두루 연구하였는데, 특별히 미혹과 업장을 끊지 않고, 부처의 후보자리에 오르며, 곧 이 일생에 반드시 울타리를 벗어나고, 지극히 원만하고 지극히 단번에 이루어지며, 지극히 간단하고 지극히 쉬우며, 선 · 교 · 율을 포괄하면서 선 · 교 · 율을 훨씬 벗어나며, 곧 얕으면서 곧 깊고, 곧 권(權)이면서 곧 실(實)[126]인, 매우 특별하게 초월하는 천연의 미묘한 법이다. 법상종의 규기(窺基)대사는 염불법문을 위없는 대법이라

---

125) 마명과 용수는 중국 선종의 제8대 종파의 조사이자, 옛날 인도의 대보살이시다(불설대승무량수장엄청정평등각경친문기, 118쪽. 불설아미타경요해강기, 제237쪽).
126) 권과 실에 대하여는 이 책 【부록】 1항 (4)를 참조하라.

하셨다.[127]

영명 [연수]대사는 고불의 화신으로, 발원을 타고 세상에 출현하셨다. 사료간(四料簡)[128]을 지었는데, 대장경의 강종(綱宗)을 제시한 것이고 갈림길에서 인도하는 스승을 만드신 것이다. 영명 연수 화상은 이미 달마의 직지선(直指禪)을 깨쳤으며, 임종시에는 때가 다가온 줄을 미리 알았고, 이에 갖가지 뛰어나고 상서로운 모습을 보여주었다. 더욱이 몸에서는 무수히 많은 사리가 쏟아졌다. 그의 몸은 명부[129]를 거치지 않고 극락의 상품세계에 왕생하여 명부에까지 공경의 대상이 되었다.[130]

화장세계의 도사(導師)는 비로자나여래이시며, 문수와 보현은 좌우 협시보살이다. 무량수회상에서는 모든 대보살들이 함께 보현대사의 덕을 그대로 준수하여 수행한다. 화엄회상에서 문수와 보현은 [극락]왕생을 발원하였다. 보현보살은 선재동자와 화장해회의 대중들에게 극락왕생을 두루 권하여, 41분의 법신대사는 모두 극락에 왕생할 것을 발원하였다.[131]

---

127) 印光大師嘉言錄(출전: 淨空老法師專集網), 15~16, 23쪽. 불설아미타경요해 강기, 342쪽
128) 사료간에 대하여는 이 책【부록】5항을 참조하라.
129) 염라대왕 등에 의한 심판을 받는 곳
130) 印光大師嘉言錄(출전: 淨空老法師專集網), 8쪽. 화두 놓고 염불하세, 87~88 쪽. 정토혹문, 27~28쪽. 왕생집, 110, 401쪽. 직지선은 정법안장을 계승한 조사의 선법을 말한다.〔정토혹문, 28쪽 각주 23)〕
131) 불설대승무량수장엄청정평등각경친문기, 519쪽. 불설아미타경요해강기, 308 ~309, 311쪽. 무량수회상은 석가모니부처님께서 무량수경을 설하신 법회를 말한다.

무량수경은 아난 존자에게 설하였는데, 「다문제일 아난 존자는 서방극락세계를 보고 왕생할 것을 청하였다. 설마 아난 존자의 지혜가 낮아서 그렇게 한 것이겠는가.」[132]

중국 정토종의 조사는 모두 13분이시다. 제1조 동진 때 여산 혜원(慧遠)대사, 제2조 당나라 때 선도(善導)대사, 제3조 당나라 때 승원(承遠)대사, 제4조 당나라 때 오회 법조(法照)대사, 제5조 당나라 때 오룡·대암 소강(少康)대사, 제6조 당말오대 때 영명 연수(延壽)대사, 제7조 송나라 때 소경 성상(省常)대사, 제8조 명나라 때 연지(蓮池)대사, 제9조 명말청초 때 우익(藕益)대사, 제10조 청나라 때 절류대사, 제11조 청나라 때 성암(省庵)대사, 제12조 청나라 말 때 홍라 철오(徹悟)대사, 제13조 청나라 말 중화민국 초기 때 영암 인광(印光)대사이시다.

정토종의 조사들은 스승에서 제자에게로 법이 이어지는 사자전승(師資傳承) 방식으로 조사가 된 것이 아니고, 일생 동안 정토를 오로지 닦고 오로지 널리 알리신 분들 중에서 후세에 귀감이 될 만한 분들을 후인들이 추대한 것이다. 혜원대사로부터 시작하여 중화민국시대에 이르기까지 모두 13분이며, 그 중 마지막이 인광대사이시다. 정토종의 조사들은 부처님으로부터 〔직접〕 사승(師承)하였으며, 또한 믿음과 발원과 지명으로써 중생이 왕생하여 불퇴전의 지위에 올라 성불하도록 가르치셨다.[133]

---

132) 불설대승무량수장엄청정평등각경친문기, 644쪽
133) 佛說阿彌陀經要解講記(출전: 華藏淨宗學會), 442쪽. 불설아미타경요해강기, 402~403쪽

하련거 거사는 《불설대승무량수장엄청정평등각경》을 회집하였고, 〈정수첩요〉를 지었는데, 대보살의 화신이시다. 하련거 거사는 이미 불학에 정통하신 분으로서, 정토법문을 듣고 매우 기뻐하면서 '나는 이번 생에 육도를 벗어날 방법이 있다! 이 법문을 제외하고 육도를 벗어나려는 것은, 정말 어렵다!'라고 말씀하셨다.[134]

황념조 거사는 〈불설대승무량수장엄청정평등각경해〉를 지었다. 황념조 거사는 밀종의 금강상사이셨는데, 왕생하기 몇 개월 전에는 하루에 14만 번 소리를 내어 부처님 명호를 불렀다.[135]

이병남 거사는 8년이라는 시간을 들여 밀교를 배웠으나, 마지막까지도 아무런 효험이 없었고, 다시 8년 동안 선(禪)을 배웠으나 또한 선정에 들 수가 없었기 때문에 모든 것을 포기하였다. 후에 인연이 수승하여 인광대사를 만나게 된 후로는 오로지 정토만을 수행하였다. 그래서 우리들이 자신이 헛걸음쳤던 그 길을 다시는 걷지 않기를, 그리고 더 이상 시간을 낭비하지 않기를 간절히 바라셨다.[136]

중화권 정토법문의 큰 지도자이신 정공법사는 불법을 믿은 지 40년, 화엄경을 강의한 지 17년 만에 화엄세계의 후보불인 문수보살과 보현보살이 다 서방극락에 태어나기를 발원하였고, 선재동자가 닦은 것이 염불법문이었다는 것을 알고, 일체의 다른 법문은 쳐다보지 않

---

134) 정수첩요보은담, 21~22쪽
135) 불설대승무량수장엄청정평등각경친문기, 211, 397, 450, 631쪽. 불교바로 알기, 197~198쪽. 정공큰스님 정토법문 제1강(유튜브)
136) 불설대승무량수장엄청정평등각경친문기, 23~24쪽

고, 정토법문을 전수·전홍하였다.[137) 정공법사님은 이러한 사실을 알기 전까지 고난을 겪고 많은 시련을 겪어야 했는데, 만약 우리가 정토법문을 당장 받아들인다면, 많은 세월을 아끼게 되는 셈이다.

우리가 조사·대덕들의 가르침을 직접 받지 않았다고 하더라도, 그분들을 앙모하고 그분들의 저작을 모범으로 삼고 스승으로 삼으면 그분들의 사숙제자(私淑弟子)라 할 수 있다.[138)

---

137) 불설아미타경요해강기, 432~433쪽
138) 불설대승무량수장엄청정평등각경친문기, 282쪽

제 6 장   염불종류

염불의 염(念)이란 마음으로 하는 것이니, 마음속으로 부처님을 생각하고 기억하여 잊어버리지 않는 것, 즉 마음속에 부처님이 계시는 것을 염불이라 한다.[139]

1. 네 가지 염불

《관무량수경》에서 실상염불, 관상(觀想)염불, 관상(觀像)염불, 지명(칭명)염불 등 네 가지 염불법을 말하였다. 그 가운데 지명염불로 왕생한 사람이 가장 많다. 지명염불이 가장 간단하고 가장 빠르고 가장 타당하며, 지극히 원돈(圓頓)한 최고의 법문이기 때문이다.[140]

실상(實相)염불은 자성이 본래 구족하고 있는 천진불을 전념하는 염불방법이다. 이는 법신대사의 경계이다.[141] 천태종의 지관(止觀),

---

139) 능엄경 염불원통장 소초대의 강기, 193쪽
140) 불설아미타경요해강기, 319쪽. 지명염불＝칭명염불
141) 불설대승무량수장엄청정평등각경친문기, 107~109쪽. 천진불＝자성불＝법신불＝이성불＝실상불

선종의 참구향상 등이 모두 이것이다.

관상(觀想)염불은 경전에서 말한 방법·이론·경계에 따라 내 마음의 눈으로 서방정토의 의정장엄과 아미타부처님의 자행화타(自行化他)의 무량공덕을 생각하는 것이다. 밀종의 관상은 불보살이 신통도력을 관하는 것이므로 만약 이를 지도해 줄 스승이 없을 경우에는 관상(觀想)이 잘못되어 마의 경계에 빠지기 쉽다.[142]

관상(觀像)염불은 1장 6척이나 8척 높이의 작은 아미타불의 상을 눈으로 쳐다보는 법, 즉 관상(觀像)하는 법이다. 관상(觀像)염불의 수행법에 관해서는 《반주삼매경》 및 《관무량수경》의 제13관에 나와 있다.[143]

지명염불은 아미타경, 무량수경 또 관무량수경의 제16관에 따라 아미타불 명호를 지니는 염불이다.

2. 수행의 난이

실상염불에서 실상불(實相佛)을 염하는 것은, 말하기는 쉬운 것 같으나, 수행하여 증득하는 것은 실로 어려움 중의 어려움이다. 초

---

142) 불설대승무량수장엄청정평등각경친문기 23~25 및 108~110쪽. 불설아미타경요해강기, 339~340쪽. 자행화타는 스스로 수행하고 교화하는 것을 말한다.
143) 화두 놓고 염불하세, 186쪽. 불설아미타경요해강기, 70쪽. 1장 6척을 장육(丈六)이라 한다. 1장이 10척이니 1장 6척은 16척이다. 송나라 당시 사람들의 키가 8척 안팎이었다(왕생집, 127쪽 각주).

주보살 이상의 재래대사(再來大士), 즉 법신대사가 아니면, 누가 현생에 친히 증득할 수 있겠는가. 처음 수행하는 자는 실상과 부합하기가 쉽지 않다.[144]

　관상(觀想)염불에서 부처님의 모습을 보는 것은 오직 마음에서 나타낸 것이라는 것을 알아야 한다. 만약 마음 바깥의 경계라 인식하면 마가 붙어 발광할 수 있으니 반드시 알아야 한다. 오직 마음에서 나타낸 것이라는 것은, 비록 그 모습이 아주 뚜렷하고 분명하더라도 실제 실체가 있는 것이 아니다. 선도화상은 '말법시대의 중생은 신식(神識)이 휘날리고, 마음이 조악하며 경계가 세밀하여, 관(觀)을 성취하기가 어렵다.'고 하였다. 즉 관상(觀想)의 대상인 보신불의 상이 너무나 미세하고 자신의 마음은 거칠어 관상(觀想)은 성취하기 어렵다. 천태 지자대사는 관법수행(觀修)을 닦아 성공하였는데, 그는 당나라 사람이며 그때는 아직 상법시기였다.[145]

　관상(觀像)염불은 불상을 매일 쳐다보아 머릿속에 새기는 것인데, 수행자의 집에 불당이 있고, 수행자에게 커다란 복의 과보가 있어 일을 하지 않고 일상생활 속에서 자신을 보살피고 공양할 사람이 있어야 한다. 그렇다고 하더라도 간혹 불상을 떠나면 공부는 중간에 끊어지게 된다. 말법시대 중생은 업장이 깊고 무거워 관상(觀像)을

---

144) 印光大師嘉言錄(출전: 淨空老法師專集網), 51쪽. 불설대승무량수장엄청정정평등각경친문기, 109쪽. 죽창수필, 186쪽. 재래대사란 사바세계에 다시 온 보살을 말한다.

145) 印光大師嘉言錄(출전: 淨空老法師專集網), 50, 52쪽. 불설대승무량수장엄청정평등각경친문기, 108~109쪽. 佛說阿彌陀經要解講記(출전: 華藏淨宗學會), 376쪽. 능엄경 염불원통장 소초대의 강기, 204~205쪽. 정토혹문, 135쪽

수행할 복의 과보가 없다.146)

　우익대사께서는 불설아미타경요해에서, '부처님께서 관무량수경에서 말씀하신〔제1관부터 제12관까지의〕수승관(勝觀)〔즉 관상(觀想)염불〕은 범부의 마음으로(心力) 미칠 수 있는 바가 아니므로, 제13관에서 열상관(劣像觀) 즉 관상(觀像)염불을 여시었고, 그렇지만 오히려 장애가 중한 자는 저 부처님을 염(念)할 수 없으므로 다시 제16관에서 칭명의 문을 크게 여신 것이다.'고 말씀하셨다.

　네 가지 염불법 중에서 정토종 제8대 조사 연지대사 이후로는 점차 지명염불 한 방법만이 권장되고 있다. 절대 지명염불이 얕다고 하면서 그것을 버리고 관상(觀像), 관상(觀想), 실상(實相) 등의 법을 닦겠다고 하지 말아야 한다. 지명염불 외에 나머지 세 가지 염불법은 점차 말법시대 하열한 근기의 중생들이 수행하기 어렵기 때문이다. 오직 지명염불만이 가장 근기에 들어맞는다. 지명이 일심불란에 이르면, 실상의 미묘한 이치 전체가 드러나고, 서방의 미묘한 경계가 철저하게 원만히 나타난다. 즉 지명으로 실상을 친히 증득하여, 관(觀)을 짓지 않아도 서방을 철저하게 친견한다.147)

---

146) 불설대승무량수장엄청정평등각경친문기, 24, 108쪽. 불설아미타경요해강기, 339~340쪽
147) 印光大師嘉言錄(출전: 淨空老法師專集網), 50쪽. 佛學問答類編 – 淨土第十二, 문답 제23조

제7장 지명염불

1. 지명의 수승함

지명염불은 나무아미타불 여섯 자 또는 아미타불 네 자의 명호를 부르는 수행법이다. 정토법문의 미묘함은 방법이 간단함에 있다. '나무'는 범어로 귀명, 경례, 귀의의 뜻이고, 역시 일념회심(一念回心)의 의미이다. 일반인은 반드시 진정으로 왕생할 생각을 하지 않으니, '나무'라는 공손한 말을 덧붙여 아미타부처님과 선연을 맺어 놓아야 장래에 그가 왕생하고자 할 때 이 종자가 성숙될 수 있다.[148]

무량수경의 제18원은 십념필생(十念必生)인데, 이것은 지명염불이 제일임을 설명한다. 지명염불은 근기를 거두는 것이 가장 넓고, 이보다 더 행하기가 쉽고 더 간단한 법문은 없다. 혹시나 마장을 일으키지도 않는다. 또 언제 어디서든 모두 염불이 가능하다. 방편(方便) 중의 제일방편이고, 요의(了義)[149] 중의 무상요의이며, 원돈(圓頓) 중의 최극원돈이다. 지명염불은 도에 들어가는 현묘한 문이고,

---

148) 불설대승무량수장엄청정평등각경친문기, 267, 610쪽. 佛說阿彌陀經要解講記 (출전: 華藏淨宗學會), 61쪽. 불설아미타경요해강기, 24, 124쪽
149) 부처님의 완벽한 뜻 또는 불법의 이지를 분명하게 설하여 나타낸 것

성불의 첩경이다. 삼계를 벗어나는 법보일 뿐만 아니라, 왕생하여 불퇴전지에 올라 성불하는 위없는 묘법이다.[150]

지명염불을 하면 유(有)로 들어가 공(空)을 얻으며, 마지막까지 염하면 자연히 염하는 자신(能)을 잊고 염하는 명호(所)를 잊는 경지에 이르게 된다.[151]

범부의 입장에서는 염불을 많이 하면 할수록 좋다. 염불을 하지 않으면 육도를 윤회하지 않을 수 없다. 한 마디 부처님 명호는 망상을 깨뜨릴 뿐만 아니라 무명을 깨뜨리니, 그 작용은 불가사의하다. 아미타불 명호로써 청정심과 평등심, 깨달음의 마음(覺悟之心)을 닦는다.[152]

2. 염불의 경지

(1) 염불삼매

염불이 삼매(선정) 상태에 이른 것을 염불삼매라 하는데, 이는 삼매가 서방극락세계에 있고, 삼매가 아미타불에 있는 것이다. 이 염

---

150) 《阿彌陀經要解》CBETA 電子版, 2쪽. 印光大師嘉言錄(출전: 淨空老法師專集網), 49~50쪽. 불설대승무량수장엄청정평등각경친문기, 304쪽. 佛說阿彌陀經要解講記(출전: 華藏淨宗學會), 61, 377, 445~446쪽. 불설아미타경요해강기, 357쪽

151) 불설대승무량수장엄청정평등각경친문기, 55쪽

152) 佛說大乘無量壽莊嚴淸淨平等覺經親聞記(출전: 般若文海), 九 總釋名題. 불설대승무량수장엄청정평등각경친문기, 267쪽

불삼매는 일체 삼매를 총섭하고 일체의 업을 없앨 수 있기 때문에, 삼매중의 왕으로 가장 수승하여 **보왕삼매**(寶王三昧)라 칭한다.[153]

염불삼매는 일행(一行)삼매, 일상(一相)삼매라고도 부르는데, 이것이《아미타경》에서 말하는 일심불란이다. 일심불란에서 일심은 정(定)이고 불란은 선(禪)이다. 다시 말하자면, 일심이란 둘이 아니고 (不二) 절대적인 마음이다. 불란(不亂)이란 일체 환경에 의해 미혹당하지 않기 때문에, 팔풍(八風)이 불어와도 거기에 흔들리지 않을 수 있는 것이다. 따라서 일심불란이 염불삼매이고 염불의 목표이다. 정토종의 수행으로 일심불란에 이르기만 하면, 일진법계를 증득할 수 있고, 화엄삼매에 들어갈 수 있다. 즉 백천 가지 법문과 무량하고 미묘한 뜻이 함께 모두 갖추어진다. 만약 현재 염불삼매를 증득한다면 확실하게 성인의 무리(聖流)에 들어간다. 일심불란이 바로 정토수행에서 돌아가 머무는 곳(歸宿)이다. 그러나 일심불란의 경지에 이르는 것은 쉽지 않다.[154]

염불삼매는 말하기는 쉬운 듯하나, 얻는 것은 실로 어렵다. 단지 마땅히 마음을 거두어 간절하게 염하여, 오래되면 마땅히 스스로 얻게 된다. 설사 염불삼매를 얻을 수 없다고 하더라도, 진실한 믿음과 간절한 발원과 마음을 거두어 깨끗하게 염불하는 공덕에 의해 반드

---

153) 불설대승무량수장엄청정평등각경친문기. 204쪽. 불설아미타경요해강기. 333, 397쪽. 능엄경 염불원통장 소초대의 강기. 78쪽. 정수첩요보은담. 383쪽

154) 의심 끊고 염불하세(철오선사어록). 142쪽. 印光大師嘉言錄(출전: 淨空老法師專集網). 25, 50쪽. 佛說阿彌陀經要解講記(출전: 般若文海). (三淨) 宗持名以立行. 불설대승무량수장엄청정평등각경친문기. 58, 203, 367, 393쪽. 불설아미타경요해강기. 202, 3323, 55, 420쪽. 정수첩요보은담. 84쪽

시 부처님의 접인을 확실하게 받아, 업을 가지고 왕생한다.[155]

《아미타경》에서는 '만약 선남자 선여인이 아미타부처님에 관하여 말씀하는 것을 듣고 그 명호를 꼭 지니어, 즉 집지명호(執持名號)하여, 하루나 이틀이나 사흘이나 나흘이나 닷새나 엿새나 이레 동안 한마음이 되어 흐트러지지 않으면 즉 일심불란(一心不亂)이 되면, 그 사람이 목숨을 마치려 할 때 아미타부처님께서 여러 성중들과 함께 바로 앞에 나타나 이 사람이 목숨을 마칠 때 마음이 뒤바뀌지 않고 곧바로 아미타부처님의 극락국토에 왕생하게 되느니라.'라고 하였다.

(2) 염불삼매의 종류

일심불란은 이일심불란, 사일심불란, 공부성편으로 나눈다. 이일심은 망상(起心動念), 분별, 집착을 진실로 내려놓은 것이다. 사일심은 집착을 내려놓았지만, 망상(起心動念)과 분별을 내려놓지 못한 것이다.[156]

① 이일심불란

이일심불란(理一心不亂)은 비록 마음을 일으키고 생각을 움직이지(起心動念) 않으나 한 마디 부처님 명호를 늘 칭념(稱念)하거나 억념(憶念)한다. 그러므로 염하면서 염이 없고(念而無念), 염함이 없으

---

155) 印光大師嘉言錄(출전: 淨空老法師專集網), 107쪽
156) 불설대승무량수장엄청정평등각경친문기, 404, 594~595쪽. 淨土學習筆記 - 理一心 事一心

면서 염하는 것이다(無念而念). 이일심불란에 이르면 능소가 둘 다 사라지고(能所雙亡), 불성을 보아 홀연히 개오(開悟)한다. 즉 일품의 무명을 깨뜨리고 일분의 법신을 증득한다. 이일심불란은 사유(思惟)로 인하여 사유가 없는데 들어가는 것으로, 다시 말하면, 유념(有念)으로 인하여 무념(無念)에 들어가는 것이다. 《능엄경》 대세지보살염불원통장에서 '다른 방편을 빌리지 않고 스스로 마음이 열린다'고 말한 것과 같다. 일단 개오(開悟)하면 이체(理體)가 모두 명료해진다. 즉 부처의 경계에 들어가 단번에 범부를 뛰어넘어 곧장 성인의 경지에 들어가니, 이는 매우 체득하기 어렵다. 이일심불란은 원교에서 초주 이상, 즉 법신대사의 경지로 극락의 실보장엄토에 태어난다.[157]

《반야심경》의 조견(照見), 《능엄경》 대세지보살염불원통장의 삼마지(삼매), 선종의 명심견성 즉 조견(照見), 이 모두가 이일심불란의 경지와 같다.[158]

② 사일심불란

사일심불란(事一心不亂)이란 마음과 입이 상응하여, 입으로 염불을 하며, 마음속에 그것을 생각하는 것이다. 글자마다 분명하고, 한 글자 한 글자가 매우 청초하며, 매우 명백하다. 마음이 부처를 떠나

---

157) 印光大師嘉言錄(출전: 淨空老法師專集網), 52쪽. 불설대승무량수장엄청정평등각경친문기, 25, 56, 93쪽. 불설아미타경요해강기, 310쪽. 능엄경 염불원통장 소초대의 강기, 216쪽. 죽창수필, 83쪽
158) 불설대승무량수장엄청정평등각경친문기, 367, 393, 486쪽. 능엄경 염불원통장 소초대의강기, 188~189, 215쪽

지 않고 부처가 마음을 떠나지 않는다. 장차 나의 내심 속에 찰나찰나의 생멸적 번뇌심은 일심으로 변하고, 생각을 일으키는 것이 아미타불이고, 잡된 망념이 아니어서, **어떤 일도 모두** 〔염불하는 이를〕 소란하게 할 수 없는데, 이것은 일종의 선정이다.[159] 사일심불란은 견사혹을 끊은 것으로 그 경계는 아라한과 벽지불과 같으며, 극락의 방편유여토에 태어난다. 선종의 조주(照住)는 선정인데, 이것이 사일심불란이다.[160]

③ 공부성편

공부성편(工夫成片)이란 마음속에서 부처님 명호를 부르는 공부(工夫)가 한 덩어리(成片)를 이루고 있을 뿐, 부처님 명호 이외에는 다른 생각이 없는 것이다. 견사혹 가운데 몇 품만 끊을 수 있으면 공부성편에 속한다. 이는 사일심불란의 낮은 단계이다. 선정에 접근한 것으로, 초급의 선정이다. 염불공부를 하여 한 덩어리를 이루는 것을 타성일편(打成一片)이라 하기도 한다. 이는 비록 견사혹을 전부 끊지는 못하지만, 이를 **조복**(調伏)하여 현행을 일으키지 않도록 하는 경지이다. 즉 번뇌를 억제하여 작용을 일으키지 않도록 한다. 마치 돌로 풀을 누르는 것(石頭壓草)과 같다. 중요한 것은 부처님 명호가 번뇌를 누를 수 있어, 하루종일 옳고 그름, 자기와 남, 탐·진·치, 교만 등 이러한 망념이 작용하지 않고 마음을 청정하게 유

지할 수 있는지에 달려 있다. 「즉 공부성편은 **재물, 색, 명예, 음식, 수면**으로 인하여 영향을 받지 않는다.」[161] 선종의 관조(觀照)가 공부성편에 해당한다. 공부성편에 이르면 부처님께서 이를 알고 접인하러 오신다. 공부성편에 이르면 극락세계의 범성동거토에 태어난다.[162]

범부는 안으로는 무량한 번뇌가 있고, 밖으로는 무량한 유혹이 있어, 수행하여 선정을 얻기는 매우 어려우니, 오직 제불께서는 염불삼매를 항상 찬탄하신다.[163]

염불삼매		
이일심불란(照見)	사일심불란(照住)	공부성편(觀照)
무명혹 끊음	견사혹 끊음	견사혹 일부 끊음
법신대사	아라한	범부
실보장엄토	방편유여토	범성동거토

3. 최소한의 왕생조건

《무량수경》에서는 극락의 삼배왕생에 공통적으로 모두 필요한 조건으로 **보리심**[164]을 발하여 일향으로 아미타불을 전념하는 것

---

161) American Buddhist Fellowship 美佛寺: 念佛的三個階位
162) 불설대승무량수장엄청정평등각경친문기, 19, 56, 58, 147~148, 269~270, 449, 486쪽. 불설아미타경요해강기, 80, 164, 217, 255, 273, 332~333쪽. 능엄경 염불원통장 소초대의 강기, 143쪽
163) 佛說阿彌陀經要解講記(출전: 華藏淨宗學會), 273쪽
164) 보리는 도(道) 또는 깨달음(覺)로 번역되는데, 진실한 도를 구하는 마음 또는 올바른 깨달음(正覺)을 구하는 마음을 보리심이라고 한다.

(發菩提心 一向專念 阿彌陀佛)을 든다. 우익대사님께서는 '하나의 진
실하고 성실한 마음으로 서방정토를 구하는 것이 바로 무상(無上)의
보리심이다.'라고 말씀하셨다. 경에서 여러 차례 말씀하시길, '지옥의
고통을 생각하여 보리심을 발하라'고 하셨다. '일향으로 아미타불을
전념함'이란 이 한 마디 부처님 명호를 언제 어디서나 염할 수 있고,
일체 형식에 구애받지 않고 어떤 일을 하던 방해가 되지 않는 것이다.
보리심은 진실한 믿음(信)과 간절한 발원(願)에 해당하고, 아미타불을
일향전념하는 것은 진실한 수행(行)에 해당한다. 일향은 단지 지명염
불만을 말하고, 관상(觀想)과 관상(觀像) 모두가 불필요하다. 이것이
무량수경의 수행방법이다. 만약 보리심을 발하여 일향전념할 수만 있
다면, 일심불란에 도달했는지를 묻지 않으며 결정코 왕생한다.[165]

  따라서 《무량수경》의 일향전념, 《칭찬정토불섭수경》의 계념불
란,[166] 공부성편은 모두 같은 경지로, 「이것이 정종의 수학강령이

---

165) 印光大師嘉言錄(출전: 淨空老法師專集網), 33~34쪽. 의심 끊고 염불하세, 253쪽
    각주 63). 佛說大乘無量壽莊嚴清淨平等覺經親聞記(출전: 般若文海), 三輩往生
    第二四. 불설대승무량수장엄청정평등각경친문기, 57~58, 80, 135, 157, 334,
    396쪽. 정토오경일론, 32~33쪽. 정수첩요보은담, 302~303, 417쪽

166) 만약 선남자, 선여인이, 아미타불에 대해 말씀하는 것을 듣고, 명호를 꼭 지
    니어, 만약 하루, 이틀, 사흘, 나흘, 닷새, 엿새, 이레 동안 한마음이 되어 흐
    트러지지 않으면(若有善男子, 善女人, 聞說阿彌陀佛, 執持名號, 若一日, 若二
    日, 若三日, 若四日, 若五日, 若六日, 若七日, 一心不亂)〔출전: 구마라십 역,
    불설아미타경〕. 또 사리자야! 만약 청정한 믿음을 지닌 선남자 또는 선여인
    이, 이와 같은 무량수불의 무량무변한 불가사의 공덕이 있는 명호와 극락세
    계의 공덕장엄을 듣고, 듣고 사유하여, 만약 하루 밤낮, 이틀, 사흘, 나흘, 닷
    새, 엿새, 이레 동안을 마음을 매어 두고 생각하여 흐트러지지 않으면(又, 舍
    利子！若有淨信諸善男子或善女人, 得聞如是無量壽佛無量無邊不可思議功德名
    號 極樂世界功德莊嚴, 聞已思惟, 若一日夜, 或二, 或三, 或四, 或五, 或六,
    或七, 繫念不亂)〔출전: 현장 역, 칭찬정토불섭수경〕. 황념조 거사님과 정공법
    사님은 공히 일심불란과 계념불란의 의미를 다르게 보는데, 계념불란은 일심

고, 바로 최소한의 왕생조건이다.」[167]

최소한의 왕생조건을 갖추어 왕생한 이들은 비록 업을 가지고 범성동거토에 왕생을 하였으나 [이들은 사실상 모두 보살이며, 실제로는] 범부라고 말할 수 없는데, 삼불퇴[168]를 [원만하게] 얻었기 때문이다.[169]

4. 염불의 기간

염불의 기간에 대하여, 아미타경에서는 1일~7일, 무량수경에서는 10일, 고음왕경에서도 10일, 대집경에서는 49일, 반주삼매경에서는 90일, 문수반야경에서는 90일을 말하였다. 이 가운데 아미타경이 가장 짧고 간단하고 쉬워서 누구나 행할 수 있다. 정토법문은 1일~7일에 성취할 수 있지만, 오직 진심(眞心)과 성심(誠心)으로만 성취할 수 있다. 규기(窺基)대사는 아미타경에 대한 〈통찬소(通贊疏)〉에서 정토법문이 돈교에 속한다고 밝혔는데, 아미타경에서는 하루 내지 칠일 동안 염불하면 성공할 수 있기 때문이다. 그러나 애석하게도 이 수승한 법문을 믿는 사람은 아주 적다.[170]

《불설대승무량수장엄청정평등각경》 제19품, 제20품에서는 아마

불란에 이르지 않은 정도로 단지 계념불란에 이르면 왕생할 수 있다고 한다.
167) 불설대승무량수장엄청정평등각경친문기, 58쪽. 불설아미타경요해강기, 334쪽.
168) 삼불퇴에 대하여는 이 책【부록】1항 (10)을 참조하라.
169) 印光大師嘉言錄(출전: 淨空老法師專集網), 131쪽. 불설아미타경요해강기, 289쪽.
170) 불설대승무량수장엄청정평등각경친문기, 21쪽. 불설아미타경요해강기, 75, 330
~331쪽. 능엄경 염불원통장 소초대의 강기, 87쪽.

티불께서 '일심으로 나를 염하여 밤낮으로 끊어지지 않는다면 목숨이 다하는 날 나는 보살성중과 함께 그 사람 앞에 나타나 맞이하여, 짧은 시간에 곧 나의 국토에 태어나 불퇴전지보살이 되도록 하겠다.'라고 말씀하신다. 하루 낮밤 동안 부처님 명호를 염하는 일은 쉽게 할 수 있고, 24시간 동안 한 마디 부처님 명호에 전념하는 그 효과는 평상시 염불하는 것보다 훨씬 크다.[171]

　《관무량수경》에는 '설사 오역십악죄[172]를 지었다고 하더라도 임종시에 선지식의 인도를 받아 10번 염불하면, 1번 할 때마다 80억 겁 동안의 생사중죄를 소멸하여 극락의 하품하생에 왕생할 수 있다'고 하였다. 설사 오역십악죄를 지었다고 해도 만약 과보가 아직 앞에 나타나지 않았다면, 여전히 편안하게 서방에 갈 수 있다. 우리들이 악을 적지 않게 지었으나, 모두 오역십악에 비하여 훨씬 낫다. 그들이 이러한 종류의 이익을 얻을 수 있으니, 우리들도 반드시 얻을 수 있다. 이는 염불의 숫자가 얼마 되지 않지만, 지극히 맹렬하기 때문에 큰 이익을 얻을 수 있는 것이다. 즉 염불하는 마음이 간절하고, 참회하는 마음이 무거우면, 그 힘이 대단히 크다. 이때 한 번 염불하거나 열 번 염불하거나 부처님의 화신(化身)께서 염불하는 자를 접인하여 왕생하게 한다.[173] 송나라 청조율사는 '한 번 아미타불 명호

---

171) 불설대승무량수장엄청정평등각경친문기, 273~274쪽
172) 오역십악죄는 지극히 무거운 죄를 저지른 것으로, 일체경에서 일생 중에 반드시 지옥에 떨어진다고 하였다(불설아미타경요해강기, 306쪽).
173) 정토오경일론, 254쪽. 佛說大乘無量壽莊嚴淸淨平等覺經親聞記(출전: 般若文海), 三 一經宗趣. 印光大師嘉言錄(출전: 淨空老法師專集網), 101쪽. 화두 놓고 염불하세, 53, 107, 210쪽. 불설아미타경요해강기, 156~157, 347쪽. 왕생집, 375쪽

를 불러서 능히 80억 겁의 생사중죄를 면할 수 있는데, 아미타불은 큰 서원과 오랜 수행으로 위덕이 넓고 크신 분으로, 존엄하고 거룩한 광명의 힘은 불가사의하기 때문이다. 그래서 한 번 그의 명호를 부르면 한없는 죄를 소멸할 수 있다. 마치 밝은 햇살 아래 서리가 자취도 없이 녹는 것과 같다.'고 하였다.[174)

오역십악죄를 지은 사람이라 해도, 모두가 십념왕생을 성취할 수 있으며, 하하품으로 업을 가지고 왕생하여 삼불퇴를 증득할 수 있으니, 이는 실로 불가사의하다.[175)

부처님께서는 서방극락세계에 태어나는 사람은 모두 다 이미 무량한 일체제불과 가까이 지냈다고 말씀하셨다. 따라서 임종시에 갑자기 불법을 만나게 되어, 들은 후에 발심하여 왕생을 발원하는 사람은 다겁생 동안 쌓은 선근과 복덕이 앞에 나타난 것이며, 이것은 우연이 아니다. 그러므로 [일반사람들은 평소에 이런] 요행을 기대하는 마음을 가져서는 안 된다.[176)

---

174) 왕생집, 202쪽
175) 불설아미타경요해강기, 307쪽
176) 불설대승무량수장엄청정평등각경친문기, 601쪽. 불설아미타경요해강기, 347, 431쪽

제 8 장 염불방법

1. 수행의 분류

(1) 정수와 조수

지명염불을 정수(正修)라 하고, 나머지 경전독송, 불사, 채식, 여러 가지 선업을 쌓는 것 등을 조수(助修)라 한다.[177] 정행(正行)은 홍명선근(洪名善根)[178]으로 정인(正因)이고, 조행(助行)은 뭇 선(善)과 복덕으로 조연(助緣)이다. 새의 양 날개처럼, 하나가 부족하면 날기 어렵다. 《아미타경》에서 명백하게 가르치시길, 적은 선근과 복덕의 인연으로는 저 국토에 태어날 수 없다고 하였다. 과실이 있어도 고치지 않는다면, 저절로 복덕이 적고 조연이 부족하니, 행(行) 하나가 부족하여, 삼자량이 분명히 준비되지 않았는데, 어떻게 원만한 결과를 얻을 수 있겠는가? 또 취미가 마음속에 있으면, 임종할 때에 역시 장애를 일으킨다![179]

---

177) 정수(正修) = 정행(正行) = 정도(正道) = 정공부(正功夫), 조수(助修) = 조행(助行)
   = 조도(助道) = 조공부(助功夫)

178) 만덕홍명의 선근

179) 불설아미타경요해강기, 200쪽. 불력수행, 48쪽. 佛學問答類編 — 淨土第十

능력이 있으면 갖가지 선한 일에 혹 자금을 대고 혹은 제안을 하여 찬조해야 한다. 그렇지 않으면 따라 기뻐하는 마음(隨喜心)을 내는 것만으로도 공덕이 있다. 이와 같이 복전을 심고 가꾸어 왕생의 보조수행으로 삼으면, 물 따라서 돛을 펼치고 거기에 노를 추가하는 것처럼, 피안에 도달하는 것이 어찌 빠르지 않겠는가.180)

예배, 대승경전 독송 그리고 세상이나 사람에 대한 일체 유익한 일을 분수와 능력에 따라 지어 모두 서방 왕생에 회향해야 한다. 또 주문을 지송하는 것은 단지 염불의 보조수행으로 가능하다. 주문을 수지하는 법문이 비록 불가사의하지만, 범부의 왕생은 오롯이 믿음과 발원이 진실하고 간절해야 아미타불의 넓고 큰 서원과 감응도교하여 접인을 받을 수 있다.181)

(2) 전수와 잡수

선도대사께서는 전수(專修)와 잡수(雜修) 두 가지를 보이셨다. 전수는 몸으로 오로지 예경하고 (일체 처신에 있어 방일하지 않는 것임), 입으로 오로지 칭하고(專稱), 뜻으로 오로지 전념한다. 이와 같으면 즉 서방에 왕생하는데 만에 하나도 빠뜨리지 않는다. 잡수는 갖가지 법문을 함께 닦아 왕생에 회향한다. 잡수는 마음이 순일하지 않아, 이익을 얻기가 어려워, 백 중 한둘이나 천 중 서넛도 왕생을 얻기가 어렵다. 어떤 법문이든지 성취 여부는 모두 전일(專一)함에

二, 문답 제188조
180) 印光大師嘉言錄(출전: 淨空老法師專集網), 155쪽
181) 印光大師嘉言錄(출전: 淨空老法師專集網), 25, 117, 137쪽

있지만, 염불은 확실히 전일함을 귀하게 여긴다.[182]

(3) 정과와 산과

아침저녁으로 시간을 정해 염불하는 것을 정과(定課)라 하고, 평상시에 틈을 내어 염불하는 것을 산과(散科)라 한다.[183]

2. 수행의 장소

과거에는 수행장소가 사회에서 멀리 떨어져 있어 환경이 청정하여 수행하기가 쉬웠다. 현재는 큰 절이 관광지로 변하였기 때문에 재가수행이 훨씬 용이하다. 염불하지 않을 때는 염불을 재생해 놓고 부처님 명호를 들으면 그것만으로도 많은 이익을 얻게 된다. 또 뜻이 맞는 몇 사람을 청해 함께 수행할 수도 있다.[184]

3. 지명의 방법

염불법문은 형식에 구애받지 않으며, 일체 시간, 일체 장소에서 모두 염송하기가 좋다. 칭명염불 하는 방법에는 큰소리로 하는 고성념과 낮은 소리로 하는 저성념, 혀와 입술만 움직이며 본인만 들을

---

182) 印光大師嘉言錄(출전: 淨空老法師專集網), 31, 153쪽
183) 불설대승무량수장엄청정평등각경친문기, 81, 269쪽
184) 불설대승무량수장엄청정평등각경친문기, 170, 228, 582쪽. 불설아미타경요해강기, 219쪽

수 있는 금강념, 마음속으로 하는 묵념과 숫자를 세면서 하는 기수념이 있다.[185]

염불하는 방법은 일정하게 집착할 수 없다. 더러 너무 힘들다 싶으면 묵념해도 괜찮고, 또 더러 꾸벅꾸벅 졸음이 온다 싶으면 큰 소리로 염불해도 좋다. 자신에게 특별한 일이나 부담이 없는 사람 같으면, 마땅히 아침부터 저녁까지, 다시 저녁부터 아침까지 앉고, 눕고, 서고, 말하고, 옷 입고, 밥 먹고, 대소변 보건 간에, 모든 때와 모든 장소에서, '나무아미타불'이라는 한 구절 위대하고 거룩한 명호를 항상 마음과 입에서 떠나지 않도록 염송하는 것이다. 손과 입을 깨끗이 씻고 의복을 단정히 입었으며 장소가 청결하기만 하면, 소리 내어 낭송하든 조용히 묵송을 하든 어떻게 해도 괜찮다. 그러나 잠자리에 들었거나, 옷을 벗고 있거나, 또는 대소변 보는 때 및 더럽고 지저분한 곳에서는 소리 내어서는 안 되고, 단지 묵송하는 것이 좋다. 이런 경우에 묵송해도 염불공덕은 한 가지이며, 소리를 내면 부처님께 공경스럽지 못한 게 된다. 그렇지만 이러한 때와 장소에서는 염불할 수 없다고 잘못 생각해서는 안 된다. 단지 소리 내어 염불할 수 없다는 것뿐임을 염두에 두어야 한다. 특히 잠자리에 들어 소리를 낼 것 같으면, 단지 공경스럽지 못할 뿐만 아니라, 기(氣)를 손상시킬 수 있으니 꼭 유념해야 한다.[186]

염(念)할 때에는 반드시 한 글자 한 구절이 마음에서 발현되어,

---

185) 印光大師嘉言錄(출전: 淨空老法師專集網), 29쪽. 불설아미타경요해강기, 75쪽. 불력수행, 55쪽
186) 불설아미타경요해강기, 24쪽

입에서 나와, **귀**로 들어간다. 즉 **귀를 거두어 잘 들어야 한다**(攝耳諦聽). 이 세계의 중생은 이근(耳根)이 가장 뛰어나기 때문이다. 한 구절이 이와 같으면 백천만 구절도 역시 이와 같다. 이와 같이 할 수 있으면 즉 망념이 일어날 이유가 없고, 마음과 부처님이 스스로 서로 계합(相契)할 수 있다. 글자마다 분명하고 구절마다 흐트러지지 않고 오래오래 하면 스스로 덩어리(片段)를 이루는데, 염불삼매를 친히 증득하는 것이다. 반드시 '나무아미타불' 명호가 한 구절 한 구절씩 또렷이 입에서 나와 귀로 들어가면서, 소리 소리마다 절절히 자기 마음을 불러 일깨워야 한다. 비유하자면, 마치 한 사람이 깊이 잠들었는데, 다른 한 사람이 아무개야 하고 부르면, 그 사람이 곧장 깨어나는 것과 같다. 그래서 염불이 마음을 가장 잘 일깨우고 추슬러 모을 수 있다.[187]

정종의 묘함은 불법을 여의지 않고 세간법을 행하며, 세간법을 폐하지 않고 불법을 증득한다. 염불의 바른 수행(正行)은 반드시 하나의 방법을 고집할 필요가 없다. 각자 자기의 신분에 따라 마련하고, 모름지기 자기 정신과 기력을 살펴 정해야 하며, 다른 사람의 방법을 반드시 본받아서 같을 필요는 없다. 사람마다 각자 뜻이 있고, 사람마다 각자 직업이 있으므로, 인연과 분수에 따르면 된다. 이미 세상에서 생존하는 이상 일을 하지 않을 수 없다. 일할 때 생각할 필요가 없으면, 일과 동시에 염불할 수 있다. 반드시 생각해야 한다면

---

187) 印光大師嘉言錄(출전: 淨空老法師專集網), 32, 40, 97쪽. 화두 놓고 염불하세, 134쪽. 의심 끊고 염불하세(권염불문), 227~228쪽. 불설아미타경요해강기, 399쪽. 불교바로알기, 139쪽

부처님 명호를 내려놓았다가 일을 다 마친 후에 다시 곧바로 한 마디 부처님 명호를 들면 된다. 또 모름지기 불법은 본래 세간법을 떠나지 않으니, 반드시 각각 삼가여 자기 본분을 다하고, 모든 악을 짓지 말고 뭇 선을 봉행하며, 살생을 하지 말고 생명을 보호하며, 술과 고기를 먹지 말아야 한다.188)

아직 무생법인을 얻지 못한 범부는, 마음속으로는 마땅히 보살의 도를 흠모해야 하지만, 그 행함은 마땅히 범부의 평상의 이치에 따라야 한다. 범부는 자기가 할 수 있는 대로 하면 된다. 피로 사경(寫經)하는 것과 같은 무리한 일은 천천히 도모하고, 마땅히 먼저 일심으로 염불하는 것을 중요시해야 한다. 피를 흘려 정신이 쇠약해지면, 도리어 장애가 된다. 범부의 지위에서는 법신대사의 고행을 할 수 없다. 염불하는 것이 효과적인데, 단지 일심만 얻으면, 모든 법이 원만하게 갖추어진다. 몸을 태우거나 팔을 태우는 일은 대승경전에서도 종종 소개되어 있다. 그러나 이것은 인욕보살의 일이지 초심자의 경계는 아니다.189)

염불에서는 모름지기 마음으로 염하는 것이 중요하지만, 역시 입으로 지송하는 것을 폐지할 수 없다. 몸과 입과 뜻 세 가지는 서로 돕는데, 만약 마음으로 기억하고 생각할 수 있어도, 몸으로 예경하지 않고, 입으로 지송하지 않으면, 역시 이익을 얻기가 어렵다.190)

---

188) 印光大師嘉言錄(출전: 淨空老法師專集網), 48, 132쪽. 불설대승무량수장엄청정평등각경친문기, 39~40, 491쪽
189) 印光大師嘉言錄(출전: 淨空老法師專集網), 28, 31, 32, 51쪽. 왕생집, 78쪽
190) 印光大師嘉言錄(출전: 淨空老法師專集網), 31쪽

염불할 때 염주를 사용하는 것은 오직 다니거나 머무르는 두 때에만 적합하다. 만약 정좌(靜坐)하여 양신(養神)을 할 때는, 〔염주를 사용하게 되면〕 정신이 안정될 수 없고, 오래 하면 병을 얻는다.[191]

염불 이외의 다른 모든 것은 생사윤회의 업이다. 망상·잡념이 일어날 때는 반드시 염불하여 모두 다 아미타불로 바꾸면 된다. 반드시 마음이 청정해질 때까지 염해야 한다. 만약 진정으로 염불하여 마음이 청정하면 하루 몇 마디 부처님 명호를 염해도 모두 불가사의하고 그 공덕은 매우 크다. 마음자리에 악을 일으키지 않고 전체가 선(善)이라면, 그 염불은 공덕이 보통사람보다 백천만 배가 뛰어나다. 마음이 사홍서원과 합치할 것 같으면, 즉 한 마디 부처님을 염하거나 한 가지 선한 일을 행하여도 공덕이 무량무변하다. 염불하지 않을 때에는 염불소리를 재생해 놓고 부처님 명호를 들으면 그것만으로도 많은 이익을 얻게 된다.[192]

앉아서 염불할 때 혼침이 오면 반드시 허리를 곧게 펴고 눈을 크게 뜬 다음 큰 소리로 염불해야 한다. 그래도 혼침이 온다면 일어나서 찬물로 세수를 하고 그것도 안 되면 절을 하든지 경행(經行)[193]을 한다. 만약 너무 피곤하여 도저히 감당이 안 되면 차라리 누워서 잠을 푹 자고 나서 정신이 번쩍 들 때 다시 염불을 해야 한다.[194]

---

191) 印光大師嘉言錄(출전: 淨空老法師專集網), 30쪽
192) 印光大師嘉言錄(출전: 淨空老法師專集網), 47~48쪽. 불설대승무량수장엄청정평등각경친문기, 40, 228쪽. 능엄경 염불원통장 소초대의 강기, 91, 107쪽
193) ＝산책(불설대승무량수장엄청정평등각경친문기, 358쪽)
194) 불력수행, 57쪽

염불할 때 마음을 하나로 하기가 어려울 때에는, 마땅히 마음을 거두어 간절하게 염하면(攝心切念) 스스로 하나로 돌아간다. 마음을 거두는 방법은 **지성**과 **간절**만한 것이 없다. 마음이 지성스럽지 않으면 거두고자 해도 도리가 없다. 이미 지성스러운데도 순일하지 않다면 마땅히 귀를 거두어 잘 들어야 한다. 소리를 내거나 묵념을 하거나, 모두 모름지기 염은 마음 따라 일어나고, 소리는 입을 따라 나오며, 그 음은 귀를 따라 들어간다. (묵념은 비록 입을 움직이지 않으나, 뜻195)에서 나오니, 역시 모양이 있다.) 마음과 입으로 또렷이 염하여 매우 청조할 수 있으면, 이근이 듣는 것도 매우 청초한데, 이와 같이 마음을 거두면, 망념이 저절로 쉬게 된다. 그래도 망념의 파도가 용솟음치거든, 곧 십념기수법(十念記數法)을 사용한다. 온 마음의 역량을 한 소리 불호에 내면, 비록 망상을 일으키려 해도 힘이 미치지 못할 것이다. 이것이 섭심염불(攝心念佛)196)의 구경묘법이다.197)

염불할 때 간절할 수 없는 것은 사바가 고통이고 극락이 즐거움임을 모르기 때문이다. 염불은 늘 장차 죽으면 지옥에 떨어진다는 생각을 해야 한다. 그러면 간절하지 않은 것이 저절로 간절해지고, [부처님과] 상응하지 않은 것이 저절로 상응하게 된다. 이렇게 고통을 두려워하는 마음으로 염불하는 것이, 곧 고통을 벗어나는 제일묘법이다.198)

---

195) = 의지. (이를 마음이라 표현하는 경우도 있다.)
196) 마음을 거두는 염불
197) 印光大師嘉言錄(출전: 淨空老法師專集網), 30쪽

사람의 한평생 가운데 제일 중요한 순간은 임종시이며, 가장 중요한 것은 임종할 때의 일념이다. 죽기 직전에 어떤 마음을 품고 죽느냐에 따라 내생이 달라지기 때문이다. 임종시에 염불하는 마음이 간절하고 참회하는 마음이 중하면 그 힘이 매우 커서, 임종시에 일념이든 십념이든 모두 왕생할 수 있다. 왕생에 있어 최후에 이르러 다른 법문으로 바꾸어 수학하거나, 혹은 임종할 때 세상의 재산과 가족 권속들에게 연연하면 왕생은 사실상 희망이 없다.[199]

하루 중 잠들기 직전의 5분이 가장 중요하다. 깨어 있는 동안 우리는 의식의 세계에서 활동한다. 그러나 잠이 들면 잠재의식의 세계로 들어갔다가 지극히 고요한 무의식의 세계로 빠져들게 된다. 그런데 우리의 모든 의식적 활동은 자기도 모르는 사이에 잠재의식 또는 무의식의 조정을 받고 있는 것이다. 따라서 의식의 세계를 보다 훌륭하게 만들기 위해서는 잠재의식과 무의식을 잘 개발해야 한다. 잠들기 5분 전의 집중은 3시간, 5시간, 7시간의 집중과 같은 효과를 낸다. 그래서 잠들기 5분 전에 염불을 해야 한다.[200] 잠은 작은 죽음이다. 꿈속의 전도(轉倒)를 죽음의 혼미와 비교할 수야 있을까만, 잠자리에서 마음이 편안하면 목숨이 다할 때도 어느 정도 자유로울 수가 있는 것이다. 송나라 유중혜는 악몽에 시달리는 병을 앓다가 정성을 다해 큰 소리로 염불 백팔 번을 부르고 잠자리에 들었더니, 정신이 편안하

198) 印光大師嘉言錄(출전: 淨空老法師專集網), 33, 34쪽
199) 佛說阿彌陀經要解講記(출전: 華藏淨宗學會), 383쪽. 불설대승무량수장엄청정
      평등각경친문기, 90쪽
200) 일타스님, 생활 속의 기도법 2008, 효림, 68~72쪽

였다. 이로부터 염불을 끊이지 않고 부르게 되었다.[201]

평상시에 모든 것을 내려놓아야 임종시에 비로소 자신이 있다. 매일 잠잘 때 '나는 왕생할 것이다'라고 생각해야 한다. 이렇게 날마다 생각하면, 정말로 어느 날 부처님께서 오셔서 접인할 것이니, 기뻐서 어쩔 줄을 모를 것이다. 그러니 어찌 [죽음에 대해] 두려운 느낌이 있겠는가?[202]

4. 구체적 염불법

염불은 장기간 끊임없이 지속해야 하는데, 염불을 오래 할수록 믿음이 더욱 견고해지고, 지송을 계속할수록 발원이 더욱 간절해져서, 그렇게 오래오래 지속하다 보면, 저절로 한 덩어리가 되어 한 마음 흐트러지지 않는 일심불란(一心不亂) [또는 공부성편의] 경지에 들게 된다. 제일 중요한 것은 염불하는 중간에 끊이지 않게 하는 것이다. 그리고 다른 생각이 섞이지 않게 해야 하고, 의심하지 않아야 한다.[203]

왕중회가 양걸 거사에게 묻기를, '염불이 어떻게 해야 끊어지지 않을 수 있습니까?'하였다. 양걸 거사가 대답하기를 '한번 믿었으면

---

201) 왕생집, 388쪽
202) 불설대승무량수장엄청정평등각경친문기, 268쪽
203) 의심 끊고 염불하세(철오선사어록), 88~93쪽. 불설대승무량수장엄청정평등각경친문기, 207쪽. 불설아미타경요해상기, 24쪽

다시는 의심하지 않는 이 마음이 염불이 끊어지지 않게 하는 비결이

다(一信之後, 更不再疑, 卽是心不間斷)'라고 하였다.[204]

어떤 염불법이든 자신의 형편에 맞는 것을 선택하면 된다.

(1) 인광대사의 새벽염불법[205]

① 새벽에 부처님을 향해 예배를 드림

　　※ 불상이 없으면 서쪽을 향해 예배

② 아미타경 1번과 왕생주 3번을 독송

③ 찬불게 염송

　　아미타불신금색

　　상호광명무등륜

　　백호완전오수미

　　감목징청사대해

　　광중화불무수억

　　화보살중역무변

　　사십팔원도중생

　　구품함령등피안

④ 나무서방극락세계대자대비 아미타불 (1번)

　　나무아미타불(1,000번 또는 500번 염송)

　　※ 불당에서 염불할 때는 시계방향으로 부처님 주위를 돌면서

　　　　하되, 돌기가 불편하다면 꿇거나 앉거나 서거나 모두 좋다.

---

204) 인터넷 검색: 歸心淨土的楊傑居士(출전: 佛弟子文庫)

205) 화두 놓고 염불하세, 121~123, 129~130쪽

돌면서 염불하기를 절반쯤 마치면, 앉아서 차분히 묵송을 한
참 하고, 다시 일어나 소리 내어 염불을 한다.

⑤ 염불이 끝나갈 때, 다시 본자리로 돌아와 꿇어앉아서

관세음보살(3번)

대세지보살(3번)

일체청정대해중보살(3번)

⑥ 정토문 염송[206]

만약 예배(절)를 많이 하고 싶은 경우에는, ④단계에서 염불을 마
치고 제자리에 돌아올 때 부처님께 마음껏 절을 올리고, ⑤단계에서
세 보살을 세 번 염송하면서 아홉 번 예배를 드린 뒤 ⑥단계를 한다.
아니면 ⑥단계까지 끝난 뒤, 자기 형편껏 예배하는 것도 괜찮다.

저녁에도 이와 같은 방법으로 한다. 「아침저녁으로 불전(佛前)에서
분수와 능력에 따라 예배하고 염불을 지송하며, 회향발원한다.」[207]

(2) 인광대사의 십념기수법[208]

인광대사의 십념기수법(十念記數法)은 나무아미타불을 10번 염하
는 것을 한 단위로 하여, 이 단위를 무한히 반복하는 방법이다. 다만
한 단위마다 10번의 염불 숫자를 기억해야 한다. 곧장 10번을 하거
나, 5번 5번으로 나누거나, 3번 3번 4번으로 나누어서 한다. 이병남
거사는 3번 3번 4번으로 나눠서 하는 방법을 추천한다. 이 방법은

---

206) 정토문에 대하여는 이 책【부록】6항을 참조하라.
207) 印光大師嘉言錄(출전: 淨空老法師專集網), 29쪽
208) 화두 놓고 염불하세, 127~128쪽

염주를 사용할 수 없으며, 오직 마음으로 기억한다.[209) 이 십념기수법은 행주좌와 어묵동정[210] 어느 때나 편리하지 않음이 없다. 누워 있을 때는 단지 묵념하여, 소리를 내지 않는다.[211] 또 이 십념기수법은 호흡과는 관련이 없다.

다만 일을 할 때는 더러 수를 기억하기가 어려우므로 단지 간절하게 곧장 염불하기만 하고, 일이 끝난 다음에 다시 마음을 가다듬어 십념기수법을 하면 된다.[212]

이렇게 십념기수법으로 마음을 거두어 염불(攝心念佛)하는 법은 얕으면서도 깊고, 작으면서도 큰 부사의한 법이라는 것을 알아야 한다.[213]

(3) 정수첩요 예참법

하련거 거사는 《불설대승무량수장엄청정평등각경》을 회집하신 후 경전의 방법에 따라 수행하셨으며, 또한 〈정수첩요〉[214]를 펴내셨다. 이는 하련거 거사님께서 무량수경을 비롯한 정토종 경전들의 주요내용과 조사스님들의 법어를 발췌하여 한꺼번에 예배·찬탄·발원·관상·회향을 할 수 있도록 편집한 종합 수행의규이다. 정수첩

---

209) 印光大師嘉言錄(출전: 淨空老法師專集網), 30쪽. 佛學問答類編 － 淨土第十二, 문답 제37조
210) 가고 머물고 앉고 눕고, 말하고 침묵하고 움직이고 고요할 때
211) 印光大師嘉言錄(출전: 淨空老法師專集網), 30쪽
212) 화두 놓고 염불하세, 128쪽
213) 印光大師嘉言錄(출전: 淨空老法師專集網), 30쪽
214) 인터넷 검색을 통하여, 〈정수첩요〉 PDF 파일을 다운받을 수 있음

요는 수행을 전문적으로 강설하는데, 선도대사의 가르침에 근거한
다. 선도대사께서 우리에게 가르쳐주신 수행방법은 전일하게 몸으로
아미타불께 예배하고 입으로 아미타불을 칭념하며, 마음으로 아미타
불을 생각하는 것이다. 이것을 삼업전수(三業專修)라 한다. 정수첩
요에서는 총 32배의 절을 하는데 매번 절을 할 때마다 정토삼경일론
에 들어 있는 내용을 녹여서 모두 관상(觀想)한다. 이 의규는 매우
간단하여 한 사람 한 사람 모두 쉽게 수행할 수 있다. 아침과 저녁
에 정해 놓고 하면 대단히 좋을 것이다.[215]

그 구성은 '향찬, 1~32조, 무량수불찬, 염불 1,000~10,000번'
으로 구성되어 있다. 시간이 되는 사람은 〈정수첩요〉를 매일 전체를
독송을 할 것이고, 일이 매우 바쁜 경우에는 하루에 4조씩 독송하여
8일 만에 마치는 것도 가능하다.[216]

〔〈정수첩요〉는 매 단락을 마치면 절을 하게 되어 있으나, 만약 절
하는 것이 불편한 사정이 있다면 합장하여 반배로 절을 대신하거나,
절을 생략하는 것도 무방할 것이다. 2인 이상일 경우에는 한 사람이
독송하고 나머지는 함께 절하는 방식도 좋을 것이다. 또 〈정수첩요〉
의 마지막에는 1,000~10,000번 염불을 하게 되어 있는데, 형편에
따라 횟수를 적당히 줄이거나, 최소 10번만 염불하는 것도 가능하다
고 할 것이다.〕

---

215) 능엄경 염불원통장 소초대의 강기, 85~86쪽. 여기서 정토삼경일론을 정토
　　오경일론이라 하여도 그 의미는 같다.
216) 정수첩요보은담, 472쪽

(4) 담허대사의 호흡염불법[217]

담허대사께서는 〈염불론〉에서 호흡염불을 권장하신다. 숨을 들이쉴 때 「나무아미」, 내쉴 때 「타불」하는 것이다. 한숨이라도 남아 있으면 한번 염불을 하게 되며 오래오래 지속하다 보면 행주좌와에 한 마디 아미타불이 끊이지 않게 된다. 이것이 정진이다.

(5) 고덕의 추정염불법[218]

추(追)는 쫓아가서 버리지 않는다는 말이고, 정(頂)은 머리에 닿아 끊어지지 않는다는 말인데, 곧 염불의 앞 구 나무아미타불의 끝 자(불)를 바야흐로, 급하게 뒤의 한 구 나무아미타불의 앞 자(나)가 쫓아서 잇는 것으로, 비유하자면 나무를 뚫어(마찰시켜) 불을 취하는 것과 같아[219], 조금도 멈추게 할 수 없다. 또 음악을 연주하는 것과 같아, 반드시 하나씩 하나씩 박자를 따르고, 빠뜨리게 할 수 없다. 이 방법은 경 중에서 말씀하신 것이 아니고, 곧 고덕(古德)의 경험상의 방법이다.

(6) 자운참주 십념법[220]

① 새벽에 세수와 양치질을 한다.

---

217) 불력수행, 211쪽
218) 佛學問答類編 – 淨土第十二, 문답 제420조
219) '옛날에 구멍이 생길 때까지 나무를 마찰시켜 불을 일으키는 것'을 말씀하는 것으로 보임
220) 화두 놓고 염불하세, 123, 127쪽. 정토혹문, 130쪽. 자운참주에 관하여는 죽창수필, 제187쪽 각주 참조. 정공법사님께서도 바쁜 사람들을 위해 이 염불법을 추천하신다(불설대승무량수장엄청정평등각경친문기, 269쪽).

② 불상이 있으면 세 번 예배를 드린다.

③ 몸을 단정히 하고 공경스럽게 합장한다.

④ 한 호흡이 다하는 동안 〔할 수 있는 만큼〕 염불을 수회 반복하며, 이때 염불의 횟수는 따지지 않는다. 이러한 방식으로 열 호흡을 하면서 염불하고, 더 이상 하지 않는다.

⑤ 소정토문[221] 또는 4구 게송[222]을 염송한다.

⑥ 부처님께 3번 예배드린다.

매우 바쁜 사람일지라도 매일 새벽이나 아침에 반드시 십념을 하여 오랫동안 쌓아 가면 공이 성취되고, 또한 헛되게 세월을 지내지 않게 된다.[223]

(7) 정공법사의 구회염불법[224]

정공법사님의 구회염불법(가칭)은, 한 호흡에 (나무)아미타불 십념을 하는 것이다. 기상 후 1번과 취침 전 1번 총 2번, 세 끼 식사 전 각 1번 총 3번, 오전 일 시작 전 1번 끝마치고 1번 총 2번, 오후 일 시작 전 1번 끝마치고 1번 총 2번으로 모두 9번 한다.

염불하고서 회향하는 것은 소홀히 해서는 안 된다. 회향은 곧 믿음과 발원을 입으로 나타내는 것이다. 그러나 회향은 단지 밤의 공

---

221) 소정토문에 대하여는 이 책 【부록】 7항을 참조하라.
222) 원생서방정토중(願生西方淨土中), 구품연화위부모(九品蓮花爲父母), 화개견불오무생(花開見佛悟無生), 불퇴보살위반려(不退菩薩爲伴侶)
223) 정토혹문, 127쪽
224) 정공큰스님 정토법문 제39강 (유튜브)

과(夜課)를 마치거나 낮에 염불과 송경(誦經)225)을 마친 후에 행해
야 한다. 염불은 마땅히 아침부터 저녁까지 끊이지 않아야 한다. 그
마음속에 왕생을 원하는 발원이 있으면, 곧 항상 회향하는 것이 된
다. 〔자운참주의〕 소정토문을 사용하거나 연지대사께서 새로 정한
정토문을 사용한다. 매일 공과(功課)에서 회향하는 것은, 하나하나
마땅히 법계중생에게 돌려야 한다.226)

---

225) =경전독송
226) 印光大師嘉言錄(출전: 淨空老法師專集網), 32쪽

제 9 장   염불과보

1. 극락왕생

(1) 연화화생

정토법문에서는 염불이 인(因)이고 서방에 태어나 성불하는 것이 과(果)이다. 문수·보현·선재가 서방극락세계에 왕생하기를 서원하는 것도 부처님의 이 말을 믿었기 때문이다.[227]

믿음과 발원이 진실하고 간절하고, 염불하는 힘이 정순하면, 즉 염불이 지극하여 감정이 잊혀지면, 마음이 텅 비고 부처가 나타난다. 다시 말하면 현생에 곧 삼매를 친히 증득하고 역시 성인의 과위를 증득할 수 있다. 보살의 지위에 들어가, 불퇴전지를 증득한다. 임종시에 바로 상상품에 오른다. 설사 근기가 보잘 것 없어 이와 같이 할 수 없더라도 단지 지극한 마음으로 염불하면 즉 마음과 부처가 서로 계합하고(心佛相契), 감응도교(感應道交)하여, 임종시에 반드시 부처님의 자비력으로 접인을 받아 업을 가지고 왕생한다. 설사 아래

---

227) 印光大師嘉言錄(출전: 淨空老法師專集網), 47, 120쪽. 불설아미타경요해강기, 76, 291, 440쪽. 불교바로알기, 115쪽. 왕생집, 185, 326쪽

로 오역십악죄를 지은 사람도 임종 때 지옥의 모습이 나타나더라도 심식이 미혹되지 않고, 선지식이 가르쳐준 염불로, 그 사람이 두려운 마음을 내지 않고 크게 부끄러워하고 참회(愧悔)하면서, 비록 염불을 몇 차례만 하더라도 아미타불의 자비력에 의지하여 아미타불 화신의 접인받아 왕생할 수 있다. 일단 서방에 왕생을 하게 되면 영원히 윤회를 벗어나고 고귀하게 연지해회(극락)에 참여하여 부처님을 뵙고 설법을 듣는데, 점차 수행에 나아가, 비록 느리거나 빠르거나는 같지 않지만, 고귀한 성인의 무리(聖流)가 되어 영원히 불퇴전의 지위에 올라 여러 보살의 과위를 증득하고, 반드시 불과(佛果)를 증득한다.[228]

염불하는 사람은 때가 된 것을 미리 안다. 이것은 사바의 인연이 다하고 정토의 인연이 성숙되어 자연히 성스러운 경계가 나타나기 때문이다.[229] 염불이 공부성편에 이르면, 미리 왕생할 시기를 알고, 병 없이 왕생하게 된다. 그 시기를 아는 것은 임종하기 3개월 전부터 3일 전까지 다양하다. 염불이 공부성편에 이르기만 하면 틀림없이 왕생한다.[230]

오직 극락정토만이 범부의 신분으로 왕생할 수 있는데, 이것은 일찍이 아마티불께서 접인의 대원을 발하였기 때문이다. 어떤 중생들도 믿음과 원력이 있어서 극락세계에 태어나기를 원한다면 임종시에

---

228) 印光大師嘉言錄(출전: 淨空老法師專集網), 31, 61, 101쪽
229) 왕생집, 119쪽
230) 文摘恭錄一2012淨土大經科註 (第四六五集) 2013.10.7 香港佛陀教育協會
　　　檔名 : 02-040-0465. 불설아미타경요해강기, 81쪽. 불력수행, 46~47쪽

아미타불께서 반드시 직접 연꽃을 들고 마중 나올 것이다. 접인의
대원은 오직 아미타불께만 있고, 다른 부처님들께는 없다. 따라서
아미타불께서 크신 원력으로 접인을 하므로 중생들은 번뇌를 끊지
않고도 왕생을 할 수 있는 것이다. 부처님께서 직접 나투시어 영접
을 하므로 임종시에 난심위에서 업종자(業種子)가 현행하지 않고
불종자(佛種子)가 현행하므로 마음이 뒤바뀌지 않아 곧 극락정토에
왕생하게 된다.[231]

경에서는 염불하는 사람이 서방에 왕생하는 것은 손가락 한번 튕
기는 짧은 순간이라고 말하였다. 왕생은 살아서 가는 것이지 죽어서
가는 것이 아니다. 부처님께서 데리러 오시는 것을 보고서 〔명종에
이르기 전에〕 부처님을 따라가는 것이다. 정토법문은 당생에 성취하
고 영원히 죽지 않는 당생성불의 법문이고, 불사(不死)의 법문이다.
그래서 지금의 이 업보의 몸(業報身)이 최후의 몸(最後身)이다. 극락
에 태어난 후 다시 이 세계에 와서 중생을 제도하는 몸은 응화신이
다.[232]

부처님의 광명에는 죄를 없애는 공덕이 있고, 무명을 깨뜨려 없애
는 작용이 있다. 염불이 공부성편의 경지에 이르기만 하면, 임종시
아미타불이 접인하러 오실 때, 먼저 부처님의 광명이 임종자를 비추

231) 불력수행, 2016, 비움과 소통, 46쪽
232) 불설대승무량수장엄청정평등각경친문기, 56~57, 251, 369~370, 646,
    685, 691쪽. 佛說阿彌陀經要解講記(출전: 華藏淨宗學會), 82쪽. 불설아미타
    경요해강기, 210, 291, 349쪽. 청정한 찰토에 왕생하기를 구하면(求生淨刹),
    부처님의 무상보리를 향해 나갈 수 있고(趣佛菩提), 이번 생에 불찰토에 왕생
    하여(當生佛刹), 영원히 해탈을 얻을 수 있느니라(永得解脫).

느데, 임종자는 보배향기를 맡기 때문에 업장은 즉시 소멸되고 지혜가 열려 공부가 자연히 배가 되어 사일심불란의 경지에 이른다. 이미 염불하여 사일심의 경지에 이르렀다면, 부처님의 광명이 비추자마자 그 즉시 이일심에 이를 수 있다. 이것은 아미타불 본원위신력의 가피이다. 그러므로 일단 공부성편이라면 일심불란을 염려할 필요가 없다. 단지 성실하게 염불하기만 하면 틀림없이 성취한다. 그러므로 염불이 일심이 되지 않았다고 해서 항상 왕생을 할 수 없다는 생각을 가진다면 이것은 좋지 못한 생각이다. 이것은 바로 자기 자신을 의심하여 스스로 좋은 이익을 잃는 것이다.[233]

중생의 마음은 물과 같고, 아미타불은 달과 같다. 중생이 믿음과 발원을 구족하여, 지성으로 부처님을 감(感)하면, 즉 부처님이 거기에 응(應)하는데, 물이 맑으면 달이 나타나는 것과 같다.[234]

세간에서 정토를 닦는 사람은 몸은 비록 [서방에] 가지 않았지만, 이 마음을 한 번 일으키면 서방에 이미 등록된다. 서방극락세계의 칠보로 이루어진 연못에서 한 송이 연꽃이 생기고, 또한 연꽃에 수행자의 이름이 분명하게 명시되어 있다. 이는 자신이 감응하여 변화하여 나타낸 것이며, 부처님이 만드신 것이 아니다. 생각 생각이 상응(相應)[235]하게 되면, 보배연꽃이 갈수록 더욱 커지고, 빛과 색이

---

233) 불설대승무량수장엄청정평등각경친문기, 58, 103, 305, 404쪽. 불설아미타경요해강기, 62, 373, 416~417쪽. 능엄경 염불원통장 소초대의 강기, 208~209쪽. 불력수행, 53~54쪽

234) 印光大師嘉言錄(출전: 淨空老法師專集網), 22쪽

235) 상응은 서로 응하여 융합하는 일을 말하는데(네이버 국어사전), 마음속에 집착이 없고, 의심이 없는 것을 상응이라 한다.(불설대승무량수장엄청정평등각

갈수록 더욱 좋아지며, 미묘한 인(因)과 미묘한 과(果)는 일심을 떠나지 않는다. 임종시에 아미타부처님께서 이 연꽃을 들고 오시는데, 임종자가 이 연꽃에 앉아 화생(化生)하여야 그때 비로소 숨이 끊어진다. 진심으로 왕생을 구하면, 그 연꽃은 눈이 부실 정도로 광채를 내지만, 만약 그가 게으르면 꽃은 금방 시들어 버리며, 변심하여 다른 법문으로 바꾸어 닦으면, 꽃은 금방 시들어 죽고 만다. 서방세계의 일체 경관은 나지도 않고 사라지지도 않지만, 오직 연꽃의 변화만이 무상(無常)하다.236) 불법을 배운 뒤 가장 큰 병폐가 게으름이다.237)

극락에 왕생할 때 접인하시는 아미타불은 화신이다. 만약 염불하여 이일심의 경지에 이르면, 임종할 때 접인하러 오시는 부처님은 화신이 아니고, 보신이다. 왕생자가 연꽃 속에 있을 때도 아미타불과 제불의 응화신과 문수·보현 등 상선인을 볼 수 있다. 연꽃 속에서 누리는 쾌락은 도리천과 같다. 꽃이 피어 뵙게 되는 부처님은 아미타불의 보신이다. 연꽃 속에 머물 때 팔식이 네 가지 지혜로 바뀐다. 연꽃이 피어 왕생자가 부처님을 뵙고 법을 들으면, 왕생자의 몸은 법신, 보신으로 변한다. 그가 거주하는 곳은 법성토이다. 법성은 불생불멸이고 변화가 없다. 이러한 경계는 초주보살과 같다.238)

경친문기, 93쪽)

236) 불설대승무량수장엄청정평등각경친문기, 362~363쪽. 불설아미타경요해강기, 79, 172, 425~427쪽. 정공큰스님 정토법문 제19강(유튜브)

237) 금강경강의, 575쪽

238) 불설아미타경요해, 159, 336, 373, 431쪽. 정토혹문, 104쪽. 정공큰스님 정토법문 제30강, 제57강(유튜브). 우익대사께서는 '아미타경의 아미타불은 바로〔극락세계〕범성동거토 중의 시생화신(示生化身)이지만, 여전히 곧 보신이

염불하는 사람이 임종 때 부처님의 영접 인도를 받는 것은, 중생과 부처님 사이에 감응도교 때문이다. 물론 이러한 감응이 생각과 마음을 떠나지는 않는다. 그렇다고 단지 생각과 마음이 나타내는 관념이나 환상에 지나지 않을 뿐, 부처님이나 성인이 실제로 와서 영접하는 일은 결코 없다고 말할 수는 없다. 마음이 지옥을 지으면 임종 때 지옥의 모습이 나타나고, 마음이 불국토를 지으면 임종 때 불국토가 나타나기 마련이다. 모습이 마음에 따라 나타난다고 말하는 것은 괜찮지만, 오직 마음상의 관념일 뿐, 실제 그런 경계는 없다고 말하는 것은 안 된다. 오직 마음일 뿐 실제 경계는 없다(唯心無境)는 말은, 모름지기 유심의 도를 크게 깨닫고 원만히 증득한 세존께서 말씀하셔야 허물이 없다. 만약 일반 범부중생이 그런 말을 지껄인다면, 단멸(斷滅)의 지견(知見)에 떨어지게 되고, 여래께서 닦아 증득한 법문을 파괴하는 삿된 이단일 뿐이다.[239]

임종에 부처님을 친견한 사실을, 어떤 사람들은 순전히 관념 속에서 일어난 일일 것이라고 의심한다. 그러나 지금 다른 사람들도 보았다면 어찌하려는가? 감응도교는 불가사의한 것을 알아야 한다. 함부로 단정해서는 안 된다.[240]

《무량수경》과 《관무량수경》에 따르면, 왕생자는 극락의 삼배구품에 왕생하게 된다. 선도대사 이전의 고덕께서는 '상품상생에 이른

고 곧 법신이다.'라고 하신다(출전: 《阿彌陀經要解》CBETA 電子版, 5쪽. 불설아미타경요해강기, 140쪽).

239) 화두 놓고 염불하세, 407쪽
240) 왕생집, 47~48쪽

사람은 사지에서 칠지에 이르는 보살이며, 상중품은 초지에서 사지에 이르는 보살이다.'라고 말씀하셨다.[241] 인광대사님께서는 '믿음과 발원이 진실하고 간절하고, 염불하는 힘이 정순하면, 즉 염불이 지극하여 감정이 잊혀지면, 마음이 텅 비고 부처가 나타난다. 다시 말하면 현생에 곧 삼매를 친히 증득하고 역시 성인의 과위를 증득할 수 있다. 보살의 지위에 들어가, 불퇴전지를 증득한다. 임종시에 바로 상상품에 오른다.'고 하셨다.[242] 원영대사(圓瑛大師)님은 '삼배구품과 관련하여 이일심불란은 상삼품에, 사일심불란은 중삼품(中三品)에, 사일심을 얻지 못한 염불삼매자는 하삼품에 왕생한다.'고 하셨다.[243]

한편 천태종에서 세운 사토(四土)를 전제하면, 사일심불란에 이르러 견사혹이 자연히 이미 떨어진 자는 방편유여토에 왕생한다. 집지명호로 이일심불란에 이르러 활연히 무명의 1품 내지 41품을 타파하면, 실보장엄정토에 태어나고 상적광토를 부분적으로 증득한다. 무명을 끊어 없애면 상상(上上)의 실보장엄토 또는 구경의 상적광토에 태어난다.[244]

그러나 선도대사께서는 관경사첩소(觀經四帖疏)에서 '여래께서 관무량수경의 16관법을 선설한 것은 오직 항상 고해에 빠져 있는 중생을 위한 것이지, 대소승 성자의 일과는 상관없다.'고 말씀하셨다. 또

---

241) 《阿彌陀經要解》CBETA 電子版, 2~3쪽
242) 印光大師嘉言錄(출전: 淨空老法師專集網), 31, 61, 101쪽
243) 圓瑛大師, 大佛頂首楞嚴經講義, 卯七 勢至根大, 辰初 陳白古佛授法
244) 《阿彌陀經要解》CBETA 電子版, 2~3쪽

'오탁악세의 범부는 간신히 선한 인연을 만났다는 차이가 있음으로 구품의 차별이 있게 되었다'고 하셨고,[245] 또 '상삼품은 마음이 큰 범부가 왕생하는 세계이고, 중삼품은 세간에서 선을 닦은 범부가 왕생하는 세계이며, 하삼품은 악을 지은 범부가 왕생하는 세계이다.'고 하셨다.[246] 정공법사께서는 '이른바 극락의 범성동거토와 방편유여토의 삼배구품은 우리 세간 사람들을 수순해서 분별·집착을 대치해서 설한 것이다. 극락은 모두 평등한 세계이고 실보장엄토이다. 실보장엄토가 진짜이고, 범성동거토와 방편유여토는 이름만 있고 실제로는 없다.'고 하신다.[247]

〔위와 같이 삼배구품에 관련하여 여러 견해가 있지만, 우리는 무량수경과 관무량수경에 나오는 말씀대로 이해하면 될 것이다.〕

부처님의 접인을 받아 왕생하면, 바로 극락의 구품(九品)에 올라가고, 영원히 윤회를 벗어난다. 이미 극락정토에 태어나면, 단번에 무생법인을 깨닫는다. 이때 세간의 부귀를 돌아보면, 불꽃이나 허공의 꽃(空華)이고, 바로 감옥이나 독의 바다(毒海)와 같을 따름이다.[248]

(2) 불퇴전지

시방세계의 보살은 무량한 겁 동안 수행을 거쳤으며, 매우 힘들게

---

245) 불설대승무량수장엄청정평등각경친문기, 115~116쪽
246) 불설아미타경요해강기, 440쪽
247) 정공큰스님 정토법문 제56강(유튜브)
248) 印光大師嘉言錄(출전: 淨空老法師專集網), 14, 24쪽.

수행을 하였지만, 오히려 아미타불의 몇 분의 몇에 해당되는 성취도 가질 수 없다. 무량수경을 읽어보면, 왕생자의 신체, 모습, 갖가지 수용, 신통도력은 모두 아미타불과 같다. 정보도 같고 의보도 같다. 아미타부처님의 자마진금 빛깔의 모습과 용모와 같아서 또한 32상의 대장부의 모습을 갖추게 되며, 모든 미묘한 색신은 용모가 단정하고 엄숙하고, 복덕이 무량하고, 지혜가 또렷하며, 신통이 자재한데, 이는 바로 팔지보살의 권능을 갖는 것이고 삼명육통249)을 얻는 것이다.250)

서방에는 단지 한번 가기만 하면 아미타부처님의 본원공덕과 위신력의 가지로 설사 범성동거토 태어나더라도 위불퇴를 증득하는데, 동시에 삼불퇴를 원만하게 증득할 수 있다. 불설아미타경요해에 이르길, 비록 오역죄와 십악을 지었더라도 십념을 성취한다면 업을 지닌 채 극락세계에 왕생하여 하하품에 거처하더라도 모두 다 삼불퇴를 증득하게 된다고 하였다. 즉 이러한 능력은 스스로 닦은 것이 아니라, 아미타부처님의 본원으로 가지(加持)하여 불퇴전의 보살이 되

---

249) =육신통

250) 불설대승무량수장엄청정평등각경친문기, 38, 82, 93, 103~104, 118, 240, 256~260, 274, 288, 345, 360, 371~373, 375, 399, 427, 434, 444, 448, 449, 450, 456, 460~461, 482, 547, 608~609, 629, 678, 714쪽. 불설아미타경요해강기, 86, 131, 181~182, 279, 304, 310, 363, 373, 380~381쪽. 정공법사님은 간혹 왕생자가 극락세계에서 누리는 수용(受用)이 칠지보살 또는 팔지보살 또는 법운지 또는 등각보살과 같다는 말씀도 하신다(불설대승무량수장엄청정평등각경친문기, 240, 288쪽. 불설아미타경요해강기, 311쪽 등). 또 삼불퇴를 원만하게 증득하는 것이 칠지 보다 높은 지위에 오른 것이다라고도 하신다(불설대승무량수장엄청정평등각경친문기, 434쪽).

는 것인데, 다른 세계에서는 오직 적어도 팔지보살이라야 이러한 자격을 갖춘다. 서방에 태어나면 즉시 원만하게 삼불퇴를 증득하게 된다. 극락세계에서 삼불퇴가 원만한 경지에 이르면 등각보살이고, 이는 일생에 성불한다는 말이다.[251]

극락의 중생들은 수명이 무량하다. 서방세계에 도달한 후에는 신체가 견고하고 힘이 강하여, 몸은 금강불괴신(金剛不壞身)이다. 일체 중생은 서방에 가면 누구나 모두 원만하게 육신통을 구족한다.[252]

왕생한 이후에는 사바세계로 다시 돌아와 널리 일체중생을 제도해야 한다.[253] 서방극락세계 사람들은 누구나 할 것 없이 화신을 나타낼 수 있는 능력을 가지고 있고, 모두 팔방·상하와 과거·미래·현재의 일을 꿰뚫어 훤히 볼 수 있어 진허공·변법계를 다 볼 수 있고, 철저하게 막힘없이 다 들을 수 있다. 우리들이 마음을 일으키고 생각을 움직이는 것을 서방극락 사람들은 모두 알고 있다. 이들은 세세생생 만난 육친과 권속, 원가채주들까지도 천도시킬 능력을 얻는다. 수없이 많은 중생이 영원히 고통에서 벗어나기 위해 우리의 도움을 기다리고 있다. 중생을 도탈시키는 것은 모름지기 자기가 보

251) 불설대승무량수장엄청정평등각경친문기, 82, 93, 103~104, 118, 240, 256~260, 274, 288, 345, 360, 371~373, 375, 399, 427, 434, 444, 448, 449, 450, 456, 460~461, 482, 547, 608~609, 629, 678, 714쪽. 불설아미타경요해강기, 86, 131, 181~182, 279, 304, 310, 363, 373쪽
252) 佛說大乘無量壽莊嚴淸淨平等覺經親聞記(출전: 般若文海), 發大誓願 第六. 불설대승무량수장엄청정평등각경친문기, 57, 124쪽. 불설아미타경요해강기, 183쪽
253) 印光大師嘉言錄(출전: 淨空老法師專集網), 85쪽

살이어야 비로소 가능하다. 서방극락에 왕생하여 아미타부처님과 만나기만 하면 불력의 가지를 얻어, 신통력이 광대하여 찾는 사람이 있으면 생각에 응하여 눈앞에 나타난다. 그러므로 누군가를 만나고 싶거나, 또는 시방세계에 사는 어떤 중생을 만나고 싶다고 생각하기만 하면, 그 생각에 응해서 즉시 눈앞에 나타난다. 즉시 다시 사바세계로 돌아와 일체 유정을 교화할 수 있고, 오고 감이 자재하여 다시는 과거생의 기억을 잊는 격음지미가 있을 수 없다. 서방극락 사람들은 [중생제도의] 원(願)을 타고서 [다른 세계 중생을 제도하기 위해] 화신으로 가는 것이다.[254]

2. 현생의 이익

염불의 중점은 극락왕생에 있지만, 염불이 지극하면 역시 명심견성도 가능하니, 현세에 이익이 없는 것이 아니다. 생전에 염불삼매를 증득하면 이미 성인의 경지에 들어가게 된다. 또 염불은 복과 지혜를 자연히 늘어나게 한다. 무엇을 구하든지 바로 한 마디 부처님 명호이면 정말로 효과가 있다. 온갖 잡된 마음으로 염불하면 공덕이 없기는 하지만, 세간의 과보를 얻는다.[255]

---

254) 印光大師嘉言錄(출전: 淨空老法師專集網), 139쪽. 불설대승무량수장엄청정평등각경친문기, 82, 93, 103~104, 118, 240, 256~260, 274, 284~286, 288, 345, 360, 371~373, 375, 399, 427, 434, 444, 448, 449, 450, 456, 460~461, 482, 547, 608~609, 629, 678, 714쪽. 불설아미타경요해강기, 86, 131, 181~182, 279, 304, 310, 363, 373쪽. 불교바로알기, 100쪽

255) 印光大師嘉言錄(출전: 淨空老法師專集網), 115쪽. 화두 놓고 염불하세, 114

일체의 외부 경계와 인연이 모두 숙세의 업장으로 초래되는 현상임을 마땅히 알아야 한다. 우리의 업장을 소멸하는 방법은 매우 많다. 대승경전에서 말하는 여러 법문과 수지는 업장을 소멸하도록 도와주지 않는 것은 하나도 없다. 선정은 업을 없앨 수 있고, 인욕은 업을 녹일 수 있다. 그 중에서도 보리심을 발하여 일심으로 아미타불을 염하는 것이 악업을 진정으로 참회하고, 업장을 바로 소멸시키는 가장 효과적이 방법이다. 자운 관정(慈雲 灌頂)대사는 '아미타불 한 구절은 모든 경전과 다라니, 혹은 여러 가지 참법(懺法)이 소멸시키지 못하는 업장을 소멸시킨다.'고 하였다. 왜냐하면 〔아미타불〕 부처님 명호는 단지 네 글자〔나무아미타불은 여섯 자〕에 지나지 않아 매우 짧아 마음에 망상을 하기가 쉽지 않기 때문이다. 아미타불 명호를 전일하게 집지하여 부르는 까닭에 온갖 죄가 다 소멸되는데, 이는 바로 선근 복덕의 인연이다.[256]

세상 사람들은 반평생 동안 악을 지어놓고, 나중에 회개를 하지만, 악보(惡報)가 아예 없을 수가 없는데, 바로 불법이 영험하지 않고, 수지(修持)가 무익하다고 한다. 만약 전생이나 지난날에 이미 큰 업을 지었다면, 지금 비록 악을 그치더라도, 뭇 선(善)을 닦을 능력이 부족한데다가 그럭저럭 염불이나 한다면, 공(功)이 과(過)에 필적하지 못하여, 반드시 악보를 면하기가 어렵거나 만나게 된다. 비록

쪽. 불설대승무량수장엄청정평등각경친문기, 58, 251, 306, 321쪽. 불설아미타경요해강기, 419, 443쪽
256) 화두 놓고 염불하세, 157쪽. 불설대승무량수장엄청정평등각경친문기, 58, 133, 255, 276, 306, 320~321, 599쪽. 불설아미타경요해강기, 286쪽. 불교바로알기, 202, 206, 209쪽

염불이 숙업(宿業)257)을 감소시킬 수는 있으나, 모름지기 크게 참회하고 부끄러워하는 마음과 크게 두려워하는 마음을 내어, 중생이 다른 사람에게 손해를 주면서 자기를 이롭게 하는 마음을 전환하여, 보살의 널리 중생을 이롭게 하는 행을 해야 한다. 그러면 과거의 업이나 현재의 업이나 모두 이 대보리심 속의 부처님 명호의 광명으로 깨끗이 소멸하여 없앨 수 있다.258)

정토법문을 열심히 수행하다 보면, 현생에 우선 당장 남들로부터 비웃음이나 손가락질을 당하기도 하고, 더러는 뜻밖의 질병을 얻기도 하며, 또는 가난하고 어려운 처지에 놓이는 등, 갖가지 안 좋은 일들이 생기게 된다. 그러한 재난과 시련으로 말미암아, 먼저 지었던 죄악으로 지옥에 떨어져 영원히 받아야 할 고통이 액땜이 되어 사라지고, 나아가 평범한 생사윤회에서 벗어나 성현의 경지에 들 수 있다.259)

세상 사람들은 조그만 재앙을 만나도 하늘을 원망하지 않으면 곧 다른 사람을 원망하고, 빚 갚을 생각을 하거나 죄를 뉘우치는 마음을 내는 자는 절대 없다. 절대로 하늘을 원망하거나 다른 사람을 원망하지 말아야 한다.260)

《십왕생경》에서 이르길, '만약 어떤 중생이 아미타불을 염하며 왕

---

257) 과거의 업
258) 印光大師嘉言錄(출전: 淨空老法師專集網), 141쪽
259) 화두 놓고 염불하세, 252쪽
260) 印光大師嘉言錄(출전: 淨空老法師專集網), 83쪽

생하길 원한다면, 아미타부처님께서 즉시 25분의 보살을 보내어 염불행자를 옹호하며, 언제 어디서나 악귀와 악신이 그 기회를 얻지 못하게 할 것이다.'라고 하셨다. 《아미타경》에서는 '선남자 선여인이 이 경을 수지(受持)[261]하고 제불의 명호를 듣는다면, 이 모든 선남자 선여인은 모두 일체제불의 호념을 받을 것이니라.'고 하였다. 시방의 제불께서 호념하시는데, 호법신들이 어떻게 당신을 감싸고 지키지 않을 수 있겠는가. 진정으로 서방극락에 왕생하기를 구하는 사람은 그 몸에서 발하는 광명이 주변 40리 범위 내 마귀와 요괴가 감히 범접하지 못하게 하고, 오히려 존중하는 마음을 일으키는데, 이는 진실이다. 염불하는 사람에 대해서는 마군이 어찌할 방법이 없다.[262]

만약 평소에 미리 경건하고 지성스럽게 아미타불과 관세음보살을 염하면, 드러나지 않는 중에 은근히 환난이 전환되어 바뀌거나 떠나 큰 위험에는 이르지 않게 된다. 지성으로 아미타불께 예배하고 염하는 것이 호신부(護身符)이다. 사회에서 염불하는 사람이 많아지면, 염불하는 사람들의 힘으로 많은 재난들을 피할 수 있다.[263]

---

261) 수지(受持)란 불법을 진정으로 이해하고, 그것을 증득할 수 있는 단계에 이르렀을 때에야 영수(領受)하는 바가 있는 것이다. 도리상으로만 영수(領受)하는 것은 쓸모가 없다. 진정으로 불법을 이해하고, 몸과 마음으로 감수(感受)가 있고 전변(轉變)이 있을 때 비로소 받아들임(受)이 있다고 할 수 있다. 그러나 단지 받아들임(受)만으로는 불충분하다. 영원히 그 상황, 그 경계를 유지(保持)해야 한다. 이것이 수지(受持)이다(金剛經什麼 第十一品, 240쪽).

262) 불설대승무량수장엄청정평등각경친문기, 53, 267, 682쪽. 불설아미타경요해강기, 345쪽

263) 印光大師嘉言錄(출전: 淨空老法師專集網), 62, 86, 141쪽. 불설대승무량수장엄청정평등각경친문기, 39쪽

3. 성불의 종자

정토종에서는 제6식 의식을 써서 하루 종일 서방극락세계의 의정장엄을 생각하고, 아미타불을 생각하는데, 이것이 바로 정사유(正思惟)이다. 아미타불 한 구절이 신식(아뢰야식)에 배이면, 영원히 도의 종자가 된다. 비유하자면 독을 바른 북소리를 들으면 멀고 가까운 이가 모두 죽고, 작은 금강조각을 먹으면 결코 소화시킬 수 없는 것과 같다. 즉 부처님 명호의 금강종자가 심어지는 것이다. 일체 물질로 금강을 파괴할 수 없는 것처럼 아뢰야식의 밭에 부처님 명호가 뿌려지면 일체 힘으로 이를 파괴할 수 없다. 심지어 무량겁이 지난 후 인연을 만나면 그 역시 왕생할 수 있다. 주문과 독경도 그렇다.[264]

독을 바른 북소리는 듣는 사람을 죽일 수 있다는 뜻을 빌어《열반경》에서 말한 불성(佛性)이나 상주(常住)의 소리는 중생의 오역이나 십악을 죽여 불법에 들어갈 수 있게 함을 비유한 말이다.[265] 또《관불삼매경》에서, '가난뱅이가 왕자의 금병을 훔쳤는데, 다들 그를 추적하자 나무 위로 올라갔다. 뒤쫓던 자가 나무를 넘어뜨리자 떨어지면서 그 금병을 삼켜버렸다. 그는 떨어져 죽어 신체는 썩었지만, 금병은 여전히 방광하고 있었다. 부처님께서는 아난에게 염불에 머무는 자의 심인(心印)[266]은 무너지지 않나니, 또한 이와 같느니라.'고

---

264) 印光大師嘉言錄(출전: 淨空老法師專集網), 121쪽. 의심 끊고 염불하세, 197쪽 각주. 불설대승무량수장엄청정평등각경친문기, 39, 268, 596쪽. 불설아미타경요해강기, 221, 409쪽. 금강경강의, 446쪽. 죽창수필, 87쪽
265) 왕생집, 114쪽 각주

하셨다.[267] 《법화경》에서는, 한 노인이 무량겁 전에 호랑이에게 쫓겨 나무 위에 올라가 '나무불' 한 마디 부른 인연으로 금생에 부처님을 만났다고 말씀하신다.[268]

본인이 염불하려고 하지 않은 경우에도, 그 사람에게 염불소리를 듣게 해 주기만 하면 역시 착한 뿌리를 심게 된다. 〔예를 들면 어린 자녀가 잠이 들었을 때 작은 소리로 염불을 재생해 놓을 수 있다.〕 오랫동안 계속해서 염불을 들으면 그 공덕은 정말 커진다.[269]

4. 기도성취

염불〔수행〕하는 시간에는 모든 것을 내려놓고 한마음으로 아미타불과 서방을 향한다. 염불〔수행〕을 완료한 후 다시 묵묵히 자신의 마음속 별도의 발원을 기도할 수 있다. 당신이 발원한 것은 모두 구할 수 있다. 당신이 재물을 구하면 가능하고, 자식을 구하면 가능하고, 처를 구하면 가능하고, 당신이 연인을 구하면 가능하여, 일체 모

266) 심인은 마음의 도장 또는 마음의 인가(印可), 인정(印定)의 뜻으로 풀이될 수 있다. 선(禪)의 본래 뜻은 말이나 글로 다 표현될 수 없기 때문에, 흔히 '문자를 세우지 않고(不立文字) 단지 마음의 도장만 전하여(單傳心印), 사람의 마음을 곧장 가르켜(直指人心), 성품을 보고 부처를 이룬다(見性成佛).'고 말한다. 마음은 부처님 마음(佛心)이고, 도장(印)은 도장을 찍어 허가나 결정을 권위 있게 확인해 준다는 뜻이다. 부처님 법의 진실한 본체를 여실히 깨달았음을 마음의 도장으로 인가 또는 인정해 주는 이심전심(以心傳心)의 전법(傳法)전통이다. (의심 끊고 염불하세, 75쪽 각주 참조)
267) 정토오경일론, 36~37쪽
268) 불설아미타경요해강기, 356쪽
269) 의심 끊고 염불하세(인광대사 편지설법), 295쪽

두를 구할 수 있다. 당신은 구하는 것이 허락되지만, 단 애절한 기도를 해야 한다. 그러나 불보살은 선업과 선행은 도와주시지만, 탐심을 증장시키는 일은 절대로 도와주지 않으신다.[270]

소원을 이루는 것은 여러 가지 선업을 짓는데 달려 있다. 재난과 고통에 신음하는 이를 구하고, 살생을 금하고 죽어가는 생명을 살려주는 등 갖가지 음덕과 여러 가지 방편으로 힘써 행하면, 좋은 공덕이 감응하여 반드시 상서가 내릴 것이다. 이렇게 하고서도 소원을 이루지 못하면, 천명(天命)에 돌린다거나 과거의 인연(宿緣)에 맡기고, 원망하거나 탓하지 말고, 더욱더 선행을 행하여 결코 물러서거나 후회해서는 안 된다.[271]

---

270) 불설대승무량수장엄청정평등각경친문기, 324쪽. 정수첩요보은담, 472~474
   쪽. 佛學問答類編 - 淨土第十二, 문답 394조
271) 죽창수필, 591쪽

제10장   염불자세

1. 평소

인간의 수명이 설령 백년이라고 해도, 눈 깜박할 사이에 금방 지나가 버린다. 그러니 아직 숨결이 붙어 있을 때, 벗어날 길을 한시바삐 찾아야 한다. 그렇지 않으면 임종에 후회해도 이미 때는 늦을 것이다.[272] 진실로 정신이 진귀하고 소중한 줄 안다면, 쓸데없이 낭비하지 않고 생각 생각에 부처님 명호를 붙잡아 지닐 것이다. 또 시간이 아깝고 애착스러운 줄 안다면, 허송세월하지 않고 시시각각으로 정토법문을 갈고 닦아 익힐 것이다.[273]

범부들의 수행은 '하루 따뜻하고(一日曝之) 열흘 춥다(十日寒之)'
<small>일일폭지</small> <small>십일한지</small>
는 말처럼 끈기가 없다.[274] 옛말에 '젊어서 노력하지 않으면, 늙어서 상심하게 된다.'고 하였다. 이 시기를 허송세월하면 나중에 노력한다고 해도 역시 성취하기가 어렵다. 이 나이가 지나가면 기억력이 감퇴하고, 배움도 죄다 힘은 더 들고 효과는 적다.[275] 각명묘행보살

---

272) 화두 놓고 염불하세, 115쪽
273) 의심 끊고 염불하세(철오선사어록), 107쪽
274) 화두 놓고 염불하세, 168쪽. 불교바로알기, 223쪽

은 〈서방확지(西方確指)〉에서, '한 마디 말은 적게 하고 한 마디 부처님 명호는 많이 염하라. 생각(念頭)을 죽이면 너의 법신이 살아나리라.'고 하였다.[276]

영명대사께서 말씀하시길, '모름지기 일심으로 귀명하여 모두 정수(精修)하는데 바쳐야 한다. 앉고 눕는 때에도 얼굴을 서쪽을 향하고, 반드시 행도하고 예경하는 때에도 그리고 염불하고 발원하는 때에도 간절하게 정성을 다하여 일체의 다른 생각이 없이 하기를 마치 형장에 나아가서 죽으려는 때처럼 해야 하고, 원적(怨賊)이 뒤쫓아 오는 때처럼 해야 하며, 물과 불이 다가오는 때처럼 해야 한다.'고 하셨다.[277]

염불하였으나 끝내 득력하지 못하고 또한 공부가 한 덩어리가 되지 못한 그 유일한 원인은 바로 마음이 청정하지 않아서 탐애(貪愛)하는 마음이 있고 염착(染着)하는 마음이 있기 때문인데, 구체적으로 말하면 세상의 인연을 내려놓지 못하고, 정을 포기하지 못해 세상의 일에 얽매이는 것이다. 즉 세간의 명예와 이익을 내려놓지 못하고, 자신의 가족과 재산과 사업에 연연해하고 아쉬워하며 차마 버리지 못하여, 갖가지 애착이 자신의 몸과 마음을 장애하기 때문이다. 이렇게 망념이 끊어지지 않는 이유는 복덕이 부족하기 때문이다. 이것들은 모두 왕생에 장애가 되는 것들로 깨끗이 버려야 한다.

---

275) 印光大師嘉言錄(출전: 淨空老法師專集網), 149쪽
276) 능엄경 염불원통장 소초대의 강기, 91쪽. 생각＝망상
277) 정토혹문, 136쪽

욕망은 만족되는 법이 없는데, 사람들은 목숨을 걸고 만족스럽기를 갈구한다. 세상의 인연을 내려놓아야 할 뿐만 아니라 법연(法緣)도 내려놓아야 한다.278)

진실을 말하자면, 정토를 닦으면 왕생할 수 있지만, 선(禪)을 닦고, 교법을 배우고, 지관을 배우고, 밀(密)을 배워 성취하기는 매우 어렵다.279) 일체의 분수에 맞지 않는 망상과 생사해탈을 할 수 없는 모든 법문은 스스로 행할 수가 없는데, 결정코 생사를 마칠 수 있는 이 정토법문을 소홀히 하여 닦지 않는다.280)

우리들은 평상시에 아미타부처님을 친견하지 못하는 것이 오히려 좋다. 만약 아미타부처님을 친견하게 되면 틀림없이 크게 놀라고 기뻐서 오히려 마음이 동요될 수 있으며, 심지어는 교만한 마음을 내어 다른 수행자를 업신여길 수도 있다. 설사 장래에 부처님이나 서방극락세계를 보게 되더라도, 조사들과 마찬가지로 문제 삼을 필요가 없고, 또한 일체 경계가 나타나더라도 집착하지 않아야 한다. 마찬가지로 일체 마구니 경계가 앞에 나타날지라도 성냄을 일으키지 말아야 한다. 또한 선정의 마음을 잃지 말고 그 영향을 받지 않은 채 의연하게 한 마디 부처님 명호를 불러야 한다.281)

---

278) 불설대승무량수장엄청정평등각경친문기, 87, 100, 491, 502, 693쪽. 불설아미타경요해강기, 194, 313, 322쪽. 불교바로알기, 62쪽
279) 불설대승무량수장엄청정평등각경친문기, 117, 322쪽. 불설아미타경요해강기, 368쪽
280) 印光大師嘉言錄(출전: 淨空老法師專集網), 62쪽
281) 의심 끊고 염불하세(철오선사어록), 201쪽. 화두 놓고 염불하세, 180~181, 188쪽. 불설대승무량수장엄청정평등각경친문기, 297, 598쪽. 능엄경 염불원통장 소초대의 강기, 82~83쪽

설사 부처님을 볼 수 있을지라도, 또한 마땅히 보아도 마치 보지 않은 것처럼 해야 비로소 정도(正道)라 할 수 있다. 꿈에 부처님께서 설법하시거나, 수기를 주시거나, 관정을 하시거나 하는 것들은 모두 좋은 상서로운 일이다. 그러나 이를 구해서는 안 된다. 구하게 되면 행여 마군이 기회를 얻을지도 모른다. 평상시에 이러한 꿈을 꾸었어도 말하지 말아야 한다. 부처님 상호를 친견하여도 남에게 말해서는 안 된다.〔금강경 등에서 말씀하시기를,〕'무릇 상이 있는 것은 모두 허망하니라'하였다. 염불하는 마음이 조급해도 마구니에 홀릴 수 있다.[282]

마장이 오는 것은 세세생생 지은 악업이 무량하고 무변하여, 중생과 맺은 원수가 많기 때문이며, 때가 되면 침해한다. 부처님께서 세상에 계실 때 역시 많은 마장이 있었다. 불법을 배운다고 해서 일이 늘 순조롭게 진행되는 것은 결코 아니다. 현재 세간에는 요괴나 마귀가 어느 곳에나 있으므로, 반드시 원수를 항복시키고 일체 난관을 극복할 수 있는 선정과 지혜가 있어야 하고, 반드시 삼보의 가지에 의지해야 한다.[283] 염불하는 사람에 대하여는 마군 역시 어찌할 방법이 없다.[284]

그러나 우익대사님께서는 불설아미타경요해에서, '임종할 때 나

---

282) 印光大師嘉言錄(출전: 淨空老法師專集網), 115쪽. 불설대승무량수장엄청정평등각경친문기, 406, 426, 580, 598쪽. 정수첩요보은담 103쪽
283) 불설대승무량수장엄청정평등각경친문기, 196, 293쪽. 불설아미타경요해강기, 400쪽
284) 불설아미타경요해강기, 345쪽

타나는 부처님이 마군이 아닌가 걱정할 수도 있는데, 염불하여 부처를 보는 것은 이미 자신의 발원과 상응(부합)한 것이며, 또 임종할 때는 마군을 만드는 때가 아니니 걱정할 것이 없다.'고 하셨다. 염불하여 부처님을 뵙는 것은 상응이며, 임종할 때 부처님이 접인하러 오시는 것은 부처님의 본원이다.[285]

마음이 두근거리며 악몽을 자주 꾸는 것은, 숙세의 악업이 나타나는 조짐이다. 현재 나타나는 경계는 바로 선과 악이 엄연히 존재할지라도, 선과 악을 바꾸는 일은 바로 자기에게 달려 있다. 악업이 나타날 때 일심으로 염불에 몰두하면, 악한 인연도 선한 인연으로 전환된다. 그러면 결국 숙세의 악업도 도리어 금생의 나를 인도하는 스승이 된다.[286]

인광대사는 염불할 때 망념이 그 사이에 끼는 것은 바로 정상적인 현상이므로, 걱정할 필요가 없다고 하셨다. 염불할 때, 맨 처음 단계에서 잡념 망상이 나타나는 것처럼 느껴지는 것은, 마음속에 파묻혀 숨어 있던 잡념 망상이 바로 염불하는 힘 때문에 비로소 고개를 쳐드는 것이다. 염불하지 않으면 나타날 리가 없다. 그러나 오래 염불하면 이러한 잡념과 망상이 저절로 사라지고, 마음이 저절로 청정해진다.[287]

우리들은 범부이며, 시작이 없는 겁 이래로 익혀온 습기가 여전히

---

285) 불설아미타경요해강기, 344~345쪽
286) 화두 놓고 염불하세, 193쪽
287) 화두 놓고 염불하세, 139쪽. 불설아미타경요해강기, 205쪽

끊어지지 않아 망념과 악한 생각이 수시로 일어날 수 있으며, 어느 때에는 전혀 억제할 수 없기도 하다. 그 순간 바로 염불하면 악한 생각이 계속되지 않을 수 있다. 불경을 숙독하여 마음속에 기억하면 경계가 앞에 나타났을 때 부처님의 가르침이 저절로 생각난다.[288]

　제불은 팔고로 스승을 삼아(八苦爲師), 무상도를 이루었으니, 고통이 바로 성불의 근본이다. 괴로움을 스승으로 삼으면 세간에 대해 털끝만큼의 미련도 없다. 이것을 두고 불가에서는 팔풍이 불어와도 움직이지 않는다(八風吹不動)고 말한다. 우리는 고생스러운 생활 속에 처해질 때 종종 도를 구하고자 하는 열망이 일어나고, 이 세간을 초월하겠다는 굳건한 의지가 생긴다. 그래서 고생하는 것은 좋은 것이다. 만약 고생을 견디어 낼 수 없다면, 도업을 성취하기가 어렵다. 이 한 생에 오로지 일심으로 수학하여 불법을 널리 선양할 뿐이지, 건강과 생활 등은 염려할 필요가 없다. 모든 일은 불보살께서 안배해 줄 것이다. 설사 찢어지게 가난하다 해도 괜찮으며, 어찌 되거나 스스로 걱정할 필요가 없다.[289]

　설령 막대한 재앙이 눈앞에 닥친다고 할지라도, 나와 똑같이 재앙을 당한 사람이 몇 천만억이나 될지 모른다고 생각해 보아야 한다. 이 어찌할 수 없는 막다른 골목에서도, 아직 믿고 의지할 만한 아미타불과 관세음보살이 계시는데, 무엇이 두렵겠는가? 마음을 활짝 열

---

288) 불설아미타경요해강기, 195, 219쪽
289) 印光大師嘉言錄(출전: 淨空老法師專集網), 135쪽. 불설대승무량수장엄청정평
　　등각경친문기, 110, 153쪽. 불설아미타경요해강기, 223쪽. 불교바로알기,
　　222~223쪽

어젖히고, 미리 두려워하거나 지레 겁먹지만 않는다면, 질병도 저절로 낫고 몸도 자연히 안락해질 것이다. 정말로 경건하고 정성스럽게 부처님과 관세음보살의 명호를 염송하면, 무형(無形) 중에 그윽한 가피력으로 상황이 호전되어 큰 위험까지 이르지는 않게 된다.[290]

숙세의 인(因)이 두텁더라도 현재의 선(善)이 진하면, 즉 다겁의 무거운 과보가 전환되어 현생에 가볍게 받는다. 재앙을 당하여 맹렬하게 수지를 하면 즉 사바의 고통이 곧 극락으로 인도하는 스승이 된다. 마땅히 빚을 갚는다는 생각을 하면 원망과 번민이 스스로 사라진다. 오히려 원망하는 마음을 내면, 죄장이 계속 일어난다.[291]

매일 자기 직분을 제외하고, 오롯한 마음으로 부처님의 명호를 염해야 한다. 아침저녁으로 부처님 앞에서, 정성과 공경을 다하여, 무시 이래의 숙업을 간절하게 참회하여 이와 같이 오래 하면, 부지불식간에 불가사의한 이익을 얻게 된다. 모든 일은 정성을 다하면 영험하기 마련이다.[292]

정공법사님께서는, '최근 40년간 직접 보았거나 직접 귀로 들었던 왕생자 중 3분의 2가 글자를 알지 못하고, 책을 읽어본 적이 없는 사람이다. 노인들은 진실하고 겸허하여 절대로 자신이 잘났다고 하는 오만함이 없다. 시골 할머니는 어느 것도 아는 것이 없지만, 염

---

290) 화두 놓고 염불하세, 198, 429~430쪽
291) 印光大師嘉言錄(출전: 淨空老法師專集網), 55쪽
292) 印光大師嘉言錄(출전: 淨空老法師專集網), 43쪽. 불설대승무량수장엄청정평
　　 등각경친문기, 599쪽

불법문을 듣고 곧바로 그대로 따라 염불을 하는데, 이것이 바로 진정한 지혜이다. 복건성에 사시는 80여 세의 할머니는 거의 10년간 채식하며 염불하셨다. 임종시에 줄곧 8일 동안 식사를 하지 않고서 단정하게 앉아 염불하였다. 사후에도 여전히 단정히 앉아 있었고, 의자에 채워둔 고정 걸쇠도 모두 흔들리지 않았으며, 여전히 매우 장엄하였다.'고 말씀하셨다.[293]

여하튼 일단 부처님께 귀의했으면, 반드시 분수를 알고 인륜을 돈독히 지키며, 정성을 간직하여 삿된 생각을 막으며, 어떠한 악도 짓지 않고 뭇 선은 받들어 행하며, 산목숨을 보호하여 죽이지 아니하며, 채식하고 염불하면서, 깊은 믿음과 간절한 발원으로 극락왕생을 위해 전념하여야 할 것이다. 이렇게 스스로 수행하면서 남도 교화해 나간다면, 금생의 이 인연을 결코 헛되이 보내지 않을 수 있을 것이다.[294]

진정으로 불법을 배우는 사람이라면 선한 사람을 만나든 악한 사람을 만나든, 순조로운 환경에 처하든 어려운 상황에 처하든, 이 모든 것이 자신의 업장소멸을 돕고 복록과 지혜의 증장을 돕는 조연(助緣)으로 본다면 어떻게 즐겁지 않겠는가? 순경 속에서는 자신이 탐애하는 마음이 있는지 없는지 살피고 시험하며, 역경 속에서는 싫어하는 마음이 있는지 없는지 살피고 시험해야 한다.[295]

---

293) 불설대승무량수장엄청정평등각경친문기, 364~365, 421쪽. 정토오경일론, 35쪽
294) 의심 끊고 염불하세(편지설법), 325쪽
295) 불설대승무량수장엄청정평등각경친문기, 467쪽. 불교바로알기, 141쪽

불교의 수행은 인연에 수순하면서 결코 마음을 일으키고 생각을 움직이지(起心動念) 않으며 분별·집착하지 않아야 하는데, 이것은 매우 힘든 일로 말은 쉽지만 실천하기 쉽지 않다. 즉 '집착을 하지 마라(不執着)'는 말은 이치(理)상으로는 그러나 현실(事)상으로는 범부가 할 수 있는 것이 아니다. 그러나 마음을 일으키고 생각을 움직이는 즉시 아미타불〔염불〕로 바꾸면 쉽게 바뀐다. 일체 인연에 수순하면서 마음속으로 이 한 마디 아미타불을 꽉 붙잡고 놓치지 않으면 된다.296)

어떤 것도 생각하지 말고, 생활에서 반드시 자신이 해야 할 일을 하는 것 이외에 그 나머지는 전혀 관여하지 않은 채 일심으로 아미타불을 전념하며 정토에 태어나길 구하는 사람은 세상에서 가장 총명한 사람이다.297)

범부나 세간의 도를 유지하려는 이들이라면 마음은 확실하게 보살과 같이 깊고 큰 자비심을 가져 수용하지 않음이 없지만, 세상일을 대함에 있어서는 모름지기 세간의 상식적인 도리(常理)를 따라, 혹은 방어하고 다스려 굴복시켜야 하고, 혹은 인자함으로 감화시켜야 한다. 일이 일률적이지는 않으나, 그 마음은 절대로 독하게 화를 내거나 원한을 맺지 말아야 한다. 일생동안 한 행위에는 선과 악이 다 섞여 있지만, 틀림없이 그 안에 선업이 있을 것이다. 악업을 참회하는 일 이외에, 모든 일체 선업을 회향하여 정토에 태어나길 구하

---

296) 印光大師嘉言錄(출전: 淨空老法師專集網), 99쪽. 능엄경 염불원통장 소초대의 강기, 54쪽

297) 불설대승무량수장엄청정평등각경친문기, 157쪽

면 반드시 일생에 원만하게 불도를 이룰 수 있다. 모든 길흉화복은 모두 따지거나 염려하지 말고, 인연 따라 임기응변한다.[298]

우리가 〔염불 이외에〕 살아가면서 손해를 보는 것은 그다지 중요한 것이 아님을 분명히 알아야 한다. 여러분 자신이 과연 얼마나 더 살 수 있다고 생각하는가? 시간은 매우 빠르고, 철은 번갈아 지나간다. 생사가 닥쳐오면, 하나도 의지할 것이 없다. 오직 아미타불만 의지할 수 있다.[299]

때로는 잠시 방편으로 문을 걸어 잠그고, 급하지 않은 일은 거절하는 것도, 몹시 유익한 수행이 된다. 서방을 찾는 이라면 세상의 지혜를 멀리하고 세상과의 인연을 가까이하지 말아야 한다.[300]

사람이 태어나 세상에 살아갈 적에 당장의 복보를 구하지 않고 이 복보를 마지막 임종할 때까지 남겨놓는다면, 부처님께서 오셔서 접인하실 때 질병 없이 생을 마치니 이것이 가장 큰 복보이다.[301]

임종할 때 삶을 탐하고 죽음을 두려워하고, 상(相)을 취하여 분별하면 틀림없이 왕생에 장애가 된다. 우리가 임종할 때 반드시 순조롭게 갈 수 있을 것이라고 말하기 매우 어렵다. 염불공부는 평상시에 해야 하며, 오계와 십선을 실천해야 한다.[302]

---

298) 印光大師嘉言錄(출전: 淨空老法師專集網), 40, 57쪽. 불설대승무량수장엄청정평등각경친문기, 388쪽
299) 印光大師嘉言錄(출전: 淨空老法師專集網), 58쪽. 불설대승무량수장엄청정평등각경친문기, 414쪽
300) 화두 놓고 염불하세, 181쪽. 왕생집, 132쪽
301) 불설대승무량수장엄청정평등각경친문기, 90쪽

2. 병중

사람들이 세상에서 만나는 경계의 인연은 대다수가 숙업(宿業)에서 비롯된 것이어서, 병고가 있을 때 염불하고 선(善)을 닦으면서 숙업을 참회하면, 업이 소멸하여 병이 치유된다.303)

사람이 병이 있을 때 약으로 치료가 가능하면 결코 약을 쓰지 않아야 하는 것은 아니다. 치료가 가능한 병이든 치료할 수 없는 병이든 모두 아가타약을 복용하는 것이 좋다. 이 약은 절대 사람을 그르치지 않는다. 복용한 즉시 몸이나 마음에 반드시 효과를 볼 수 있다. 아가타는 범어로 '널리 치료함'을 이르는데, 만병을 모두 치료한다.304)

염불은 비록 지성스럽고 청결하게 하는 것이 귀하기는 하나, 환자는 어쩔 수 없으니, 단지 마음이 지성스러우면 묵념하거나 출성념(出聲念)을 해도 공덕은 같다.305)

질병에 걸려 병상에 누워있는 환자는 마땅히 긴요한 사무를 집안 식구들에게 부탁한 뒤, 장기간 마음속에 어떤 일도 걸어 두지 않은 채, 곧 자신이 죽어 지옥에 떨어질 것이라는 생각을 하는 것이 좋다. 이러한 청정한 마음 가운데 부처님과 관세음보살 명호를 함께 염송

---

302) 불설대승무량수장엄청정평등각경친문기, 652쪽
303) 印光大師嘉言錄(출전: 淨空老法師專集網), 94쪽
304) 印光大師嘉言錄(출전: 淨空老法師專集網), 63~64, 164쪽. 아가타약은 불사약(不死藥)을 뜻하는데, 여기서는 나무아미타불 염불을 말한다. 〔의심 끊고 염불하세(철오선사어록), 157~158쪽. 화두 놓고 염불하세, 216쪽 각주〕
305) 印光大師嘉言錄(출전: 淨空老法師專集網), 138쪽

해야 한다. 질병과 악마는 모두 숙세의 업장으로부터 비롯되었다. 단지 지성으로 간절하게 염불하기만 한다면, 질병이 저절로 치유되고, 악마가 자연히 멀어질 것이다. 염불을 마치고 회향할 때에 숙세의 모든 원한 진 사람들에게 회향하여, 그들이 그대의 염불공덕을 입어 좋은 곳으로 천도(薦度)되도록 기도해야 한다.306)

만약 질병에 칭칭 얽힌 자는 몸이 고통의 근본임을 통절하게 생각하고 〔고해를〕 싫어하여 떠나려는 마음을 지극히 내야 한다. 힘써 정업(淨業)을 닦아 왕생을 구하는 것을 서원해야 한다. 제불은 고통을 스승으로 삼아 불도를 이루었다. 우리들은 마땅히 병을 약으로 삼아 속히 〔생사윤회를〕 벗어남을 구해야 한다. 그렇지 않고 하늘을 원망하거나 사람을 탓하면, 과거의 업(宿業)을 소멸시킬 수 없을 뿐만 아니라, 장차 하늘을 원망하거나 사람을 탓한 업까지 늘어나게 된다.307)

만약 질병의 고통이 몹시 극렬하여 참을 수 없는 경우에는, 아침저녁으로 염불할 때 회향기도하는 것과 별도로, 나무관세음보살 염송에 마음과 뜻을 오롯이 다 바쳐야 한다. 관세음보살은 사바홍진에 몸을 나투어, 자기를 부르는 소리를 찾아다니며, 그 고통을 구제해주시기 때문이다. 사람들이 위급한 때를 당해 관세음보살을 지송하며 예배드리면, 금방 감응이 나타난다. 관세음보살이 즉시 가피를 내리시어, 고뇌를 벗어나 안락을 얻도록 인도하신다. 관세음보살님

---

306) 화두 놓고 염불하세, 155~156, 163~164쪽
307) 印光大師嘉言錄(출전: 淨空老法師專集網), 44, 65쪽

은 대의왕(大醫王)이시니, 약을 쓸 필요도 없이 낫게 될 것이다.[308]

 염불하는 사람이 중병이 있더라도, 일체 가정사와 자신의 몸을 통째로 내려놓고, 한 티끌도 물들지 않고서, 믿음과 발원을 내어 아미타불 만덕홍명의 성호를 염불하면서 장차 죽게 되면 아미타불의 접인을 받아 서방에 왕생한다는 것을 제외하고 하나의 잡념도 일어나지 않게 하면, 수명이 다하지 않은 자는 정해진 업(定業)이 소멸하여 속히 병이 나으며, 지혜가 밝고 복덕이 높을 것이다. 수명이 이미 다하였으면, 반드시 서방에 왕생하여 초범입성(超凡入聖)하게 된다.[309]

 환자를 돌보는 사람은 세심하게 삼가고 조심하면서 절대로 환자와 한가한 잡담을 하여 마음을 산란하게 하지 말아야 한다. 마땅히 환자에게 몸과 마음을 내려놓고 일심염불로 왕생을 구할 것을 권해야 한다. 또 마땅히 조념(助念)하여 환자로 하여금 조념자의 염불소리를 따라 마음속에 염불을 매어두도록 해야 한다. 그리고 염불소리가 밤낮으로 끊어지지 않게 해야 한다. 둔탁한 목탁은 임종시 조념에 절대 사용해서는 안 된다.[310]

308) 印光大師嘉言錄(출전: 淨空老法師專集網), 43쪽. 화두 놓고 염불하세, 158쪽
309) 印光大師嘉言錄(출전: 淨空老法師專集網), 62, 66쪽
310) 印光大師嘉言錄(출전: 淨空老法師專集網), 68쪽. 조념(助念)은 임종자의 곁에
    서 염불을 해주어 임종자가 그 염불소리를 듣고 염불할 수 있도록 도와주는
    염불을 말한다.

3. 임종

임종시에 몸이 앙상한 것과 병의 고통은 다겁의 업장인데, 돈독하게 정업(淨業)을 닦았기 때문에, 대개 뒤에 중하게 받게 될 업보가 현재 가볍게 받는 것으로 전환된 것이다. 이 작은 고통으로 무량겁의 악보를 끝내니 실로 큰 다행이다. 염불하는 사람은 틀림없이 업장을 없앨 수 있다.[311]

인생에서 임종의 관문이 가장 요긴하다. 역량이 있는 자는 자기가 미리 잘 정돈해 놓으면, 즉 임종시에 확실히 다른 사람이 보조하는 것이 불필요하다. 역량이 없는 자는 마땅히 가족들에게 대신 염불하게 하여, 반드시 자신의 정념(正念)이 나오도록 해서, 은애에 얽히고 여전히 애정에 속박되어 사바고해에 머물면서 떠나지 못하지 않도록 해야 한다. 사람에게 임종이 닥치면, 주변 사람들이 오직 한목소리로 염불해 주는 것이 유익하다.[312]

세상의 어리석은 사람들은 부모와 가족이 임종할 때, 늘 비통하게 소리 내어 울고, 몸을 씻기고 옷을 갈아입힌다. 단지 세상 사람들이 보기 좋은 것만 신경 쓰고, 망인에게 해를 끼치는 것을 헤아리지 않는다. 식심(識心)[313]이 아직 떠나가지 않았는데, 목욕시키고 슬퍼하는 등의 행동은 크게 방애가 된다. 이 어리석은 가족들이 대부분 임

---

311) 印光大師嘉言錄(출전: 淨空老法師專集網), 65쪽
312) 印光大師嘉言錄(출전: 淨空老法師專集網), 62~64쪽
313) 여기서 식심은 제8식 아뢰야식, 신식, 영혼을 의미한 것으로 보인다. 〔편집자 주〕

종자의 정념(正念)을 파괴하여, 여전히 사바고해에 머물게 한다. 임종시에 온 가족이 소리 내어 울지 않고 염불할 수 있으면 가장 이익이 있다. 그러나 그 시간은 짧아도 3시간 동안 염불소리가 끊이지 않아야 하고, 우는 소리를 내거나 시신 접촉 등을 하지 않는 것이 가장 좋다. 꼭 기억하기를 바란다.[314)]

임종자가 앉거나 눕거나 그대로 맡겨두고서 절대로 이동시키지 말아야 하며, 여러분은 전심으로 염불해야 한다. 몸 전체가 다 식어 신식(神識)이 떠나기를 기다려야 한다. 다시 2시간이 지나야 비로소 몸을 씻기고 옷을 갈아입힐 수 있다. 모든 일을 마치면 더욱이 계속 염불해야 한다. 장례와 제사 때는 채소를 사용하고, 일반적 관행(俗轉)을 따르지 말아야 한다. 재력이 있다면, 〔망자를 위해〕 공덕을 많이 지어주어야 한다.[315)]

병을 낫게 하고 망자를 천도하는데, 요즘 사람들은 송경(誦經)과 예참(禮懺) 또는 수륙재를 일삼는다. 그러나 염불의 이익이 송경과 예참 또는 수륙재보다 훨씬 많다. 49재 기간 중에는 일체시 일체사에 모두 염불이 주가 되어야 한다. 장례와 제사 때 음식은 모름지기 채식을 써야 한다. 술과 고기를 써서는 절대 안 된다. 절대로 살생을 하여 제사를 지내서는 안 된다. 이것은 중음신에게 악연을 제공해 줄 뿐이다. 이것은 모든 불제자들이 49재를 지내는 동안 중음신을 제도하는 준칙이다.[316)]

---

314) 印光大師嘉言錄(출전: 淨空老法師專集網), 62~64쪽
315) 印光大師嘉言錄(출전: 淨空老法師專集網), 65, 68쪽

부모님이 돌아가셨으면, 대신 정업(淨業)을 돈독하게 닦아, 지성으로 그분들께 회향해야 한다. 마음이 진실하고 간절하다면 그분들이 이익을 친히 받을 것이다. 연지대사께서는 '연중 선망 조상들을 위해 천도(追薦)를 해야 하며, 이미 해탈을 얻었다고 말하면서 행하지 않을 수 없다.'고 이르셨다. 염불과 송경은 비록 천도를 위한다고 말하지만, 실제로는 현재 가족과 친지를 위한다는 사실을 알고서, 마음자리를 열고 선근을 심어야 한다. 그리고 모든 독경이나 주문지송, 염불 등의 천도공덕은 법계의 일체중생에게 회향해야 한다.[317]

연지대사께서는 '부모가 홍진의 더러움을 떠날 수 있을 때, 자식의 [효]도가 바야흐로 성취된다.'고 말씀하셨다. 그러므로 부모가 돌아가신 뒤, 자녀된 자들은 모두 지성으로 염불해야 마땅하다. 그래서 아직 극락정토에 왕생하지 못한 부모는 왕생하실 수 있고, 이미 왕생한 분은 그 품계가 더욱 높아질 수 있도록 발원해야 한다. 그래야 관무량수경에서 말한 정업정인과 서로 합치하여, 세간과 출세간의 대효도를 성취할 수 있다.[318]

---

316) 印光大師嘉言錄(출전: 淨空老法師專集網), 63~64쪽. 화두 놓고 염불하세, 221쪽. 불력수행, 36쪽
317) 印光大師嘉言錄(출전: 淨空老法師專集網), 63, 66, 151쪽
318) 화두 놓고 염불하세, 493쪽

4. 권청

부모님이 살아계시면, 육식을 끊고 채식하며 계를 지키며 염불하여 서방에 왕생을 구하고 요생탈사(了生脫死)하시도록 자세히 이렇게 저렇게 권유해야 한다. 부모님께 정토법문과 감응사례를 항상 말씀해 드려 환희심을 내고, 믿고 받아들여 봉행하도록 해야 한다. 연세가 있어 오래 염불하는 것이 불가능하다면 옆에서 조념염불을 해드려 끊이지 않게 하면 된다. 결코 따르시지 않으면 강요하지 말고, 부처님 전에 부모님을 대신하여 죄과를 참회해드리면 된다.[319]

어린아이가 커서 말을 할 수 있을 때에, 나무아미타불과 나무관세음보살을 가르치면, 반드시 화가 싹트기 전에 사라지고, 복이 모르는 사이에 찾아와, 죽음이나 병고 등 위난의 염려가 없게 된다. 조금 세상의 도리를 알게 되면 살생을 금하고 방생을 하는 것과 삼세의 인과의 분명한 사례들을 가르쳐야 한다. 자녀에게 황금 만 영(籯)을 물려주는 것은 경전 한 권을 가르치는 것만 못하다. 자녀가 현명한 사람이 되기를 바란다면 마땅히 복을 배가해주어야지, 재물을 모아주어서는 안 된다. 재물은 화의 근본이다.[320]

과거 어느 부처님이나 어느 보살님을 공양하고 받들었던지 막론하고 전부 다 내려놓고서 아미타불을 전념해야 한다. 그러나 만약 어떤 사람이 일생으로 《관세음보살보문품》만 읽었다면 그에게는 한 마음 한뜻으로 《관세음보살보문품》만을 읽을 것을 권하고 바꿀 필요

---

319) 印光大師嘉言錄(출전: 淨空老法師專集網), 150~151, 159쪽
320) 印光大師嘉言錄(출전: 淨空老法師專集網), 145, 148쪽

가 없다. 어떤 사람이 만약 오직 《금강경》이나 《지장경》을 읽었다면, 읽은 지 이미 여러 해가 되었다면 또한 바꿀 필요가 없으며, 그에 대하여 환희하며 찬탄해야 한다. 오직 일문에 깊이 들어가 정토에 회향하면 반드시 왕생할 수 있다.[321]

정토법문 이외의 기타 일체 대승법문을 닦는 사람이라도 단지 회향하여 정토에 왕생하기를 원한다면, 또한 극락세계에 왕생할 수 있다. 회향하지 않는 자는 이러한 원(願)이 없어 즉 극락에 태어나지 않는다. 다만 정토수행자는 오직 마땅히 정토법문의 가르침에 의거하여야 하며, 그렇지 않고 다른 법문을 수행하면 갈림길 중에 많은 갈림길이 있는 것으로, 그 왕생의 과(果)를 멀리 돌아갈 수 있다.[322]

---

321) 불설대승무량수장엄청정평등각경친문기, 408, 602쪽
322) 佛學問答類編 - 淨土第十二, 문답 제545조, 제587조. 불설대승무량수장엄청정평등각경친문기, 427쪽

제11장 염불감응 사례

송나라 이자청은 오랫동안 학질(말라리아)을 앓았다. 이에 용서거사가 일러주기를 발작하기 시작하면 일심으로 염불하고 약은 그런 뒤에 먹으라고 하였다. 자청이 이 말을 믿고 그대로 실행하였더니, 그날로 반쯤 나았고 다음 날엔 마침내 완쾌되었다. 이로부터 독실하게 염불을 믿게 되었다.[323]

북통주왕 철산은 청나라 말엽에 광서성 고위직에 있던 자였다. 당시 광서 지역에는 토착 무장도적들이 몹시 많았다. 그가 군대치안을 담당할 때 그들을 섬멸하려고 계획을 세워 살해한 자가 아주 많았다. 그런데 4년 전 중병에 걸려, 눈만 붙였다 하면 몹시 크고도 시커먼 집안에서 자신이 수없이 많은 귀신들에게 사방에서 핍박당하는 모습이 너무도 뚜렷이 보여, 깜짝 놀라 깨어나곤 했다. 한참 있다 다시 눈을 감으면 다시 똑같은 장면이 나타나, 또 섬뜩 놀라 깨어나기를 되풀이하였다. 그렇게 사흘 밤낮 동안 꼬박 두 눈을 뜬 채로 지새워, 그저 숨결만 겨우 이어지는 정도였다. 그래서 아내가 보다 못

---

323) 왕생집, 194~195, 391쪽. 용서거사는 왕일휴 거사를 말한다. 정토문을 지었다.

해, '당신이 이러하니 어쩌면 좋겠소? 당신 나무아미타불을 한번 염송해 보시오. 염불하면 틀림없이 좋아질 것이오'라고 권했다. 철산은 아내의 말을 듣고 나서, 죽어라 염불했다. 그런데 얼마 안 되어 이내 잠들어, 한바탕 실컷 자고 나도록 어떠한 모습이나 경계가 나타나지 않았다. 병도 점차 나아서, 그때부터 계속 재계하며 염불하였다.[324]

장씨는 청도사람으로, 결혼하여 아들과 딸을 두었는데, 매우 가난하였다. 남편은 인력거를 끄는 사람이었다. 장씨는 담산정사 근처에 살면서 염불회를 통해 불법을 알게 되었다. 평소에는 집에서 염불하고 일요일만 되면 두 아이를 데리고 염불회에 와서 강의를 듣고 강의가 끝나면 대중과 함께 염불을 하였다. 중화민국 26년 어느 날 아침 장씨는 문득 남편에게, '당신이 아이들 데리고 잘 지내세요. 저는 오늘 불국토로 왕생할 거예요.'라고 말하였다. 장씨의 남편은 '우리 집이 가난한 것도 모자라서 당신까지 왜 이래'라고 하면서 화를 내며, 인력거를 끌고 일을 나갔다. 장씨는 두 아이들에게도 당부하였다. '나는 오늘 극락세계로 갈 것인데, 너희들은 앞으로 아빠 말씀 잘 듣고 말썽 피우지 말거라.' 아이들은 어려서 무슨 뜻인지 모르고 여전히 밖에서 뛰어놀았다. 장씨는 집안을 대충 정리하고 나서 세수를 하고 머리도 빗었다. 워낙 살림이 어려워 갈아입을 새 옷이 없어 빨아 놓은 헌 옷을 입고 침대 위에서 서쪽을 향해 앉아 염불하면서 왕생하였다. 아이들이 놀다 들어와 손으로 엄마를 밀어 봐도 움직이

---

324) 화두 놓고 염불하세, 99쪽

지 않자 울면서 옆집으로 달려가 소식을 전했다. 소식을 듣고 달려 온 이웃들이 비록 장씨가 죽은 지 한참이나 지나갔지만, 얼굴은 살 아생전과 같은 것을 보고 염불공부가 깊었음을 알았다. 나중에 남편 이 돌아 와서 한바탕 슬피 울었다. 집안 사정이 어려워 장례를 치를 돈이 없어서 불학회의 여러 거사들이 돈을 모아 장례를 치러 주었 다.[325]

325) 불력수행, 218~220쪽

제 3 편

불설아미타경 약해

불설아미타경(佛說阿彌陀經)은 정토오경 중의 하나이다. 불설아미타경은 '아미타경' 또는 '미타경으로 약칭되기도 한다.[1]

부처님께서는 정토삼경 중에서 가장 먼저 무량수경을 강설하셨고, 그 다음에는 관무량수경을 강설하셨으며, 마지막으로 아미타경을 강설하셨다.[2]

석가모니부처님께서 아미타경을 설하신 것은 말법시대의 중생이 믿음으로 정토에 나아가는 자가 드물다는 것을 미리 알고 있었기 때문이었다. 〔아미타경에서는〕 육방의 제불이 광장설(廣長舌)을 나타내서 설했던 성실하고 진실한 말씀(誠實言)을 인용함으로써 정토에 대한 믿음을 일으켜주고 정토에 대한 의심을 타파해주었다.[3]

불설아미타경은 글자마다 모두 해인삼매이고, 대원경지의 신령한 글이다. 해인삼매는 심성의 본체를 나타내며, 대원경지는 심성의 작용을 나타낸다. 아미타경은 여래의 과지(果地)상 경계이고, 우주와 인생의 사실진상이다.[4]

불설아미타경에서, '불(佛)'은 석가모니부처님을 말하고, '설(說)'은 말씀하시는 것이며, '아미타'는 아미타불을 말한다. 따라서 불설아미타경은 석가모니부처님께서 아미타불에 관하여 말씀하신 경이

---

1) 이 책에서 사용하는 불설아미타경의 원문은 임인년에 고려 대장도감에서 새긴 것(壬寅歲高麗國大藏都監奉勅雕造)으로 동국역경원 인터넷 사이트에서 원문을 검색하여 편집자가 한글로 옮긴 것이다.
2) 佛說阿彌陀經要解講記(출전: 華藏淨宗學會), 13쪽
3) 정토혹문, 11~12쪽
4) 佛說阿彌陀經要解. 불설아미타경요해강기, 376, 446쪽

라는 뜻이다. 〔경전의 제목은 경전 전체의 요지이므로〕「옛날의 이른바 지혜로운 이들은 경전 이름을 보고 곧 전체 뜻을 알았고, 바쁜 사람은 경전 제목을 보고 또 이익을 얻는다고 하였다.」[5]

경의 제목에 '불설(佛說)'이라고 한 까닭은 부처님께서 〔경을 설하시게 된 계기가〕 제자들의 물음에 답을 하신 형식이 아니고, 묻는 사람이 없는데도 부처님께서 스스로 말씀하신 경이기 때문에 그렇다. 따라서 이를 무문자설(無問自說)이라 한다. 즉 부처님께서 중생의 근기가 성숙하여 이 교화를 믿고 받아들일 수 있다고 보고 곧바로 묻는 사람이 없는데도 스스로 강설하셨다.[6] 반면에 무량수경에서는 아난의 질문이, 금강경에서는 수보리의 질문이 계기가 되어 부처님께서 설법을 하셨는데, 이와 같이 부처님께서 경을 설하게 된 계기가 제자들의 물음에 답을 하신 형식인 경우에는 경의 제목에 '불설'이라는 두 글자를 붙이지 않는다.

요진시대의 구마라집대사가 번역한 《불설아미타경》을 구역이라 한다. 부처님께서 불설아미타경 본문 속에서 말씀하신 이 경의 제목은 《칭찬불가사의공덕일체제불소호념경》이다. 그렇지만 구마라집대사는 경의 제목을 보기만 해도 금방 아미타불을 부를 수 있도록 불설아미타경으로 번역하였다.[7] 한편 당나라 현장대사가 이 경을 새로 번역하여 《칭찬정토불섭수경》이라 하였는데, 이것이 아미타경 신

---

5) 불설대승무량수장엄청정평등각경친문기, 142쪽
6) 불설아미타경요해강기, 12쪽
7) 불설아미타경요해강기, 382~383쪽

역이다.

아미타경에 대한 주해로는 우익대사님의 〈불설아미타경요해〉가 있다. 이것을 정공법사님께서 강설하신 것이 「불설아미타경요해강기」이다. 이하 본문의 내용도 주로 위 두 책에 근거한 것이다.

대부분의 경전과 마찬가지로, 불설아미타경도 서분, 정종분, 유통분으로 나눌 수 있다. 이 삼분법은 후인이 만든 것이며, 세존 당시에는 경을 강설할 때 결코 이러한 구분이 없었다. 서분은 통서(증신서)와 별서(발기서)로 구분한다. 통서는 육성취[8]를 설명하고, 별서는 법회가 열린 인연을 설명한다. 정종분은 중요한 의취(義趣)를 완전히 드러낸다. 유통분은 부처님께서 이 경전을 듣는 사람이나 읽는 사람들로 하여금 일체중생에게 선양하고 추천하며 소개해줄 것을 당부하고, 모두 다 대법의 원만한 이익을 얻기를 희망한다.[9]

아미타경을 독송하는 것은 시방삼세 제불이 강설하신 무량하고 무변한 경론을 독송하는 것과 똑같으므로, 다른 경론을 모두 내려놓을 수 있다.[10]

이와 같이 나는 들었다. 어느 때 부처님께서 사위국의 기수급고독

---

8) 육성취란 여섯 가지 조건을 만족하게 갖추었다는 의미이다. 믿음을 나타내는 신성취(信成就), 들음을 나타내는 문성취(聞成就), 시간을 나타내는 시성취(時成就), 설법의 주체를 나타내는 주성취(主成就), 장소를 나타내는 처성취(處成就), 설법 대상을 나타내는 중성취(衆成就)가 그것이다.〔출처: 육성취, 불교언론 법보신문, 2024.1.31(http://www.beopbo.com)〕

9) 불설대승무량수장엄청정평등각경친문기, 48, 158, 160, 209쪽. 불설아미타경요해강기, 93쪽

10) 불설아미타경요해강기, 405쪽

원에 대비구승 1,250인과 함께 계시었다. 이들은 모두 대아라한이었고, 널리 알려진 분들로서, 장로 사리불, 마하목건련, 마하가섭, 마하가전연, 마하구치라, 리바다, 주리반타가, 난타, 아난타, 라후라, 교범바제, 빈두로파라타, 가류타이, 마하겁빈나, 박구라, 아누루타 같은 여러 대제자들이었다. 더불어 여러 보살마하살인 문수사리법왕자, 아일다보살, 건타하제보살, 상정진보살 같은 여러 대보살들과 석제환인 등 무량한 여러 천상세계의 대중들도 함께하였다. 이때 부처님께서 장로 사리불에게 말씀하셨다. 이곳에서 서방으로 십만억 불국토를 지나면 극락이라 이름하는 세계가 있고, 그 국토에 부처님이 계시어 아미타라 불리시며 현재 설법을 하고 계시느니라.

이 부분은 서분이다. 불설아미타경도 대부분의 경전과 마찬가지로 '이와 같이 나는 들었다(如是我聞).'로 시작한다. '나'는 부처님의 시자인 아난을 말한다. 아난이 부처님을 시봉하면서 부처님이 설법하는 것을 들었다는 말이다.[11] 여시아문은 아난이 〔부처님으로부터 들었던 말씀을〕 다시 말한 것일 뿐 보태거나 줄이지 않았다는 의미이다.[12]

〔일시(一時)는 '어느 때' 또는 '한때'라고도 번역한다.〕 시간은 정해진 것이 없으며, 사람의 소견에 따라 다르다. 과거 · 현재 · 미래는 본래 하나인데, 세상 사람들이 이를 세 개로 나누어 과거는 잊어버린 것이고, 미래는 오지 않았다고 여긴다. 과거 · 현재 · 미래의 삼제

11) 불설대승무량수장엄청정평등각경친문기, 165, 607쪽. 불설아미타경요해강기, 95~96쪽
12) 불설아미타경요해강기, 97쪽

(三際)는 실체가 없다. 일시는 과거·현재·미래를 모두 포괄한다. 시간과 공간은 실재하는 것이 아니다. 시간과 공간은 모두 실재하는 것이 아니며 모두 추상적 개념이다. 선정 속에서는 시간[과 공간]의 제한이 없다.[13]

사위국은 중인도 대국의 이름으로 파사익왕의 도읍지이다. 파사익왕의 태자를 '기타'라 이름하고, 파사익왕의 대신을 '수달다'라 이름하는데, 수달다를 급고독(給孤獨) 장자라 불렀다. 「급고독 장자가 부처님께 정사를 지어드리기 위해 기타 태자의 땅을 사겠다고 하자, 기타 태자는 땅을 금으로 덮는다면 팔겠다고 하였고, 이에 급고독 장자가 금을 덮어 기타 태자의 동산(園)을 사서 부처님과 스님들께 제공하였다. 기타가 감탄하여 나머지 금으로 덮이지 않은 작은 땅을 보시하였다. 그러므로 함께 기수급고독원(祇樹給孤獨園)이라 한 것이다. 이는 기타의 숲과 급고독의 동산을 합한 말이다.」[14] 기수급고독원을 줄여서 기원정사 또는 기환정사라 한다.

대비구승에서 비구는 범어로 구족계를 받고 출가한 사람으로, 걸사(乞士)·파악(破惡)·포마(怖魔)의 뜻이 있다. 걸사는 밥을 빈다는 뜻이고, 파악은 악을 깨뜨린다는 뜻이며, 포마는 마를 두렵게 한다는 뜻이다.[15] '대(大)'는 크다는 뜻이다. '승(僧)'이란 구체적으로 승가(僧伽)를 말하고, 화합중(和合衆)이라 번역한다.

---

13) 印光大師嘉言錄(출전: 淨空老法師專集網), 133쪽. 불설대승무량수장엄청정평등각경친문기, 121, 162쪽. 불설아미타경요해강기, 98쪽
14) 불설아미타경요해강기, 100~101쪽
15) 불설아미타경요해강기, 103쪽

여기 1,250인은 모두가 출가자이다. 부처님을 항상 따라다니는 무리이므로 이들을 상수제자(常隨弟子) 또는 상수중(常隨衆)라 한다. 모두가 대아라한(大阿羅漢)이다. '대(大)'는 대승아라한을 가르킨다. '아(阿)'는 없다(無)로 번역되며, '라한(羅漢)'은 배우다(學)로 번역되는데, 따라서 아라한은 무학(無學) 즉 '배움을 끝마쳤다'는 뜻이다. 대아라한은 등지(登地)[16]보살이다. 본문에서는 1,250인 중 16분만 열거하였다.[17] 대아라한은 실제로는 법신보살이며, 여기서는 성문의 모습을 보이신 것이다.

'계시었다(在)'는 부처님께서는 고정적인 주거지가 없으므로 〔주(住)라 하지 않고〕 재(在)라 한 것이다. 옛날 황제도 기거하는 곳이 없고 천하가 바로 그의 집이었으므로 행재(行在)라 표현하였다.[18]

'장로(長老)'는 덕과 법랍이 다 존귀하다는 의미이다.

부처님께서 이 경을 강할 때 특별히 당기중(當機衆)[19]의 대표인 사리불에게 경 전체를 설명하였다. 사리불은 십대제자 중 지혜제일이다. 바로 높은 지혜가 있어야만 이 법문을 받아들일 수 있음을 알

---

16) 등지(登地)보살은 초지보살부터 제10지보살까지를 말한다.

17) 불설아미타경요해강기, 101, 107, 111, 220쪽

18) 불설대승무량수장엄청정평등각경친문기, 163쪽

19) 불교 법회에 참석하는 네 부류의 사람을 지칭할 때에도 사중(四衆)이라고 부른다. 발기중(發起衆), 당기중(當機衆), 영향중(影響衆), 결연중(結緣衆)이 그것이다. 발기중은 법회에서 대중문답 등을 통하여 설법이 이루어지게 하는 무리이며, 당기중은 설법을 듣고 이익을 얻어 득도하는 무리이다. 영향중은 다른 세계에서 와서 부처의 교화를 돕는 무리이며, 결연중은 법회에 참석하여 장차 깨달음의 인연을 만드는 무리이다(http://dh.aks.ac.kr/sillokwiki/index.php/사중(四衆) 2020.8.6 확인).

수 있다. 지혜제일의 사리불 존자조차 이 법문을 받아들여 평소 자신이 자부하고 있던 감정을 조복시켰음을 알 수 있다. 사리불처럼 총명한 사람도 염불하여 정토에 태어나기를 발원하였는데, 우리가 기꺼이 염불하지 않을 이유가 없다. 마하목건련은 부처님 제자 중 신통제일이다. 마하가섭은 선종의 초조이다. 여기서 '마하'는 크다(大)라는 뜻이다. 아난타는 아난으로, 부처님의 사촌동생이고, 부처님의 시자이며, 불교경전 결집은 아난의 구술로 이루어진 것이다. 라훌라는 부처님의 아들이다. 사리불, 목건련 등은 모두 고불(古佛)의 화신으로 석가모니부처님의 중생교화를 돕는다.[20]

석가모니부처님께서는 제자들이 신통을 사용하는 것을 금하셨다. 왜냐하면 요괴나 마귀도 신통을 가지고 있어 중생이 구별하기가 쉽지 않기 때문이다. 다만 국왕이나 대신처럼 큰 영향력을 가진 사람을 만날 경우에는 간혹 신통을 사용하셨지만, 설법을 위주로 하셨다. 사바세계에서는 신통을 요구해서는 안 된다. 만일 신통을 구하게 되면 반드시 지옥에 떨어지니, 신통을 얻은 이익은 매우 작고 그 부작용은 대단히 커서 잘못된 길로 걸어가 마장을 초래하기가 쉽다.[21]

경전에서 성문을 보살 또는 천인들보다 앞에 두는 것은, 이들이 출세간의 모습(즉 출가자의 모습)을 하고 있고, 부처님을 항상 따라다니며, 부처님의 법은 스님들에게 의뢰하여 전해지는 까닭이다.

---

20) 佛說阿彌陀經要解講記(출전: 華藏淨宗學會), 343쪽. 불설대승무량수장엄청정평등각경친문기, 286쪽. 불설아미타경요해강기, 112, 115쪽
21) 불설대승무량수장엄청정평등각경친문기, 287, 448쪽

'건타하제'는 휴식하지 않는다(不休息)는 뜻으로, 지극히 오랜 세월 동안 수행하여 잠시도 그치지 않음이다. '상정진'은 자신을 이롭게 하고 남을 이롭게 함에 있어 피곤과 지침이 없다는 뜻이다. 문수보살, 미륵보살, 건타하제보살, 상정진보살은 모두 부처님과 깨달음이 같은 등각보살이시다. 보살은 초발심부터 십주·십행·십회향의 삼현위(三賢位)까지이고, 이는 통칭이다. 보살마하살은 대도심을 성취한 유정(有情)을 말한다. 마하살은 대보살로 특별히 지상(地上)보살22)을 가리키는데, 초지보살부터 등각까지의 11위차를 마하살이라 부른다.23)

부처님은 일체법 속에서 대자재를 얻었기 때문에 법왕(法王)이라 칭한다. 보살은 법왕인 부처님을 대신하여 법을 설하므로 법왕자라고 한다. 문수는 지혜가 제일이며, 부처님의 중생교화사업을 계승하였기 때문에 법왕자(法王子)라 부른다. 문수보살은 보살 가운데 상수(上首)이다. 가섭존자는 아라한의 상수이다.24)

석제환인은 불교에서 말하는 여러 천상세계 중 욕계의 제2층천인 도리천의 왕이다. 제석천이라고도 이름하며 중국인들은 옥황상제라 한다. '등(等)'은 무량한 여러 하늘세계를 말한다. 천인 또한 범부이기는 하지만, 우리들은 그들을 볼 수 없다.25) '대중들도 함께 하였

---

22) ＝십지보살
23) 능엄경 염불원통장 소초대의 강기, 86, 166쪽. 《阿彌陀經要解》CBETA 電子版, 4쪽
24) 불설아미타경요해강기, 119, 402, 441쪽
25) 불설대승무량수장엄청정평등각경친문기, 209쪽. 불설아미타경요해강기, 123쪽

다'란 시방의 천인, 천룡팔부, 아수라, 사람, 사람 아닌 것 등이 이 법회에 함께 하지 않음이 없고, [불설아미타경의] 정토법문이 거두지 않는 근기가 없는 것을 이른다.

서방은 극락세계가 현재 있는 장소를 나타내는 것이며, 우리가 살고 있는 사바세계로부터 10만억 불국토 밖에 떨어져 있다. '서방으로'라는 것은 대천세계의 서쪽을 가리키며, 지구의 서쪽을 가리키는 것이 아니다. 보기에는 요원한 것 같지만, 사실상 임종할 때 아미타 부처님께서 접인하러 오시니, 왕생은 한 찰나간의 일이다. 극락이라 이르는 세계가 있다에서 '있다'는 것은 진짜 있다는 뜻이며, 거짓으로 있다는 뜻이 아니다. 아미타불 역시 진실로 계신다.[26]

사리불아, 저 국토를 어찌하여 극락이라 이름하느냐. 그 국토의 중생은 뭇 고통이 없고, 단지 여러 즐거움만 받으므로 극락이라 이름하느니라. 또 사리불아, 극락국토의 일곱 겹 난간, 일곱 겹 그물, 일곱 겹 줄지어 선 나무들은 모두 네 가지 보석으로 이루어져 있는데 주위를 둘러싸고 있으므로 저 국토를 극락이라 이름하여 부르느니라.

극락은 범어로 수마제이며, 안양·안락·청태 등으로 칭하기도 하며, 영원히 모든 고통을 여의어 제일 평안하다는 말이다. 극락세계는 영원히 팔고(八苦)를 여의었다. 뭇 고통이 없고, 단지 모든 즐거움만 누리는 까닭은, [극락세계가] 아미타불의 복덕과 지혜, 신통

---

26) 불설대승무량수장엄청정평등각경친문기, 327, 444쪽. 佛說阿彌陀經要解講記 (출전: 華藏淨宗學會), 13쪽. 불설아미타경요해강기, 130쪽

도력으로 장엄되었기 때문이다.[27]

또 사리불아, 극락국토에는 칠보로 된 연못이 있는데, 팔공덕수로 가득 차 있으며, 연못 바닥은 금모래가 깔려 있고, 사방의 계단은 금·은·유리·파리(頗利)로 합하여 이루어져 있느니라. 그 위에는 누각이 있어, 역시 금·은·유리·파리·자거·적주·마노로 장엄하게 꾸며져 있느니라. 연못 가운데 연꽃은 수레바퀴만 하며, 푸른색에서는 푸른빛이, 노란색에서는 노란빛이, 빨간색에서는 빨간빛이, 흰색에는 흰빛이 나는데, 미묘하고 향기롭고 깨끗하느니라. 사리불아, 극락국토는 이와 같은 공덕장엄으로 성취되어 있느니라.

칠보는 일곱 가지 보배로, 금·은·유리·파리·자거·적주·마노를 말한다. 「칠보는 사바세계의 입장에서 한 말이며, 서방극락세계는 진귀한 보배가 말로 다할 수 없을 정도로 많다.」[28] '파리(頗利)'는 판본에 따라서는 '파리(玻璃)' 또는 '파려(玻瓈)'라고도 표기한다.

무량수경에 의하면, 극락세계 연못의 물은 맑고 투명하고 향기롭고 청결하며, 여덟 가지의 공덕을 구족하고 있다. 첫째 맑고 깨끗하고, 둘째 감미롭고, 셋째 시원하고, 넷째 부드럽고, 다섯째 윤택하고, 여섯째 평안하고, 일곱째 굶주림과 갈증을 해결해주고, 여덟째 육근과 선근을 길러 준다. 이 여덟 가지 공덕에 대해 현장대사의

---

27) 印光大師嘉言錄(출전: 淨空老法師專集網), 14쪽. 불설아미타경요해강기, 131, 151쪽
28) 불설대승무량수장엄청정평등각경친문기, 497쪽

《칭찬정토불섭수경》에서 자세히 설명하고 있다.[29]

전륜성왕은 즉위할 때 하늘이 감응하여 윤보(輪寶)를 얻으며, 그 윤보를 굴려 사방을 항복시키는데, 윤보는 그의 교통수단이기도 하다. 금륜보·은륜보·동륜보·철륜보의 네 가지가 있다. '칠보연못의 연꽃이 수레바퀴만 하다'고 하였는데, 전륜성왕의 금륜의 크기는 40리이다. 이는 가장 작은 꽃을 들어 말한 것이다. 무량수경에 의하면, 연꽃의 크기는 염불하는 사람의 청정심에 감응한 것이다. 가장 작은 연꽃은 반유순 즉 20리이다. 무량수경과 관무량수경에서 공히 말씀하시길, '서방에 왕생한 자의 신체, 용모, 수용(受用)은 아미타불의 가피를 받아 모두가 똑같지만, 오직 연꽃의 크기만 다른데, 연꽃의 크기는 자기 염불공부의 차이 때문이다.'고 하였다. 파란색은 우발라라 이름하고, 노란색은 구물두라 이름하며, 빨간색은 발두마라 이름하고 흰색은 분타리라 이름한다. 불설아미타경에서는 단지 네 가지 색만 간략하게 거론한 것이다. '미묘하고 향기롭고 깨끗하다(微妙香潔)'는 것은 연꽃의 네 가지 덕을 간략하게 찬탄한 것이다.
_{미묘향결}
연꽃과 왕생의 품위는 밀접한 관계가 있다. 만약 《관무량수경》이나 《대보적경》의 무량수회에 근거하면, 연꽃의 크고 작은 종류가 실로 헤아릴 수 없다. 무량수경에 의하면, '온갖 보배연꽃이 극락세계에 가득하고, 하나하나의 보배연꽃 송이마다 백천억의 꽃잎이 있고, 그 꽃잎의 광명은 무량한 종류의 빛깔이다'라고 하였다. 색에는 반드시 광명이 있는데, 모두 정업(淨業)이 감응한 바이다. 연꽃의 형상은 염

---

29) 불설대승무량수장엄청정평등각경친문기, 361~362쪽. 불설아미타경요해강기, 168~169쪽

불하는 힘(念力)을 따르는데 크기가 같지 않다. 결론적으로 '이와 같은 공덕장엄을 성취하였다'고 이른 것은 위에서 말한 갖가지 장엄은 모두 아미타불의 대원대행(大願大行)의 칭성공덕(稱性功德)[30]에 의해 성취된 것임을 밝히는 것이다. 그러므로 널리 두루 네 가지 정토를 장엄할 수 있고, 널리 시방삼세 일체 범부와 성인을 왕생하게 할 수 있다.[31]

서방극락세계는 무량한 공덕이 있다. 공(功)은 수지(修持)를 말하며, 덕(德)은 과덕(果德)을 말한다. 장엄은 현상 가운데 지극히 훌륭하고 아름다운 것을 말한다.[32]

또 사리불아, 저 불국토는 항상 천상의 음악이 울리고 땅은 황금으로 되어 있으며, 하늘에서 밤낮으로 만다라화 꽃비가 내리느니라. 그 국토의 중생들은 항상 새벽에 미묘한 꽃을 각자 바구니에 가득 담아 다른 세계의 십만억 부처님께 공양하고, 곧 식사 때까지 본국으로 돌아와 식사를 마친 후 경행을 하느니라. 사리불아, 극락국토는 이와 같은 공덕장엄으로 성취되어 있느니라.

만다라(曼陀羅)는 하늘 꽃의 이름이며, 적의(適意)[33]라는 뜻이고, 또 백화(白華)라 이른다. 서방세계는 일체 필요한 것들이 모두 생각

---

30) 본성에 맞는 공덕
31) 네이버 지식백과(시공불교사전): 윤보. 불설대승무량수장엄청정평등각경친문기, 380~381, 635쪽. 佛說阿彌陀經要解講記(출전: 華藏淨宗學會), 188쪽. 불설아미타경요해강기, 363쪽.《阿彌陀經要解》CBETA 電子版, 6~7쪽. 칭성(稱性)은 '본성에 맞는'이라는 뜻이다.
32) 불설대승무량수장엄청정평등각경친문기, 153, 332, 709쪽
33) 마음에 듦

에 응하여 나타난다.34)

시방제불에게 예불(공양)하는 보살은 화신으로 가는 것으로, 그 본신은 여전히 아미타부처님의 문하에서 경을 듣고 가르침을 받는다. 무량수경에서 말씀하시길, 보살이 공양하는 꽃은 백천 가지 광명과 빛깔이 있고, 빛깔마다 각기 다른 향기를 내뿜고 그 향기를 두루 배이게 한다.35)

다른 모든 불국토에 태어나면 단지 한 분 부처님께서 법을 설하시는 것을 듣게 되지만, 서방에서는 모든 부처님께 두루 예배하고, 경을 듣고 법을 들을 수 있다.36)

경행(經行)이란 불교도가 우울한 마음을 흩어 없애고 몸을 유지하기 위해 특정 장소를 이리저리 순환하는 것을 이르는데, 즉 산책을 말한다.37)

'밤낮'의 원문은 주야육시(晝夜六時)인데, 인도에서 하루는 낮 삼시(三時), 밤 삼시(三時)로 즉 육시이다. 한편 중국은 하루를 12개의 시간의 단위로 나누었다. 인도의 여섯때는 바로 우리들의 하루 24시간을 의미한다. 서방세계의 의정(依正)은 모두 빛이 있기 때문에 광명세계라 부른다. 서방세계에는 해와 달과 별이 없고, 낮과 밤으로

---

34) 《阿彌陀經要解》CBETA 電子版, 7쪽. 불설아미타경요해강기, 181, 185쪽
35) 불설대승무량수장엄청정평등각경친문기, 443, 445쪽
36) 불설아미타경요해강기, 179쪽
37) http://www.chinesewords.org/dict/236331-170.html 2020.8.1 확인.
 불설대승무량수장엄청정평등각경친문기, 358쪽

나뉘지 않기 때문에 시간관념이 없고, 공간관념 역시 없다.[38]

　다시 사리불아, 저 국토에서는 항상 온갖 기묘한 여러 색깔을 가진 백학·공작·앵무·사리·가릉빈가·공명조와 같은 새들이 있느니라. 이러한 여러 새들은 밤낮으로 화평하고 맑은 소리를 내는데, 그 소리는 오근·오력·칠보리분·팔성도분과 같은 법을 자세하게 일러주느니라. 그 국토의 중생이 이 소리를 들으면 모두 부처님을 생각하고, 가르침을 생각하며, 스님들을 생각하느니라. 사리불아, 너는 이 새들이 실제 죄보로 태어난 것이라 말하지 말아야 하느니라. 왜냐하면 저 불국토에는 삼악취가 없기 때문이니라. 사리불아, 그 불국토에는 오히려 삼악도의 이름조차 없는데, 어떻게 진짜 새들이 있겠느냐. 이러한 여러 새들은 모두 아미타부처님께서 법음을 널리 펴시고자 변화로 만드신 것이니라. 사리불아, 저 불국토에서 부드러운 바람이 불면 여러 줄지어 선 보배나무와 보배그물이 미묘한 소리를 내는데, 마치 백천 가지 음악이 동시에 울리는 것 같아 이 소리를 듣는 사람은 모두 자연스럽게 부처님을 생각하고, 가르침을 생각하고, 스님들을 생각하는 마음이 생기느니라. 사리불아, 그 불국토는 이와 같은 공덕장엄으로 성취되어 있느니라.

　갖가지 기묘한 여러 색깔을 가진 새의 종류는 매우 많지만 생략하고 여기서는 여섯 종류의 새만을 서술하였다. 이 새들의 아름다움은 인간세상에 있는 것이 아니다. 극락세계는 아미타불의 정토로, 육도

---

38) 불설대승무량수장엄청정평등각경친문기, 379쪽. 불설아미타경요해강기, 121, 179~180쪽

중의 하나인 축생도가 아니기 때문에 실제 새가 있는 것이 아니고, 아미타불께서 법음(法音)을 펴시기 위하여 변화로 새를 만드신 것이다. 새들이 법을 설할 뿐만 아니라, 보배나무와 흐르는 물도 모두 법을 설할 수 있다. 새는 유정이며, 나무는 무정이다. 서방세계에서는 육진(六塵)이 법을 설하므로, 어떠한 근성의 사람이라도 모두 이익을 얻을 수 있다.39)

사념처 · 사정근 · 사여의족 · 오근 · 오력 · 칠각지 · 팔정도의 수행법을 삼십칠도품 또는 삼십칠조도품이라 한다. 이를 크게 일곱 가지로 나누어 칠과(七科)라고도 한다. 삼십칠도품은 총강령으로 일체법을 포함한다.40)

[정토수행에 있어서는] 일심으로 염불하여 정토에 왕생하길 구하는 것이 바로 팔정도 중의 유일한 정견(正見)이고, 제6식 의식을 써서 하루 종일 서방극락세계의 의정장엄을 생각하고, 아미타불을 생각하는데, 이것이 바로 정사유(正思惟)이다.41)

실제 극락세계는 삼십칠조도품뿐만 아니라, 불교의 대승경전이 설해진다. 관정스님의 〈극락세계유람기〉에 따르면, 극락세계에서 설해지는 경전은 사바세계에서 보다 훨씬 수준이 높지만, 그 근본 뜻은 같다고 한다.

---

39) 佛說阿彌陀經要解講記(출전: 華藏淨宗學會), 286~287쪽. 불설아미타경요해강기, 143, 187~188, 270쪽
40) 불설대승무량수장엄청정평등각경친문기, 462쪽. 불설아미타경요해강기, 192, 250쪽
41) 불설대승무량수장엄청정평등각경친문기, 51쪽. 불설아미타경요해강기, 221쪽

사리불아, 너의 생각은 어떠하느냐? 저 부처님은 어찌하여 아미타라 불리시느냐. 사리불아, 저 부처님의 광명이 무량하여 시방국토를 비추는데 장애가 없어 아미타라 불리시느니라. 또 사리불아, 저 부처님의 수명과 그곳 사람들의 수명이 무량무변 아승지겁이므로 아미타라 이름하느니라. 사리불아, 아미타부처님이 성불한 이래 지금까지 10겁이 되었느니라. 또 사리불아, 저 부처님께는 무량무변한 성문제자들이 있는데, 모두 아라한이고, 이는 셈으로 헤아려 알 수 있는 바가 아니며, 여러 보살 역시 그러하느니라. 사리불아, 저 불국토는 이와 같은 공덕장엄으로 성취되어 있느니라.

극락세계 사람들을 일체청정대해중보살마하살이라 부른다. '일체'는 모든이라는 뜻이고, '청정'은 깨끗하다는 뜻이며, '대해(大海)'는 큰 바다를 말하는데, 극락을 연꽃이 피어 있는 못과 바다라는 뜻에서 연지해회(蓮池海會)라 부르기도 한다. '중(衆)'은 무리라는 뜻이고, 보살 뒤에 '마하살'을 붙이면 대보살이라는 뜻이다.

'십겁'은 현장의 신역, 즉 《칭찬정토불섭수경》에는 십대겁(十大劫)이라 되어 있다. 십겁은 우리들의 시간이며, 서방에는 시간이 없다. 분별과 집착을 여의면 시간은 없다.[42]

'사람들'은 등각보살 이하를 가리킨다.[43]

서방극락에 비록 천인이니, 성문이니, 연각이니, 보살이니 하는

---

42) 불설대승무량수장엄청정평등각경친문기, 327쪽. 불설아미타경요해강기, 294쪽
43) 불설아미타경요해강기, 287쪽

이름이 있기는 하지만, 이는 단지 타방세계의 풍속을 따른 것일 뿐이고, 극락세계 사람들은 모두 보살이다. 그들이 서방극락세계에 가기 전에 혹 인간·천인·성문·보살이었지만, 서방극락은 본래 모두 다 평등하다. 다만 번뇌를 끊은 정도가 서로 같지 않음으로 이해 천인이니 인간이니 성문이니 보살이니 하는 구별이 있는 것뿐이다.[44]

또 사리불아, 극락국토에 왕생하는 중생들은 모두 아비발치이니라. 그 중 많은 이는 일생보처인데, 그 수가 매우 많아 셈으로 헤아릴 수 없어, 단지 무량무변 아승지겁 동안 설해야 하느니라. 사리불아, 이 말씀을 들은 중생들은 마땅히 발원하여 저 국토에 왕생하기를 원해야 하느니라. 왜냐하면 이러한 여러 상선인들과 함께 할 수 있기 때문이니라.

아비발치는 삼불퇴로 번역한다. 삼불퇴를 원만하게 증득하는 것은 팔지보살의 경지이다. 설사 하품하생에 왕생하더라도 삼불퇴를 증득할 수 있기 때문에 불가사의하다.[45]

상선인(上善人)은 등각보살을 말하고, 등각보살 이하는 선인(善人)이라 부른다. 극락세계는 모든 상선인들과 함께 한 곳에 모여 스승이 되고 친구가 될 수 있기 때문에 성취가 빨라 매우 빠르게 불위(佛位)를 성취할 수 있다.[46]

---

44) 불설대승무량수장엄청정평등각경친문기, 373, 608쪽
45) 아비발치 = 아유월치. 불설대승무량수장엄청정평등각경친문기, 360쪽. 불설 아미타경요해강기, 307쪽

왕생에 대한 발원은 믿음의 증명이고, 수행의 중추여서 더욱 중요한 일인데, 발원 가운데 믿음과 수행이 있으니, 그래서 부처님께서 아미타경에서 은근히 세 번 발원을 권하시어 우리들의 왕생을 보임(保任)하셨다. 강렬하게 발원하는 마음이 있어야 곧 아미타불과 감응도교를 할 수 있기 때문이다.[47] 발원의 처음은 정종분의 두 번째 단락에서 '이 말씀을 들은 중생들은 마땅히 발원하여 저 국토에 왕생하기를 원해야 하느니라.'이다. 두 번째는 정종분의 마지막 단락에서 '만약 이러한 말을 들은 사람은 마땅히 저 국토에 왕생하기를 발원해야 하느니라.'이다. 세 번째는 유통분에서 '만약 믿음이 있는 사람이라면 마땅히 저 국토에 왕생하기를 발원해야 하느니라.'이다.

사리불아, 적은 선근과 복덕의 인연으로는 저 국토에 왕생할 수 없느니라. 사리불아, 만약 선남자 선여인이 아미타부처님에 관하여 말씀하는 것을 듣고 그 명호를 꼭 지니어(執持名號), 하루나 이틀이나 사흘이나 나흘이나 닷새나 엿새나 이레 동안 한마음이 되어 흐트러지지 않으면(一心不亂), 그 사람이 목숨을 마치려 할 때 아미타부처님께서 여러 성중들과 함께 바로 앞에 나타나 이 사람이 목숨을 마칠 때 마음이 뒤바뀌지 않고 곧바로 아미타부처님의 극락국토에 왕생하게 되느니라. 사리불아, 나는 이와 같은 이익을 알고 이러한

---

46) 불설아미타경요해강기, 63, 256, 296, 316쪽. 한편 정공법사께서는 '아미타불의 문하에서 수행하는 사람은 모두가 상선인에 속한다'고 말씀하시기도 한다. 〔극락에 왕생하면 결국에는 등각보살(일생보처보살)의 지위에 이르기 때문이다. (편집자 주)〕
47) 佛說阿彌陀經要解講記(출전: 華藏淨宗學會), 408쪽. 불설아미타경요해강기, 246, 370쪽

말을 한 것이니, 만약 이러한 말을 들은 사람은 마땅히 저 국토에 왕생하기를 발원해야 하느니라.

염불이 해가 거듭되고 날이 가면 자연히 적은 선근이 아니다.[48) 지극한 마음으로 염불 한 마디를 하면, 능히 80억 겁의 생사중죄를 없앨 수 있다. 그러나 이와 같은 사람은 백천 중의 하나도 없다.[49)

염불은 아미타불의 선근과 복덕을 자신의 것으로 변화시켜 만드는 것이다. 염불하여 닦는 복덕과 지혜는 세간에서의 제일의 복덕과 지혜이니, 자신에게 복이 없음을 두려워해서는 안 된다. 조사와 대덕들은 계를 지키고 염불하여, 복과 지혜를 함께 닦을 것을 권하였다.[50)

선남자와 선여인의 선(善)자는 대단히 중요하며, 그것이 염불하여 왕생할 수 있는지 없는지의 관건이다. 진실로 믿고 진실로 발원하여, 조금의 허위도 없어야 선(善)이라 말할 수 있다. 선남자 선여인의 선(善)은 바로 복덕과 선근이 성숙한 사람이다. 선남자 선여인이란, 관무량수경의 정업삼복(淨業三福)[51)을 모두 행하는 이들을 말한다. 정업삼복을 실천할 수 있는 사람이 바로 선남자와 선여인이다.[52) 공덕과 지혜의 성취가 있는 사람이라야 비로소 선남자 선여인

---

48) 佛學問答類編 – 淨土第十二, 문답 제11조
49) 佛學問答類編 – 淨土第十二, 문답 제231조
50) 불설아미타경요해강기, 147, 174, 364쪽
51) =정업정인
52) 불설대승무량수장엄청정평등각경친문기, 410쪽. 불설아미타경요해강기, 58, 416쪽. 불교바로알기, 52~53쪽

이라 할 수 있다.53)

  '명호를 꼭 지니어(執持名號)'는 수행(行)이다. '한마음이 되어 흐
트러지지 않으면(一心不亂)'은 염불의 목표이다. '집(執)'은 명호를
꽉 잡는 것이며, '지(持)'는 유지하여 잃지 않은 것이다. 그러나 애
석하게도 이 수승한 법문을 믿는 사람을 아주 적다.54)

  집지(執持)는 즉 생각 생각에 부처님 명호를 기억하기 때문에 사
혜(思慧)라 하는데, 사지(事持)와 이지(理持)가 있다. 지(持)는 부처
님의 명호를 지님을 말한다. 사지(事持)란 서방 아미타불이 있음을
믿으나, 시심작불(是心作佛) 시심시불(是心是佛)에 도달하지 못한 것
이다. 단지 결연한 의지와 발원으로 왕생을 구하여, 자식이 어머니
를 기억하듯 잠시도 잊지 않는다. 이것은 이성(理性)에 이르지 못하
였으나 단지 사(事)에 의지하여 수지한다. 이지(理持)라는 것은 서방
아미타불은 나의 마음이 갖추고 있으며(心具) 나의 마음으로 만든
것(心造)이라는 것을 믿는 것이다. '마음이 갖추고 있다함'은 자기
마음이 원래 이(理)를 갖추고 있는 것이다. '마음으로 만든 것이라
함'은 마음이 갖추고 있는 이(理)에 의지하여 수행을 일으키는 것으
로, 즉 이(理)가 바야흐로 드러날 수 있기 때문에 만든다고 하는 것
이다. 비록 이(理)를 깨달았더라도 사(事)를 폐지하지 않아야 바야흐
로 진실한 수행이다. 연지대사께서는 '사(事)에 집착하여 염불이 생
각 생각 계속 이어지면, 대업왕생을 할 수 있는데, 이(理)에 집착하

---

53) 금강경강의, 318쪽
54) 徹悟禪師語錄 券上. 불설대승무량수장엄청정평등각경친문기.쪽. 불설아미타경
    요해강기, 322~323쪽

여 이론에 치우친 결과, 사(事)에 의한 수행을 버리면, 명심견성하지 못하여 여전히 육도윤회를 해야 한다.'고 말씀하셨다.[55]

우익대사께서는 미타요해에서, '사지(事持)나 이지(理持)를 막론하고 지(持)가 번뇌를 조복하거나 제거하여 견사혹이 먼저 다하면, 모두 사일심이다. 사지나 이지를 막론하고 지(持)가 마음이 열려 본성불(本性佛)을 보는 것에 이르면 모두 이일심이다. 사일심은 견사에 의해 어지럽지 않으며, 이일심은 이변(二邊)에 의해 어지럽지 않아 즉 수혜(修慧)이다.'라고 하였다.[56] 법신을 증득한 초주보살 이상이 이지(理持)에 속하며, 법신을 증득하지 못하였으면 모두 사지(事持)이다.[57]

이미 진실한 믿음과 간절한 발원이 있으면, 반드시 뜻과 마음이 나무아미타불 여섯 자 성호를 붙잡아 지녀야(執持) 한다. 행주좌와 어묵동정, 옷을 입거나 밥을 먹거나 대소변을 볼 때 등에, 늘 이 여섯 자 홍명을 떠나지 말아야 한다. 반드시 전체 마음이 부처이고 (全心是佛), 전체 부처가 마음이어서(全佛是心), 마음과 부처가 둘이 아니고(心佛不二), 마음과 부처가 같도록(心佛一如)하여야 한다. 만약 염(念)이 여기에 있어, 염이 지극하고 감정이 잊혀지면, 마음이 텅 비고 부처가 나타난다. 즉 현생에 곧 삼매를 친히 증득할 수 있

---

55) 佛說阿彌陀經要解. 印光大師嘉言錄(출전: 淨空老法師專集網), 106쪽. 佛說阿彌陀經要解講記(출전: 華藏淨宗學會), 71쪽. 이지(理持)는 이념(理念), 사지(事持는) 사념(事念)과 같은 의미로 보인다(불설아미타경요해강기, 27쪽 참조).
56) 불설아미타경요해강기, 331쪽. 이변(二邊)＝양변(兩邊)
57) 불설아미타경요해강기, 332쪽

다. 임종에 이르러서는, 상상품에 왕생한다. 지극한 수지(修持)의 수완이라 할 수 있다.58) 만약 망념이 일어나면 당장에 아미타불의 모습을 생각하여 입으로 계속해서 염불해야 한다.59)

아미타경에서 말씀하시는 것은 하루에서 칠일까지 기한을 정해 염불하는 것이다. 근기가 총명한 사람은 하루만 하여도 산란하지 않으며, 근기가 둔한 사람은 칠일을 수행해야 비로소 산란하지 않으며, 근기가 중간인 사람은 이일·삼일·사일·오일·육일 등 일정하지 않다. 또 근기가 총명한 사람은 칠일 동안 산란하지 않을 수 있으며, 근기가 둔한 사람은 하루만 산란하지 않으며, 근기가 중간인 사람은 육일·오일·사일·삼일·이일 등 일정하지 않다.

'목숨을 마치려 할 때'는 임종시인데, 정확하게는 죽기 전에 이미 아미타부처님과 성중들께서 임종자의 눈앞에 나타나신다. 왕생은 살아서 가는 것이지 죽어서 가는 것이 아니다. 부처님께서 데리러 오는 것을 보고서 부처님을 따라 가는 것이다. 그래서 염불법문을 불사의 법문이라 한다.

사리불아, 내가 지금 아미타부처님의 불가사의한 공덕을 찬탄하는 것처럼, 동방에도 역시 아촉비불, 수미상불, 대수미불, 수미광불, 묘음불 같은 항하의 모래알처럼 많은 여러 부처님께서 각자 그 국토에서 광장설상을 드러내시어 삼천대천세계를 두루 덮으시면서 정성되고 진실한 말씀으로 '너희 중생들은 불가사의한 공덕을 칭찬하시

---

58) 印光大師嘉言錄(출전: 淨空老法師專集網), 31쪽
59) 불설아미타경요해강기, 322쪽

는 일체 여러 부처님께서 보호하고 생각하는(護念) 이 경을 마땅히 믿어야 한다'라고 설하시느니라.

여기서부터가 유통분이다. 「유(流)는 만고에 전해지는 것이며, 통(通)은 통달하여 막힘이 없는 것이다.」[60]

이하에서는 육방의 부처님께서 아미타경을 찬탄하는 말씀이 나온다. 동·서·남·북의 사방과 상·하를 합쳐 육방이라 말한다. 이 육방에 더하여 동남·동북·서남·서북의 사유(四維)를 합치면 시방(十方)이다. 「구마라집대사는 불설아미타경에서 육방(六方)으로 번역하였고, 현장대사는 칭찬정토불섭수경에서 시방으로 번역하였다.」[61]

시방세계의 제불이 아미타불을 찬탄함은 구구절절 진실하게 우리로 하여금 진실한 신심을 내어 오로지 이 법문을 배우도록 하시려는 것임을 믿으면, 이번 한 생에 반드시 원만하게 성취하여 선(善)을 일으키는 이익을 얻는다.[62]

정토법문은 여래의 철저한 자비심으로 널리 중생을 제도하는 법문이다. 저 미혹을 끊을 힘이 없는 번뇌에 속박된 범부들이, 믿음·발원·지명염불로 현생에 해탈하고, 관음·세지와 함께 동료가 되게 한다. 위로 등각보살조차도 오히려 왕생하여야 바야흐로 정각을 성취한다. 지극히 단번에 이루고 지극히 원만하며, 위와 아래를 거두고, 일대시교에서 말씀하신 일체법문을 초월한다. 그래서 석가모

---

60) 불설아미타경요해강기, 376쪽
61) 불설아미타경요해강기, 381쪽
62) 불설아미타경요해강기, 141쪽

니부처님께서 아미타경을 설할 때, 육방의 제불께서 광장설을 내시어, 한 소리로 찬탄하시고, '불가사의공덕의 일체제불께서 호념하는 경'63)이라 칭하셨다. 또 '우리 석가세존께서 심히 어렵고 희유한 일을 하셨다'라고 이르셨다. 오직 이 법문만이 일체중생에게 고르게 이익이 있고, 법계의 유정중생에게 보편적으로 적합하기 때문에, 이 경은 일체제불이 모두 설하신다. 이 법문을 믿기만 하면 호념하시지 않는 부처님은 없다.64)

시방삼세 일체제불여래께서 모두 함께 아미타불의 공덕을 찬탄하는데, 구법계 중생이 모두 그 이익을 얻는다. 우리들은 마땅히 본받아야 하고, 일체제불과 같은 발원, 같은 마음으로 아미타불의 공덕을 찬탄해야 한다. 염불이 바로 찬탄이고, 아미타경(무량수경)을 독송하는 것이 바로 찬탄이다.65)

광장설상(廣長舌相)은 '넓고 긴 혀의 모습'이라는 뜻인데, 부처님 32상 중의 하나이다.66) 이는 부처님의 법음이 삼천대천세계를 두루 덮는다는 의미이다.

'각자 그 국토에서 광장설상을 드러내시어'는 항하의 모래알처럼 많은 여러 부처님께서 일체중생에게 서방의 아미타불을 소개하는 일

---

63) 동국역경원의 불설아미타경에서는, 칭찬불가사의공덕일체제불소호념경(稱讚不可思議功德一切諸佛所護念經)을 '이 불가사의한 공덕을 칭찬하는 모든 부처님께서 호념하시는 이 경'이라 번역하였다.
64) 印光大師嘉言錄(출전: 淨空老法師專集網), 21쪽. 佛說阿彌陀經要解講記(출전: 華藏淨宗學會), 438쪽. 불설아미타경요해강기, 384쪽
65) 佛說大乘無量壽莊嚴清淨平等覺經親聞記(출전: 般若文海), 往生正因 第二十五
66) 불설아미타경요해강기, 382, 389쪽

이 지금까지도 멈춘 적이 없으며, 교화 범위는 삼천대천세계에 두루 미친다는 것이다.[67]

'정성되고 진실한 말씀으로'라고 하신 것은 [부처님께서 이 경에서] 말씀하신 것이 모두 실재하는 법이기 때문이다.[68]

사리불아, 남방세계에도 일월등불, 명문광불, 대염견불, 수미등불, 무량정진불 같은 항하의 모래알처럼 많은 여러 부처님께서 각자 그 국토에서 광장설상을 드러내시어 삼천대천세계를 두루 덮으시면서 정성되고 진실한 말씀으로 '너희 중생들은 불가사의한 공덕을 칭찬하시는 일체 여러 부처님께서 보호하고 생각하는 이 경을 마땅히 믿어야 한다'라고 설하시느니라.

사리불아, 서방세계에도 무량수불, 무량상불, 무량당불, 대광불, 대명불, 보상불, 정광불 같은 항하의 모래알처럼 많은 여러 부처님께서 각자 그 국토에서 광장설상을 드러내시어 삼천대천세계를 두루 덮으시면서 정성되고 진실한 말씀으로 '너희 중생들은 불가사의한 공덕을 칭찬하시는 일체 여러 부처님께서 보호하고 생각하는 이 경을 마땅히 믿어야 한다'라고 설하시느니라.

사리불아, 북방세계에도 염견불, 최승음불, 난저불, 일생불, 망명불 같은 항하의 모래알처럼 많은 여러 부처님께서 각자 그 국토에서 광장설상을 드러내시어 삼천대천세계를 두루 덮으시면서 정성되고

---

67) 불설아미타경요해강기, 382쪽
68) 불설아미타경요해강기, 382쪽

진실한 말씀으로 '너희 중생들은 불가사의한 공덕을 칭찬하시는 일
체 여러 부처님께서 보호하고 생각하는 이 경을 마땅히 믿어야 한
다'라고 설하시느니라.

사리불아, 하방세계에도 사자불, 명문불, 명광불, 달마불, 법당
불, 지법불 같은 항하의 모래알처럼 많은 여러 부처님께서 각자 그
국토에서 광장설상을 드러내시어 삼천대천세계를 두루 덮으시면서
정성되고 진실한 말씀으로 '너희 중생들은 불가사의한 공덕을 칭찬
하시는 일체 여러 부처님께서 보호하고 생각하는 이 경을 마땅히 믿
어야 한다'라고 설하시느니라.

사리불아, 상방세계에도 범음불, 수왕불, 향상불, 향광불, 대염견
불, 잡색보화엄신불, 사라수왕불, 보화덕불, 견일체의불, 여수미산
불 같은 항하의 모래알처럼 많은 여러 부처님께서 각자 그 국토에서
광장설상을 드러내시어 삼천대천세계를 두루 덮으시면서 정성되고
진실한 말씀으로 '너희 중생들은 불가사의한 공덕을 칭찬하시는 일
체 여러 부처님께서 보호하고 생각하는 이 경을 마땅히 믿어야 한
다'라고 설하시느니라.

사리불아, 너의 생각은 어떠하느냐? 어찌하여 일체 여러 부처님
께서 보호하고 생각하는 경이라 이름하는지 아느냐? 사리불아, 만약
선남자 선여인이 있어 이 경을 듣고 받아 지니는 사람이나 여러 부
처님의 이름을 듣는 사람은 모두 일체 여러 부처님께서 함께 보호하
고 생각하시어 모두 아뇩다라삼먁삼보리에서 불퇴전을 얻느니라. 그
러므로 사리불아, 너희들은 모두 나의 말과 여러 부처님이 말씀하신

바를 마땅히 믿고 받들어야 하느니라.

이 경은 일체 여러 부처님께서 보호하고 생각하는 경, 즉 일체제불소호념경(一切諸佛所護念經)이다. '이 경을 듣고 받아 지닌다는 것'은 아미타불 명호를 꼭 잡아 지닌다(執持名號)는 것이다.[69]

사리불아, 만약 어떤 사람이 이미 발원하였거나 지금 발원하거나 장차 발원하여 아미타부처님의 국토에 왕생하기를 원한다면, 이 사람들은 모두 아뇩다라삼먁삼보리에서 불퇴전을 얻어 저 국토에 이미 왕생하였거나 지금 왕생하거나 장차 왕생하게 될 것이니라. 그러므로 사리불아, 여러 선남자 선여인으로 만약 믿음이 있는 사람이라면 마땅히 저 국토에 왕생하기를 발원해야 하느니라.

사리불아, 내가 지금 여러 부처님의 불가사의한 공덕을 칭찬한 것과 같이 저 여러 부처님들 역시 '석가모니부처님께서 매우 어렵고 희유한 일을 하시어 사바국토 오탁악세의 겁탁, 견탁, 번뇌탁, 중생탁, 명탁 중에서 아뇩다라삼먁삼보리를 얻으시고 여러 중생을 위하여 일체 세간에서 믿기 어려운 법을 설하신다'라고 나의 불가사의한 공덕을 칭찬하는 말씀을 하시느니라. 사리불아, 내가 오탁악세에서 이와 같이 어려운 일을 행하여 아뇩다라삼먁삼보리를 얻고 일체세간을 위하여 이 믿기 어려운 법을 설하는 것은 심히 어려운 일임을 마땅히 알아야 하느니라.

탁(濁)은 오염이고, 가리고 덮는 것이다. 겁탁은 탁한 법이 모인

---

69) 佛說阿彌陀經要解

때이다. 견탁이란 사견(邪見)이 늘어나고 성한 것이다. 번뇌탁이란 번뇌와 미혹이 늘어나고 성한 것이다. 명탁이란 수명이 대단히 짧은 것을 말한다. 중생탁이란 인간의 자질이 저하된 것이다.[70]

정토법문은 행하기는 쉬우나 믿기는 어려운 법이다(易行難信之法). 여래께서 이 정토법문을 믿기 어려운 법이라고 칭한 것은, 착수하기는 쉬우나 성공가능성은 높고, 힘은 적게 들이나 효과는 크기 때문이다. 원만하게 단번에 이루고 직접 가는 지름길이며(圓頓直捷), 광대하고 간이하여(廣大簡易) 일체 통도(通途)의 교리를 뛰어넘는다. 숙세의 선근이 있지 않으면 결코 믿고 받아 봉행하기 힘들다. 구법계의 중생은 이 법문을 떠나 위로 원만하게 불도를 이루는 것이 불가능하고, 시방의 제불께서 이 법을 버리고 아래로 널리 군맹(群萌)을 이롭게 하는 것이 불가능하다. '일체세간'은 보통 구법계의 유정 세계를 가리킨다.[71]

우리 세존께서 스스로 지난 인연을 말씀하시어, '내가 오탁악세에서 이 어려운 일을 행하여 보리를 증득하고, 일체세간을 위해 이 믿기 어려운 법을 설하는 것은 심히 어렵다'라고 이르셨다. 듣는 자들로 하여금 믿고 받아들이고 봉행하게 하여, 자신이 세상에 나온 구경(究竟)의 본래 회포를 펼치신 것이다.[72]

---

70) 출전: 두산백과. 佛說阿彌陀經要解. 불설아미타경요해, 434~435쪽
71) 印光大師嘉言錄(출전: 淨空老法師專集網), 23, 29쪽. 佛說大乘無量壽莊嚴淸淨平等覺經親聞記(출전: 般若文海), 三輩往生 第二十四. 불설아미타경요해, 440쪽
72) 印光大師嘉言錄(출전: 淨空老法師專集網), 21쪽

능히 제불의 호념을 받아 수학하는 과정 중에 일체 마장을 멀리 여의게 된다. 이 특별법문을 받아들이지 않는 사람들은 아직 성불할 기연(機緣)이 오지 않은 것이어서 받아들일 수 없다. 우리들이 오늘 이 법문을 만났으니 반드시 이 인연을 소중히 여겨야 한다.[73)]

부처님께서 이 경을 설하여 마치시니, 사리불과 여러 비구들, 일체세간, 천인, 사람, 아수라 등이 부처님의 말씀을 듣고, 환희하여 믿어 받들면서, 예배드린 후 물러갔다.

몸과 마음이 기쁨을 '환희(歡喜)'라 하고, 조금도 의혹이 없는 것을 '믿는다(信)'라고 하며, 받아들여 잊지 않는 것을 '받든다(受)'고 한다. 대은덕에 감사(感)하여 몸을 던져 귀명하는 것을 '예배를 드린다(作禮)'라고 한다. 가르침에 의지하여 수지(受持)하고 한 번도 물러나지 않는 것을 일컬어 '물러간다(去)'고 한다. 수지는 스스로 닦는 것이다.[74)] 법회가 해산되었다는 것은 바로 수행의 시작이다.[75)]

스승의 은혜를 갚는 방법은, 스승의 가르침을 말씀에 맞게 받들어 행하고, 아울러 이를 발향하여 크게 전파하는 것이다. 우리가 부처님의 은혜에 보답하는 유일한 방법은 바로 이 정토법문을 유통하는 것이다. 기회가 있으면 부처님의 은혜에 보답해야 하고, 기회가 있으면 즉시 이 법을 남에게 추천해야 한다. 사람들에게 염불수행을 권하는 것은 확실히 제일의 공덕이다. 32응신으로 중생을 구제하는

---

73) 불설대승무량수장엄청정평등각경친문기, 93, 265쪽
74) 佛說阿彌陀經要解, 불설대승무량수장엄청정평등각경친문기, 696, 706쪽
75) 불설아미타경요해, 446쪽

일이라면 불보살님과는 결코 견줄 수 없지만, 사람들에게 염불을 권하는 일이라면 우리도 할 수 있다. 옛사람들이 널리 펼쳤던 정토법문의 재미있는 말씀들을 취하여, 이웃들을 위해 제창해야 한다. 자신의 능력을 다해 대중에게 두루 소개하되 그들이 이 법문을 믿고 믿지 않음에는 신경을 쓸 필요가 없다.[76]

---

76) 印光大師嘉言錄(출전: 淨空老法師專集網), 152~153쪽. 불설대승무량수장엄청정평등각경친문기, 106, 268, 628, 712쪽. 능엄경 염불원통장 소초대의 강기, 169쪽

제 4 편

능엄경 대세지보살 염불원통장 약해

능엄경의 원래 제목은《대불정여래밀인수증요의제보살만행수능엄경》이다. 대불정수능엄경, 수능엄경, 능엄경 등으로 약칭한다.

능엄경은 맨 처음 여래장성품(如來藏性品)[1]을 뚜렷이 내보이셨으니, 부처가 될 수 있는 진짜 원인을 밝히신 것이며, 그 다음으로 원통(圓通)하는 방법들을 엄선하셨으니, 부처가 되는 미묘한 수행을 보이신 것이다. 그 뒤 60가지 성인의 계위(聖位)[2]를 거쳐 보리를 원만히 이루고 더 이상 얻을 게 없는 경지로 되돌아가나니, 바로 부처님 자리라는 궁극의 과보를 증득하는 것이다.[3]

수능엄 또는 능엄의 뜻은 일체사구경견고(一切事究竟堅固)란 뜻이다. '일체사'는 삼과칠대(三科七大)를 말한다. 삼과는 육진·육근·육식의 십팔계로 우주와 인생의 귀납이고, 칠대는 지·수·화·풍·공·견(根)·식으로 현상계의 귀납이다. '구경'은 공(空)의 뜻으로 본체(體)를 말하고, '견고'는 불공(不空)으로 현상과 작용을 말한다. 우리가 보는 일체만상은 연(緣)이 모이고 연이 흩어지는 것으로 모이면 생하고 흩어지면 멸한다. 실제로 모이고 흩어지는 연을 떼어놓고 이들을 기본물질상에서 보면 원래 불생불멸이다. 이것이 견고의 뜻이다.

능엄경은 제5권 끝에서 부처님의 질문에 대하여, 25분의 수행자

---

1) 여래께서 갖추고 계신 성품
2) 능엄경에서는 56위로 분류한다는 말씀[의심 끊고 염불하세, 119쪽 각주 24]도 있다.
3) 의심 끊고 염불하세(철오선사어록), 137~138쪽

가 자신이 원통(圓通)을 이루게 된 경과에 대하여 설명하는데, 이것이 25원통이다. 원(圓)은 원만이고, 통(通)은 통달인데 통달은 깨달음이다. 원통은 일체법에 미혹하지 않고 일체법의 이(理)와 사(事)에 모두 통달·명료한 것을 말한다. 진실로 통하지 않은 바가 없고 깨닫지 않은 바가 없어야 원만한 통달이다. 원통이 바로 능엄대정(楞嚴大定)이고, 무생법인이고, 이일심불란의 경지이다.[4]

삼과칠대, 즉 십팔계와 칠대가 합쳐 능엄경의 25원통이 된다. 부처님께서는 이 방법으로 팔만사천 법문을 25문으로 귀납시키고 각 한 분의 보살로 대표하게 하셨다. 그래서 25보살 한 분 한 분마다 자기 수행으로 증과(證果)를 성취함을 보고하게 하셨다. 이로써 법문은 모두 평등하여 차별이 없고, 어떤 법문을 수학하든 상관없이 모두 원통을 증득할 수 있음을 알 수 있다. 그 중 대세지보살께서 대표하시는 것은 바로 염불법문으로 이는 25원통의 하나이다. 구체적으로 염불은 칠대에서 견대(見大)에 해당한다. 능엄회상에서는 문수보살이 아난의 근기에 맞춰 관세음보살의 이근원통을 선택하였다. 그러나 지금 말법시대 중생은 근기와 성품이 둔하고 하열하여, 자성을 원만히 깨달아 미혹을 끊고 진여를 깨달아서 생사윤회를 벗어나고, 초범입성(超凡入聖)할 수 없다. 또 이근원통은 오로지 근기가 예리한 사람만을 섭수하지만, 염불원통은 상·중·하 모든 근기를 널리 섭수하므로 중생의 근기를 두루 십수함에 있어서는 염불원통이 이근원통을 능가한다. 그러므로 염불원통은 바로 오늘날 우리의 때

---

4) 능엄경 염불원통장 소초대의 강기, 133~134, 188~189, 214~215쪽. 불교바로알기, 110쪽

와 근기에 잘 부합한다.[5]

대세지보살께서 원인을 닦아 결과에 계합하고(修因契果) 자기를 이롭게 함은 오직 염불 하나로 모두 원만히 갖추어졌다.[6]

이 장은 매우 짧아서 244자에 불과하지만, 의리는 무궁무진하여 능엄경의 정화이고, 실제로 정토심경(淨土心經)이라 말할 수 있을 뿐만 아니라, 부처님 일대장교의 심경이라 말할 수 있다. 인광대사님은 이 염불원통장을 '정토종 최상의 가르침(開示)이고, 가장 미묘한 염불법문이다.'라고 하셨다.[7]

대세지법왕자가 52분의 동료보살과 함께 즉시 자리에서 일어나, 부처님 발에 정례(頂禮)하고 부처님께 말씀드렸다.

법왕자는 보살을 말한다. 대세지보살은 서방삼성 중 한 분으로 아미타불의 좌보처보살이다.

대세지보살께서는 염불법문을 전수(專修)하여 한 마디 부처님 명호를 끝까지 염하고, 성불 후에도 여전히 염불한다. 그래서 이 법문으로 자신을 성취하였다. 이와 같이 진허공 변법계에서 일심염불을 전적으로 닦고 전적으로 홍양할 것을 제창하여 이 법문으로 일체중생을 제도하고 계신다. 그분은 대지혜가 있으니, 마땅히 법계의 정

---

5) 불설대승무량수장엄청정평등각경친문기, 47쪽. 능엄경 염불원통장 소초대의 강기, 126~130, 134쪽. 정토오경일론, 52~54쪽
6) 의심 끊고 염불하세(철오선사어록), 199쪽
7) 印光大師嘉言錄(출전: 淨空老法師專集網), 161쪽. 불설대승무량수장엄청정평등각경친문기, 17쪽. 능엄경 염불원통장 소초대의 강기, 135, 225쪽

토종 초조이시다. '대세지보살이 정토종의 초조이시다'라는 말씀은 하련거 거사의 전례 없는 발견이다.[8]

52분의 동료보살은 극락에서 [대세지보살과] 함께 석가모니부처님 께서 능엄경을 설하시는 법회, 즉 능엄회상에 온 보살들을 말한다.[9]

정례(頂禮)는 우리의 가장 귀한 머리로 부처님의 가장 낮은 발에 예배하는 것인데, 이는 지극한 공경을 표하는 것이다. 그리고 부처 님께 고하여 말한다. 이것은 청법(請法)의 의식이다.

제가 과거 항하사겁을 기억해 보니, 부처님께서 세상에 출현하시 어, 무량광이라 이름하셨습니다. 열두 분의 여래께서 1겁씩 이어오 셨고, 최후의 부처님을 초일월광이라 이름하셨습니다.

'제(我)'는 대세지보살을 말한다. 무량수경에 따르면 아미타불은 달리 무량광불, 무변광불, 무애광불, 무대광불, 염왕광불, 청정광불, 환희광불, 지혜광불, 부단광불, 난사광불, 무칭광불, 초일월광불이 라 부르는데, 광명으로서 이 12가지 이름을 세우셨다.[10] 이것이 '열 두 분의 여래'이다. 또 다른 설명이 있는데, 시방세계에는 명호가 같 은 부처님께서 매우 많은데, 아미타부처님과 관세음보살 · 대세지보

---

8) 佛說大乘無量壽莊嚴清淨平等覺經親聞記(출전: 般若文海), 往生正因 第二十五. 불설대승무량수장엄청정평등각경친문기, 616~617쪽. 불설아미타경요해강기, 405쪽. 정수첩요보은담, 412쪽

9) 정권(靜權)법사, 염불원통. 이하 정권법사님의 염불원통 법문은 별도의 각주가 없는 한 「염불원통」(박병규 역, 2007, 삼보제자)을 참조하여 편집인이 표현을 약간 수정한 것이다.

10) 염불원통, 66쪽

살은 아미타부처님이 성불하시기 전에 세 분이 동학동수로 모두 이 12여래를 가까이 모신 적이 있었다. 그래서 성불하신 후 이 12여래의 별호가 생겼다. 이 별호는 사승(師承)의 연원을 표시한다. 아미타불은 12여래를 계승한 분이고 12여래의 전인(傳人)이라는 뜻이 있다.[11]

무량광불은 실상의 지혜로 이체를 비춤(實智照理)에 한량이 없다. 무변광불은 권법의 지혜로 사상을 비춤(權智照事)에 끝이 없다. 무애광불은 자광(慈光)이 즐거움을 주는데 장애가 없다. 무대광불은 비광(悲光)이 고통을 뽑는데 있어 대적할 것이 없다. 염왕광불은 광명과 음성으로 응화(應化)함에 자재하다. 청정광불은 미혹과 때를 이미 떠나서 깨끗한 광명(淨光)을 발한다. 환희광불은 다른 이들이 수용(受用)하여 큰 기쁨을 내도록 한다. 지혜광불은 대지혜로 모든 미혹을 깨뜨린다. 부단광불은 항상 몸에서 광명을 발하여 끊이지 않는다. 난사광불은 묘용(妙用)이 무진하여 생각하고 논하기 어렵다. 무칭광불은 뭇 덕을 구족하여 칭하는 것이 불가능하다. 초일월광불은 광명이 해와 달의 광명을 백천만 배나 뛰어넘는다. 이 12여래는 1겁씩 이어오셔서 세간에 출현하였다.[12]

그 부처님께서 저에게 염불삼매를 가르쳐 주셨습니다.

그 최후의 부처님은 초일월광으로 역시 아미타불이다. 초일월광께서 대세지보살에게 염불삼매를 가르쳐 주신 것이다. 「대세지보살

---

11) 능엄경 염불원통장 소초대의 강기, 73쪽
12) 염불원통

이 선택한 것은 염불하여 정토에 왕생하기를 구하는 정토법문으로, 진정으로 제일의 지혜가 있음을 대표한다.」[13]

「비유하자면 어떤 이가 있어, 한 사람은 오로지 그리워하고, 한 사람은 오로지 잊어버리고 있다면, 이 두 사람은 만나도 만나지 못하고, 보아도 못 본 것과 같다. 두 사람이 서로 기억하여, 둘의 기억하고 생각하는 마음이 깊어져, 이와 같으면 더욱 세세생생에 형상과 그림자처럼, 서로 어긋나거나 다르게 되지 않는다.

한 사람은 오로지 생각한다는 것은 곧 부처님께서 중생을 생각하고 그리워하는 것을 말한다. 또한 한 사람은 전적으로 잊는다는 것은 바로 미혹하고 전도된 일체중생이 마음에서 부처님을 생각하지 않음을 말한다.[14]

시방의 여래께서 중생을 가엾게 여기심은 어머니가 자식을 그리워하는 것과 같다. 만약 자식이 도망친다면 그리워한들 무슨 소용이 있겠느냐? 자식이 만약 어머니를 그리워하는 것이 어머니가 그리워하는 때와 같다면, 어머니와 자식은 여러 생에 걸쳐 서로 어긋나거나 멀어지지 않는다.

어머니와 지식은 골육에 의하여 서로 연결되어 있기에 두 사람의 관계는 아주 밀접하다. 세상의 자애로운 어머니가 자식을 생각함에는 어느 때나 어느 곳이나를 막론하고 언제 어디서라도 자식을 잊는

---

13) 佛說大乘無量壽莊嚴淸淨平等覺經親聞記(출전: 般若文解), 大士神光 第二十八
14) 염불원통

법이 없다. 만약에 자식이 어머니를 생각하지 않는다고 하더라도 어머니는 반드시 염념이 자식을 생각한다. 세간의 중생은 마찬가지로 시방세계 여래의 우리 중생을 생각하시는 마음을 깊이 깨달아야 한다.15)

아미타불께서 과거 법장비구로 수행할 때 48대 서원을 발하여, 어머니가 자식을 그리워하듯 모든 중생을 받아들이겠다고 다짐한 약속을 굳게 믿고, 자식이 어머니를 그리워하듯 지성으로 부처님을 생각(念佛)하면, 감응도교로 마침내 극락정토에 왕생하게 되는 것이다.16)

중생이 염불하는 것은 중생의 마음 안에 부처님이 있는 것이다. 부처님이 중생을 염한다는 것은 곧 부처님의 마음 가운데 중생이 있는 것이다. 따라서 중생이 염불한다함은 제불의 마음 가운데 있는 중생이 중생의 마음 가운데 제불을 생각하는 것이다.17)

인광대사께서는 '항상 응당 자식이 어머니를 잊지 않고 기억하듯이 걸을 때나 머물 때나 앉을 때나 누울 때나 말할 때나 침묵할 때나 주위를 돌거나 언제든지 한 마디 부처님 명호를 실이 이어지듯 빈틈없이 어떠한 일에도 끊어지지 않게 하고, 모두 육근을 거두어들여 정념을 이어가야 한다. 능히 이와 같은 자는 결정코 정토에 왕생하리라.'고 하셨다.18)

---

15) 염불원통
16) 인광대사, 화두 놓고 염불하세, 303 및 328쪽
17) 능엄경 염불원통장 소초대의 강기, 55~57쪽

만약 중생의 마음이 부처님을 그리워하고 부처님을 생각하면, 현재나 미래에 반드시 부처님을 뵙게 되며, 헤어진 부처님과 멀지 않아서, 다른 방편을 빌리지 않고도, 스스로 마음이 열리게 된다. 이는 마치 향을 물들이는 사람의 몸에서 향기가 나는 것과 같다. 이것을 향광장엄이라 이름한다.」라고 하셨습니다.

'만약 중생의 마음이… 스스로 마음이 열리게 된다.'는 대세지보살님께서 몸소 증명하고 실제로 도달한 경계를 허심탄회하게 고백하신 말씀이다.[19]

억(憶)이란 기억하고 지녀서 잊지 않음(記持不忘)이고, 염(念)은 언제나 마음에 두고 잊지 않음(繫念)이라는 뜻이다. 또 억(憶)은 마음속으로 생각하는 것으로, 즉 마음으로 그리워함이다. 부처님을 기억하고(憶佛) 부처님을 생각하는 것(念佛)은 실로 도를 얻는 첩경이다.[20]

부처님의 의정장엄을 전문적으로 기억하고 생각하는 것(憶念)이 우리가 수행하는 종지이고, 그것의 감응이 부처님을 뵙는 것(見佛)이다.[21]

---

18) 능엄경 염불원통장 소초대의 강기, 227쪽
19) 의심 끊고 염불하세, 147쪽
20) 印光大師嘉言錄(출전: 淨空老法師專集網), 1쪽. 화두 놓고 염불하세, 42쪽 참조. 佛說大乘無量壽莊嚴淸淨平等覺經親聞記(출전: 般若文海), 一 敎起因緣. 불설대승무량수장엄청정평등각경친문기 47쪽. 능엄경 염불원통장 소초대의 강기, 160~162쪽
21) 능엄경 염불원통장 소초대의 강기, 193~194쪽

만약 중생의 마음이 부처님을 기억하고 부처님을 생각하면, 현재나 미래에 반드시 부처님을 뵙게 된다. 감(感)이 있으면 반드시 응(應)이 있다. 감(感)은 망념을 사용하지 않는데, 마음이 청정해야 바로 감응이 있는 것이다. 현재에 부처님을 친견함은 감응을 말하고, 장래에 부처님을 친견한다는 것은 왕생을 말한다. 염불을 하면 부처님께서 현전하시는 것은 마음이 바로 부처이기 때문이다.[22]

중생이 염념이 지극한 정성을 다해 아미타불을 기억하고 생각하면 이는 곧 염념이 아미타불 청정한 법신의 깨달음 바다(覺海)에 들어가는 것이다. 우리들이 지금 아미타불의 색신을 친견하고자 한다면 다만 염념이 지극한 정성으로 아미타불 명호를 지니기만 할 것이니 즉 입으로는 염불소리 내는 것을 맑고 또렷하게 하고, 귀로는 염불소리 듣는 것을 맑고 또렷하게 하며, 마음은 깨어 맑고 또렷하게 염불하여야 한다. 과연 이와 같이 염불을 중시하여 언제나 부처님을 기억하고 생각한다면 우리들은 결정코 부처님을 뵐 수 있는데, 바로 지금 혹은 미래에 부처님을 뵐 수 있다. 현재 부처님을 뵙는다는 것은 꿈속이나 선정(定) 중에 진불이나 부처님의 초상을 뵙는 것을 말한다. 옛날 정토종의 초조인 여산 혜원법사께서 선정(定)중에 3번 부처님을 뵈었고, 정토종 제3대 조사 승원대사와 제4대 조사 법조대사께서 16묘관을 닦으실 때 항상 선정(定) 중에서 아미타부처님을 뵙고 아미타부처님이 설법하는 것을 들었다.[23]

---

22) 佛說阿彌陀經要解講記(출전: 華藏淨宗學會), 280~281쪽. 능엄경 염불원통장 소초대의 강기, 53, 193쪽
23) 염불원통. 16묘관은 관무량수경의 16관을 말한다.

향광장엄(香光莊嚴)은 '부처님을 기억하고 생각하면 반드시 부처를 이룬다'에 대한 비유이다. 향을 물들이는 사람같이 몸에 곧 향기가 있다. 마치 난초 가까이에 있어 향기가 물씬 배인 사람은, 몸에서 그윽한 향기가 풍겨 나오는 것과 같다. 그가 특별히 난초향기를 풍기고 싶어서가 아니라, 자기도 모르게 저절로 그렇게 되는 것이다. '향(香)'은 성덕(性德)을 비유하고, '광(光)'은 지덕(智德)을 비유하며, 물들임(染)은 수덕(修德)을 비유한다. 수덕으로부터 자기의 성덕이 드러나 바야흐로 부처님의 성덕과 본래 자연적으로 같은 것이어서 조금의 간격도 없다는 것을 알게 된다.24) 상근기는 부처님 마음의 향기에 물들고, 중근기는 부처님 몸의 향기에 물들고, 하근기는 부처님 명호의 향기에 물든다. 아래 두 구25)에서 삼매의 이름과, 또 곧 법문의 이름이 나온다. 부처님의 법신향(法身香), 지혜광(智慧光)으로 자기의 본각불(本覺佛)을 장엄한다. 그래서 향광장엄이라 이른다. 〈기신론〉에서는 '세간의 의복이 실제로 향기가 없지만, 만약 어떤 이가 훈습(薰習)하면 즉 향기가 있는 것과 같다'고 하였다.26)

'빌리지 않는다'함은 다른 법문의 도움을 빌리지 않는다는 것이다. 관상(觀想) 등 다른 법문을 참구하여 도울 필요가 없으며, 오로지 이 한 마디 아미타부처님 명호이면 된다는 말이다. 여기서 '스스로 마음이 열린다(自得心開)'란 선종의 대철대오의 경계이다.27)
자득심개

---

24) 염불원통
25) '이것을 향광장엄이라 이름한다(此則名曰 香光莊嚴)'는 두 구를 말한다.
26) 화두 놓고 염불하세, 218쪽. 원영(圓瑛)대사의 「大佛頂首楞嚴經講義」 제14권의 대세지보살 염불원통장.

염을 오래오래 하면, 업이 소멸하고 지혜가 밝아지며 장애가 다하고 복이 높아지며, 자심이 본래 가지고 있는 불성이 저절로 드러날 수 있다.[27]

저는 본래 수행의 원인 자리에서 염불심으로 무생법인에 들어갔습니다. 지금 이 세계에서 염불하는 이들을 거두어 극락정토로 돌아가겠습니다.

'염불심(念佛心)으로 무생법인에 들어간다'는 이 공부가 성취될 때까지 염불함을 말한다. 심(心)은 입으로 하는 염이 아니고, 마음속에 부처님이 계시는 것이다.[29]

부처님께서 원통에 대해 물으셨습니다. 저는 다른 선택이 없습니다. 육근을 모두 거두어 깨끗한 염불이 계속 이어지게 하여, 삼마지를 얻는 것, 이것이 제일입니다.

'다른 선택이 없다'는 것은 두루 육근·육진·식대(識大)를 사용하여 염불한다는 뜻이다.[30]

평상시에 육근이 모두 밖을 향해 반연하고 있으니, 염불로 그것을 거두어 다시는 밖으로 반연하지 않게 해야 한다. '육근을 모두 거두

---

27) 佛說大乘無量壽莊嚴淸淨平等覺經親聞記(출전: 般若文海), 一 敎起因緣. 불설 아미타경요해강기, 344, 405쪽. 불교바로알기, 75쪽
28) 印光大師嘉言錄(출전: 淨空老法師專集網), 34쪽
29) 능엄경 염불원통장 소초대의 강기, 188쪽
30) 의심 끊고 염불하세, 304쪽. 능엄경 염불원통장 소초대의 강기, 228쪽. 여기서 식대(識大)는 육식(六識)을 말하는 것으로 보임

어(都攝六根), 깨끗한 염불31)이 계속 이어지게 하는 것(淨念相繼)'
은 일체 출세간의 정념공덕(正念功德)이고, 진실한 정진이다. 이것
은 방법이다. '깨끗한(淨)'은 뒤섞이지 않음이고, 전일(專一)한 것이
다. 이는 청정이며, 청정심 속에는 하나의 잡념도 없다. '계속 이어
지게 함'이란 끊어지지 않은 것이다. 이것이 염불삼매, 일상(一相)삼
매, 일행(一行)삼매, 일심불란이다. 청정심으로 염불해야만 하며, 잡
된 마음과 어지러운 마음으로 염불하면 효과에 이를 수 없다. 반드
시 전심으로 염해야 한다.32)

　지금 염불하는 동안에, 눈은 항상 부처님을 바라보니 안근이 청정
이고, 귀는 자신과 대중의 염불소리를 들으니 이근이 청정이며, 코는
향로속의 향기를 맡으니 비근이 청정이고, 혀는 반복하여 염불만 하
니 설근이 청정이며, 이 몸은 청정도량에서 매일 부처님께 절을 올리
니 신근이 청정이고, 염불하고 절하고 마음속으로 부처님을 생각하니
이것은 곧 의근이 청정해지는 것이다. 육근이 청정하면 신·구·의
삼업도 따라 청정해지는데, 삼업이 청정하니, 몸으로는 살생·투
도·사음, 입으로는 망어·기어·양설·악구, 뜻으로는 탐·진·치
가 일어나지 않으니, 그 자리가 바로 십선업(十善業)이 되는 것이다.
수행자가 가장 대치하기 어려운 것이 바로 삼업인데, 이 한 마디 아

---

31) 정념(淨念)은 보통 '깨끗한 생각'으로 옮기는데, 편집인은 '깨끗한 염불'로 옮
　　기었다. 염(念)은 염불이라는 뜻으로 쓰이는 경우가 많고, 본장의 전체 내용으
　　로 볼 때 염불로 옮기는 것이 더 자연스럽다.
32) 佛說大乘無量壽莊嚴淸淨平等覺經親聞記(출전: 般若文海), 一 敎起因緣. 불설
　　대승무량수장엄청정평등각경친문기, 30～31, 50, 452쪽. 불설아미타경요해강
　　기, 206, 211, 227, 405, 420쪽. 오로지 아미타불만 사념하는 것이 일상삼매
　　이다(의심 끊고 염불하세, 29쪽).

미타불로 삼업을 다 거두어들일 수 있다는 것이다. 이렇게 오랜 시간 지속하다 보면 관념(觀念)이 저절로 성숙해지고 정토의 인(淨因)이 증장하여 임종시에 반드시 극락왕생을 하게 된다.33)

삼자량이 정토법문의 강요이고, 육근을 모두 거두는 것이 염불의 비결이다. 인광대사께서는 '육근을 모두 거두어 깨끗한 염불이 계속 이어지게 하는 것은 배각합진(背覺合塵)하는 생멸을 바꾸어 배진합각(背塵合覺)하는 생멸을 삼아서 불생불멸의 진여불성을 증득하길 기대하는 것이다'고 하셨다. 육근을 모두 거두어 깨끗한 염불이 계속 이어지게 하는 것은 염불공부를 하는 미묘한 방법이고, 마음을 제어하는 가장 미묘한 법이다. 깨끗한 염불이 계속 이어지게 하는 것이 이번 일생에 왕생할 수 있는지 없는지의 관건이다.34)

육근을 모두 거두는 수행은 귀로 듣는 것(聽)에서 시작한다. 큰 소리로 염하든 작은 소리로 염하든 입을 열지 않고 마음속에 묵념하든 상관없이 모두 모름지기 한 자 한 자, 한 마디 한 마디 또렷하게 들어야 한다.35)

'계속 이어짐(相繼)'은 중단되지 않는 것이다. 염불은 어렵지 않으나, 변덕 없이 꾸준히 지속하기가 어렵다. 선도화상이 전수한 무간수(無間修)의 요점은 깨끗한 염불이 계속 이어지게 하는 것에 있다. 무간수라는 것은 몸으로는 오로지 아미타불에게 예배하면서 다

---

33) 불력수행, 192~193쪽
34) 불설대승무량수장엄청정평등각경친문기, 226~227, 228, 230, 716쪽
35) 능엄경 염불원통장 소초대의 강기, 228쪽

른 예배가 없어야 하고, 입으로는 모름지기 오로지 아미타불을 부르면서 다른 명호를 부르지 말아야 하며, 또 다른 경전을 독송하지 말아야 하고, 마음으로는 모름지기 오로지 아미타불을 생각하여 다른 생각이 없는 것을 가리킨다.36)

불국토를 믿고 발원하여, 육근을 거두어 깨끗한 염불이 계속 이어지게 하는 것이 보리에서 물러나지 않는 원인자리에서의 수행(因行)이다. '삼마지(삼매)'를 얻는 것이 제일원통인데, 이것이 보리에서 물러나지 않은 과덕(果德)이다.37)

우리가 진실한 믿음과 간절한 발원을 갖추어 자식이 어머니를 잊지 않고 기억하듯이 모두 육근을 거두어들여 깨끗한 염불을 이어가면, 즉시 대세지보살의 염불원통과 관세음보살의 이근원통 이중의 공부로써 일심에 녹여 여래의 만덕홍명을 염할 수 있다.38)

서방극락 사람들은 다 염불로 왕생하고, 그들은 서방극락에 도달한 후에도 여전히 염불하는 것을 잊지 않고 계속해서 염불한다.39)

청정한 마음으로 염불해야 한다. 잡심과 난심으로 염불하면 효과를 볼 수 없다. 반드시 전심(專心)으로 염해야 한다. 다시 의심(懷疑)을 하거나 또 뒤섞을 수(夾雜) 없다. 뒤섞음은 마음이 청정하

---

36) 의심 끊고 염불하세, 152쪽. 佛說大乘無量壽莊嚴淸淨平等覺經親聞記(출전: 般若文海), 一 敎起因緣. 정토혹문, 136쪽
37) 능엄경 염불원통장 소초대의 강기, 211쪽
38) 능엄경 염불원통장 소초대의 강기, 232쪽
39) 불설대승무량수장엄청정평등각경친문기, 616~617쪽

지 않은 것이다. 많은 같이 수행하는 사람(同修)들이 의심하지 않을
수 있으나, 뒤섞지 않은 것에는 도달하지 못한다. 세간의 명예와 이
익, 오욕육진은 일체를 내려놓아야 한다.40)

---

40) 佛說大乘無量壽莊嚴淸淨平等覺經親聞記(출전: 般若文海), 一 敎起因緣

부록

1. 용어 정리

(1) 겁

겁(劫)을 설명하는 여러 가지 방법이 있다. 반석겁을 예로 들면, 가로·세로·높이가 각 40여 리나 되는 하나의 큰 돌을 장수천의 천인이 가벼운 비단보다도 더욱 가벼운 비단을 입고 100년에 한 번씩 내려와서 이 비단으로 이 돌을 한 번 스쳐서 이 돌을 없어지게 하는데 걸리는 시간이다.

(2) 견사혹

천태종에서는 오리사(五利使)와 오둔사(五鈍使)를 합하여 십사(十使)라 하는데, 십사에서 사(使)는 번뇌 또는 미혹의 다른 명칭으로 마치 차사(差使)가 백성을 부리거나 또는 죄인을 뒤쫓아 붙잡아 결박시키는 것처럼, 번뇌가 중생의 마음을 부리고 뒤쫓아 옴짝달싹 못하게 붙들어 맴으로써 삼계의 생사윤회를 벗어나지 못하도록 결박시킨다는 상징적은 비유이다. 신견(身見), 변견(邊見), 계금취견(戒禁取見), 견취견(見取見), 사견(邪見)은 견혹으로 바로 착오에 빠진 견해이다. 견혹은 오악견(五惡見)으로 가볍고 날렵하게 발동하기 때문에 오리사라고 한다. 탐, 진, 치, 만(慢), 의(疑)는 사혹으로 바로 사상(思想)의 착오이다. 사혹은 오리사에 의해 생겨나지만 상대적으로 더디기 때문에 오둔사라 한다. 사혹의 주요근원은 삼독심이다. 견사혹은 삼계번뇌를 통칭하는 말이다. 한편 구지(九地)는 구유(九有)라고도 하는데, 욕계의 ① 오취지, 색계의 ② 이생희락지 ③ 정생희락지 ④ 이희묘락지 ⑤ 사념청정지, 무색계의 ⑥ 공무변처지 ⑦ 식무변처지 ⑧ 무소유처지 ⑨ 비상비비상처지를 가리킨다. 견혹은 십사(十使)가 욕계·색계·무색계마다 고집멸도의 사성제로 나뉘어 배속되는데, 욕계에는 고제(苦諦)에 10혹이 전부 따르고, 집제(集諦)과 멸제(滅諦)에 신(身)·변(邊)·계(戒)를 제외한 7혹씩 따르며, 도제(道諦)에 신(身)·변(邊)을 제외한 8혹이 따르므로, 모두 32혹이 된다(10+7+7+8). 그리고 색계와 무색계에는 똑같이 고집멸도 아래에 욕계의 해당 혹수(惑數)에서 진(瞋)을 뺀 수만큼씩, 즉 고(苦)에 9혹, 집제와 멸제에 6혹, 도제에 7혹이 따라 각각 28혹씩 된다. 그래서 삼계의 미혹수를 전부 합하면 88품 견혹(견혹)이 된다(32+28+28=88). 사혹은 앞의 구지(九地)마다 각각 상상, 상중… 하중, 하하의 9품씩으로 세분되어 모두 9×9=81품이 된다. 88견혹을 모두 끊으면 예류(수다원)과가 된다. 욕계 초지의 1품~5품의 사혹을 끊으면 일래(사다함)향向, 6품 사혹을 끊으면 일래(사다함)과果, 나머지 3품을 끊으면 불환(아나함)과가 된다. 그리고 색계와 무색계 8지의 72품 사혹을 점차 끊어가는 과정이 불생(아라한)향向, 다 끊으면 아라한과果를 이루어 생사윤회를 벗어난다. 견혹을 끊는 단계가 견도(見道), 사혹을 끊는 단계가 수도(修道), 견사혹을 완전히 끊는 경지가 무학도(無學道)이다.[1]

신견은 몸을 자신이라고 여기는 견해이다. 「신견은 88품 중에서도 제일 벗어나기 힘들다. 먼저 신견에서 벗어날 수 있어야 한다.」[2]

---

1) 의심 끊고 염불하세, 154~156쪽. 불설아미타경요해강기, 435~436쪽
2) 금강경강의, 231, 233, 365쪽

변견은 상대적인 관념을 말한다. 일체법에는 크고 작음, 길고 짧음, 선과 악이 있다는 견해이다. 변견은 상견(常見)과 단견(斷見)이다. 상견은 우리 중생의 몸과 마음이 사라지지 않고 항상 머무른다(존재한다)고 믿는 생각이다. 단견은 반대로 우리 중생의 몸과 마음이 지금 현재 이대로만 존재하며, 지금 이전에도 없었고 앞으로도 없어져 존재하지 않는다고 믿는 생각인데, 이를 단멸(斷滅)이라고도 부른다. 흔히 사람이 죽으면 육신은 썩어 없어지고, 영혼도 육신과 마찬가지로 흩어져 더 이상 생명 존재가 없다고 믿는 무신론이 단견에 속한다. **계금취견**은 인(因)이 아닌 것을 인(因)으로 잘못 생각하는 견해이다. 달리 말하면 합리적이지 않은 계(戒)를 진실한 계(戒)로 잘못 아는 견해를 말한다. **견취견**은 과(果)가 아닌 것을 과(果)로 생각하는 견해이다. 달리 말하면 견취견은 비열한 견해나 하찮은 것을 아주 수승하고 청정하다고 집착하는 견해를 말한다. **사견**은 악견이라고도 하는데, 바르지 않은 견해로 인과는 없다고 주장하는 따위이다.[3]

(3) 공덕과 복덕

공덕은 공(功)을 쌓고 덕(德)을 누적시키는 것이다. 이것은 공부시간이 점점 누적이 되는 것이다. 우리들이 하나의 공정(工程)에서 하루에 조금 누적을 하는 것이 공(功)이다. 공력(功力)이 결과로 나타난 것이 바로 덕(德)이다.[4] 공(功)은 수지(修持)를 말하며, 덕(德)

---

3) 불설대승무량수장엄청정평등각경친문기, 22쪽. 의심 끊고 염불하세, 24쪽, 155쪽 각주 45), 46)

4) 金剛經說什麽: 功德和福德

은 과덕(果德)을 말한다. 덕(德)자는 득(得)자와 같다. 공덕을 닦아 번뇌를 끊고 보리열반을 성취할 수 있다. 공덕은 계율과 선정과 지혜이기 때문에 쉽게 타버릴 수 있다.

복덕은 대략 두 종류로 대별된다. 부귀영화는 홍복(鴻福)이라 하고, 일생동안 먹는 것 걱정하지 않고, 세상을 마음껏 유람할 수 있으며, 병 없이 죽는 것은 청복(淸福)이라 한다. 홍복은 세간의 복덕이고, 청복은 출세간의 복덕이다. 청복은 홍복에 비해 얻기 어렵고, 그것을 향수하기는 더욱 어렵다. 무위복은 청복에 속한다. 복덕은 [잘하면] 단지 인도와 천도의 복의 과보를 얻을 수 있을 뿐이고 윤회를 벗어날 수 없다. 그러나 복덕은 타버릴 수 없어서 설사 악도에 떨어질지라도 악도에서 복을 누린다. 집에서 키우는 강아지나 고양이를 보면 정말 축생도 복을 누리고 종종 일반인보다 복보가 더 큰 것을 볼 수 있다. 항상 화를 내고, 질투하고 싸워 이기기를 좋아하고, 자신이 잘났다고 생각하는 오만까지 있으면서도 동시에 복을 닦게 되면, 장래에 (아)수라도에 환생하게 된다. 그리고 복보를 다 누린 후에는 반드시 악도에 다시 떨어지게 된다. 진정한 복덕은 바로 상(相)에 머물지 않는 보시로서 닦을 수 있다. 복덕의 성취를 구하고자 한다면 모든 악을 행하지 않고 온갖 선을 받들어 행해야 한다.5)

선(善)의 목적은 복(福)을 얻기 위한 것이지만, 계의 목적 [즉 수행의 목적]은 선정[의 공(功)]을 얻기 위한 것이다. 계 [즉 수행으]

---

5) 불설대승무량수장엄청정평등각경친문기, 421, 709쪽. 불설아미타경요해강기, 34~35쪽. 능엄경 염불원통장 소초대의 강기, 184쪽. 금강경강의, 88, 117~118, 122, 518쪽

로는 삼계를 뛰어넘을 수 있지만, 복으로는 그렇게 할 수 없다.[6]

(4) 권과 실

권(權)이란 여래께서 중생의 근기를 굽어보시고, 거기에 맞춰 드리운 방편법문을 일컫고, 실(實)이란 부처님께서 마음으로부터 증득한 도의(道義)를 있는 그대로 설법하심을 일컫는다. 일시적 상황에 적합하여 잠시 사용했다가 그만두는 방편법문을 권(權)이라 하고, 궁극의 본체인 항상 불변의 법을 실(實)이라고 부른다. 권(權)은 방편법이고, 실(實)은 진실법이다. 여래가 처음 권지(權智)로써 삼승(三乘)의 교화를 펼친 것이 권교(權敎)이고, 나중에 일승(一乘)의 이치를 보인 것이 실교(實敎)이다.[7]

(5) 능과 소

능(能)은 주체를 말하고 소(所)는 객체(대상)를 말한다. 예를 들면 능념(能念)은 생각하는 주체이고, 소념(所念)은 생각하는 대상이다. 마음은 모든 것을 변화시키는 즉 능변(能變)이고 일체법은 변화한 대상 즉 소변(所變)이다. 또 믿고 발원하여 아미타불 명호를 수지하는 것은 능지(能持)이고, 아미타불 명호는 소지(所持)이다.[8]

---

6) 불설아미타경요해강기, 193쪽
7) 화두 놓고 염불하세, 321쪽. 의심 끊고 염불하세, 139쪽 각주. 불설대승무량수장엄청정평등각경친문기, 126쪽. 능엄경 염불원통장 소초대의 강기, 80쪽
8) 불설대승무량수장엄청정평등각경친문기, 71쪽. 佛說阿彌陀經要解講記(출전: 華藏淨宗學會), 294쪽. 불설아미타경요해강기, 380쪽

(6) 돈과 점

돈(頓)이란 점차적인 과정을 거치지 않고 곧바로 빠르게 단박에 뛰어넘어 들어감을 일컫고, 점(漸)이란 점차 닦아 나아가고 점차 증험해 들어가, 반드시 많은 세월과 생명의 과정을 거쳐 바야흐로 실상(實相)을 몸소 증득하는 것이다.[9] 천태종에서는 법화경만이 순수하게 원만한 법문으로 유일하게 돈교라 부를 수 있다. 화엄종에서는 화엄경만이 돈 중의 돈교가 된다.[10]

(7) 무생법인

「무생법인(無生法忍)에서, 법(法)은 우주와 인생의 일체만법이다. 무생은 우주와 인생 일체만법이 생하지도 멸하지도 않고 오지도 가지도 않으며 더럽지도 깨끗하지도 않고 상주(常住)하지도 단멸하지도 않음이다. 인(忍)은 선정에 든다는 뜻, 동의한다는 뜻, 인가한다는 뜻, 유효하다는 뜻이 있다. 진정으로 명료하게 알아야 승인하고 동의한다. 따라서 무생법인(無生法忍)은 일체만법이 불생불멸이라는 것을 깨닫는 지혜이다. 실상은 일체법이 불생불멸함인데, 불경에서는 이를 무생법인이라 말한다.

초지·이지·삼지의 보살은 음향인, 사지·오지·육지의 보살은 유순인이고, 칠지·팔지·구지의 보살은 무생법인이다. 상사(相似)의 무생법인은 칠지 미만의 보살, 하품의 무생법인은 칠지보살, 중

---

9) 화두 놓고 염불하세, 321쪽. 불설대승무량수장엄청정평등각경친문기, 94쪽
10) 의심 끊고 염불하세, 140쪽 각주 37)

품의 무생법인은 팔지보살, 상품의 무생법인은 구지보살이다. 하품의 적멸인(寂滅忍)은 제10지보살, 중품의 적멸인은 등각보살, 상품의 적멸인은 여래의 과지이다. 무생무멸(無生無滅)은 십지보살(제10지보살을 말하는 것으로 보임) 이상에서 증득하는 청정적멸이다. 생멸이 다 소멸하면 적멸이 현전한다.

무생법인을 깨달은(悟) 자는 경계에 비록 생멸이 있어도, 마음은 생멸이 없는데, 밝은 거울과 같아 와도 붙는 것이 없고, 가도 종적이 없다. 마음이 경계에 대응하는 것은 거울의 현상과 같아, 절대로 털끝만한 집착이나 연연하는 생각이 없다. 그러나 우리들의 마음은 망심(妄心)이어서 원숭이나 말이 날뛰듯이 마음이 한 곳에 집중하지 못하고 들떠 있어, 갖가지 방법으로 다스리지 않으면 망령되이 내달리지 않기가 매우 어렵다. 무생법인에 도달하는 일은 칠지보살 미만에게도 어려운 일인데, 하물며 범부가 수행하여 도달할 수 있겠는가. 그러나 염불방법을 사용하면 진심(眞心)에 머물 수 있다.」[11]

(8) 무위법과 유위법

무위법은 생멸변화가 없는 진리세계의 법칙이고, 유위법은 생멸변화가 있는 현상세계의 법칙을 말한다. 무위법은 생멸이 없고, 유위법은 생멸이 있다. 〈백법명문론〉에서 모든 일체법은 100가지 법

---

11) 네이버 지식백과 검색: 무생법인. 印光大師嘉言錄(출전: 淨空老法師專集網), 37쪽. 불설대승무량수장엄청정평등각경친문기, 53~54, 218, 266, 334, 355, 490쪽. 佛說阿彌陀經要解講記(출전: 華藏淨宗學會), 38, 59, 259, 285, 438쪽. 불설아미타경요해강기, 35, 43, 97, 415, 420쪽. 능엄경 염불원통장소초대의 강기, 116, 127, 188, 194쪽

으로 귀납되며, 심법, 심소유법, 색법, 불상응행법, 무위법 등으로 분류되는데, 무위법 6가지를 제외한 나머지 94개는 모두 유위법이다. 일체 현상은 모두 생멸하며 변화한다. 유위법의 본체는 무위이며, 유위는 무위의 작용이다. 불보살은 불생불멸심을 쓴다. 우리들은 생멸심을 쓰는 것이며, 그래서 모든 법이 다 생겨남(生)이 있고 사라짐(滅)이 있다. 사람에게는 생로병사가 있고, 세계에는 성주괴공(成住壞空)이 있다. 불생불멸은 진아(眞我)이고, 생멸하는 것은 가아(假我)이다. 진공(眞空)은 진상(眞相)이고, 묘유(妙有)는 가상(假相)이다.12)

(9) 삼보

불교에는 우리가 귀의하는 세 가지 보배가 있는데 이를 삼보라 한다. 깨달음(覺)·바름(正)·깨끗함(淨)을 자성삼보(自性三寶)라 한다. 불은 자성각이고, 법은 정지(正知)와 정견(正見)이며, 승은 청정이다. 삼보에 귀의한다는 것은 이 세 가지를 수학의 근거로 삼는 것이다. 또 불보(불상)·법보(경전)·승보(출가자)를 주지삼보(住持三寶)라 한다. 주지삼보는 자성삼보가 세상에 머물고 있음을 상징하고, 우리로 하여금 자성삼보로 회귀하여 의지하도록 일깨운다. 삼보는 전체 불법을 대표한다.13)

---

12) 위키백과 검색: 유위와 무위. 불설아미타경요해강기, 40~41, 42~43, 44, 59, 215쪽. 금강경강의, 386, 554쪽

13) 불설대승무량수장엄청정평등각경친문기, 315~316쪽. 불설아미타경요해강기, 253, 715쪽. 불교바로알기, 68, 71, 79쪽

삼보를 실제로 세분하면, 화엄종의 불보는 비로자나불이고 법보는 화엄경이며 승보는 문수와 보현, 그리고 41분의 법신대사이다. 법화종의 불보는 석가모니불이고 법보는 법화경이며, 승보는 법화경에서 말하는 보살이다. 정토종의 불보는 아미타불이고, 법보는 정토오경일론이며, 승보는 관세음·대세지·문수·보현과 같은 대보살이다. 우리가 아미타부처님의 불상을 조성하고 공양하며 날마다 바라보며 예배하는 목적은 이 불상의 도움을 입어 우리의 자성미타를 드러내기 위함이다.14)

(10) 삼불퇴

위불퇴란 '성인의 과위에서 물러나지 않는다'는 뜻으로 다시는 범부의 지위 및 삼악도에 떨어지지 않는다. 원교의 초신위보살이 증득한 경지이다. 행불퇴란 '보살이 수행에서 물러나지 않는다'는 뜻으로 보살이 견사혹과 진사혹을 끊어 육도만행을 닦음에 있어 퇴전하지 않는 것이다. 원교의 십신위보살이 증득한 경지이다. 염불퇴란 '일품의 무명을 깨뜨려 일분의 법신을 증득한 것을 뜻한다. 원교의 초주보살(법신보살)이 증득한 경지로 분증불(分證佛)이라고도 한다. 염불퇴는 여래의 깨달음의 바다(覺海)에 들어가는 것이다. 염불퇴를 증득하는 것은 정토종의 이일심불란에 해당한다. 다른 법문에서는 수행을 통하여 위불퇴·행불퇴·염불퇴를 순서대로 증득하여야 하지만, 정토법문으로 서방극락에 왕생하기만 하면 동시에 팔지보살처

---

14) 불설대승무량수장엄청정평등각경친문기, 716쪽. 불교바로알기, 75쪽. 능엄경
    염불원통장 소초대의 강기, 120쪽

럼 원만하게 삼불퇴를 증득하게 된다.15) 천태종에서는 원교의 초신위보살부터 칠신위보살까지가 위불퇴, 팔신위보살부터 십신위보살까지가 행불퇴, 초주보살 이상이 염불퇴에 해당한다고 본다.16)

(11) 성과 상

성(性)은 본성으로 상(相)은 형상으로 번역하기도 한다. 성(性)은 변할 수 있는 주체(能變)이며, 상(相)은 변하는 대상(所變)이다. 성(性)은 진실한 것이며 허망한 것이 아니기 때문에, 실상(實相)이라 이름한다. 성(性)에는 생멸이 없고, 상(相)에는 생멸이 있다. 연기성공(緣起性空), 즉 성(性)이 공(空)이기 때문에 비로소 연기(緣起), 즉 일체 모든 것은 인연이 화합하여 생겨날 수 있다. 상(相)은 성(性)이 아니면 원융하지 않으며, 성(性)은 상(相)이 아니면 드러나지 않는다.17)

(12) 성덕과 수덕

성덕(性德)은 마음에 본래 갖추고 있는 덕능이다. 〔수덕(修德)은 수행공부의 덕능이다.〕 부처님을 염하여 부처님이 현전하는 것을 수덕이라 한다. 성덕은 본래 있는 것이지만 수덕이 없으면 그것은 현전할 수 없다. 그러므로 〔정토종에서는〕 염불·억불(憶佛)로 성덕을 드러낸다.18)

---

15) 불설대승무량수장엄청정평등각경친문기, 101~102쪽. 불설아미타경요해강기, 34, 305, 310쪽
16) 의심 끊어 염불하세, 111쪽 각주
17) 불설대승무량수장엄청정평등각경친문기, 27, 537쪽. 불설아미타경요해강기, 15쪽, 43쪽 註. 금강경강의, 581쪽
18) 능엄경 염불원통장 소초대의 강기, 59, 67, 120쪽

(13) 이와 사

이(理)는 심성이며 영원히 청정하다. 또 실제이체(實際理體)로 간략히 본체라 한다. 그것은 유(有)도 아니고 공(空)도 아니며, 공과 유가 둘이 아니고, 조용히 중도에 알맞다. 이체(理體), 이 본체는 변동하지 않고 생함도 멸함도 없다. 사(事)는 만상이며, 현상이라고도 하는데, 세간의 일을 더욱 원만하게 한다. 이(理)와 상대적인 것은 사(事)이다. 삼신의 측면에서 보면, 법신은 이(理)이고, 보신과 화신은 사(事)이다. 물과 파도가 있는데, 물은 마음이고 파도는 물에서 일어나는 작용, 즉 현상으로 천차만별이다. 그렇지만 파도는 물을 여의지 않는다. 바람이 그치면 파도는 맑고 깨끗해진다. 또 비유하자면, 크고 원만한 보배거울은 텅 비어 환하며 완전히 한 물건도 없지만, 수많은 모습들을 모두 나타내는 것을 방해하지 않는다.[19]

(14) 의보와 정보

중생이 과거의 업장으로부터 받은 마음과 몸의 생명 자체를, 기본 또는 주요 과보라는 뜻에서 정보 또는 정과라 부른다. 그리고 그 몸과 마음이 의지해 거주하고 생활하는 세간의 일체 사물, 예컨대 세계국토·가옥·의복·음식 등의 환경을 의보 또는 의과라 부른다. 부처님께서는 의보는 정보를 따른다고 하셨다. 상(相)은 마음 따라 바뀐다는 것도 같은 의미이다.[20]

---

19) 印光大師嘉言錄(출전: 淨空老法師專集網), 107~108쪽. 불설아미타경요해강기, 46쪽. 정토오경일론(정종심요), 15~16, 22~23쪽. 정수첩요보은담, 225~256쪽. 금강경강의, 142쪽

(15) 일생보처

일생보처(一生補處)는 일생에 부처의 후보(一生補佛)가 되는 지위로, 즉 후보불이며, 등각보살을 말한다. 보살의 최고 과위이다. 등각보살의 성취는 부처와 완전히 같지만, 다만 부처의 지위에 있지 않을 뿐이다. 미륵이 바로 이 세계의 보처보살이고, 관세음보살은 서방세계의 보처보살이다. 등각보살은 서방에 온 후 10겁 안에 수행하여 부처가 된다. 극락세계 사람들은 누구나 구경에 일생보처의 지위를 얻게 되고 반드시 일생에 성불한다. 서방세계에는 후보불이 무량하고 무변하다.[21]

(16) 중생

중생은 깨닫지 못한 자를 말한다. 참성품을 잃어버리고 망령된 온갖 생각이 분주하게 일어났다 꺼졌다하기 때문에, 온갖 세계에 돌아다니면서 났다 죽었다 하는 무리들, 곧 정식(情識)이 있는 것들은 모두 함령(含靈)이라 한다. 그러므로 사람뿐 아니라 모든 동물과 귀신들과 하늘 사람들까지 합쳐서 하는 말인데, 유정(有情), 함식(含識), 군생(群生), 군맹(群萌), 군품(群品), 군미(群迷) 같은 여러 가지 말로 쓴다. 부처님의 구제대상은 구법계에 사는 이들을 모두 포함하

---

20) 화두 놓고 염불학세, 47쪽. 의심 끊고 염불하세, 86쪽 각주. 불설아미타경요해강기, 35, 132, 183, 266, 434, 589쪽. 능엄경 염불원통장 소초대의 강기, 52쪽

21) 佛說阿彌陀經要解講記(출전: 華藏淨宗學會), 322~323, 325, 332쪽. 불설대승무량수장엄청정평등각경친문기, 285, 454쪽. 불설아미타경요해강기, 63, 107, 289, 297, 304~305, 308, 310, 314쪽. 불교바로알기, 47~49쪽

며, 부처님은 구제대상을 인류에게만 한정하는 것이 아니라 이와 같
은 중생 전부를 가르치고 건지시는 것이다.22) 무릇 생명이 있는 것
이면 모두 중생이다.23)

(17) 진제와 속제

진제(眞諦)는 부처님의 비밀한 뜻이며, 속제(俗諦)는 우리들의 상
식이다. 부처님께서는 진제와 속제 이 두 진리를 가지고 법을 설하
셨다.24)

(18) 진심과 망심

「망(妄)은 번뇌인데, 견사, 진사, 무명이 있다. 망(妄)으로 인해 생
(生)이 있고, 생(生)으로 인해 멸(滅)이 있는데, 생멸(生滅)을 망(妄)이
라 이름한다. 망(妄)이 사라지면 진(眞)이라 이름한다. 따라서 망(妄)
은 생멸이고, 진(眞)은 불생불멸이다. 진(眞)은 영원히 변하지 않은 것
이고, 환(幻)은 찰나에 변화하는 것이다.

망심은 생멸심으로 찰나에 나타났다가 사라지며, 일체 경계를 보
면 모두가 생멸하는 것이다. 우리는 생멸심으로 일체법을 보기 때문
에 일체법은 모두 생멸이 있다. 예를 들면 동물은 모두 생로병사가
있다. 깨어 있을 때는 망심이 끊이지 않을 뿐만 아니라, 잠을 잘 때

---

22) 불교용어사전(https://studybuddha.tistory.com/958). 불설아미타경요해강
   기, 19쪽
23) 금강경강의, 79쪽
24) 불설대승무량수장엄청정평등각경친문기, 404쪽

는 꿈을 꾸기도 한다. 이와 같이 망심은 찰나에 생멸하기 때문에 우리의 세계는 생멸의 세계이다. 망심은 일체 번뇌의 근원이다. 망심은 무상(無常)하다. 생각(念, 念頭)은 망심이다. 생각을 움직여 본 것이 십법계이다.

진심은 선정심(定心), 각심(覺心)이다. 부처님께서는 선정심으로 일체법이 생멸하지 않음을 보신다. 진심은 각심으로 움직이지도 변하지도 않고, 상주(常住)한다. 성불은 진심이 현전한 것이다. 진심은 무량한 지혜, 무량한 덕능, 무량한 재능, 그리고 무량한 신통력을 구족하고 있다. 이러한 것들은 모두 자신들이 본래 가지고 있는 것이다.

망심은 일체 망상과 번뇌의 근원이다. 부처님께서는 생멸하지 않은 선정심으로 일체법을 보시어 일체법이 불생불멸임을 보신다. 부처님께서는 불생불멸이 진실한 것이며, 생멸은 거짓이라고 말씀하였다.

그러나 망심이 한번 움직이면 진심을 가리게 되어서 진심이 작용을 일으키지 못하게 된다. 진심으로 우주와 인생을 관찰하면 모든 것이 생기지도 않고 사라지지도 않으며, 진심으로 보는 것이 사실진상이다. 식심(識心)으로 보는 것은 그다지 믿을 만한 것이 못 된다.

범부가 쓰는 마음은 진심이 아니고 망심이다. 한편 유식학에서는 동생성(同生性)과 이생성(異生性)을 말한다. 동생성은 제불여래와 똑같이 진심을 사용하는 것으로 초주보살 이상이 일품의 무명을 깨뜨리고 일분의 법신을 보는 것과 같다. 이생성은 자신의 자성 광명이 전혀 드러나지 않은 것이다. 다시 말하면 진심이 아직 작용을 일으키지 않은 육도의 범부 · 아라한 · 벽지불 · 권교보살25)을 말한다.

　체(體)는 불생불멸이고, 상(相)은 찰나에 생멸한다. 불생불멸이 진상이고 생멸은 환상이다. 우리들은 생멸의 마음을 쓰는데 그래서 일체법이 모두 생이 있고 멸이 있다고 본다. 우리가 보는 일체만상은 연이 모이고 연이 흩어지는 것으로 모이면 생하고 흩어지면 멸한다. 우주만유의 가상(假相)은 1초 동안에 216,000번의 생멸이 있다. 실제로 모이고 흩어지는 연을 떼어놓고 이들을 기본물질에서 보면 원래 불생불멸이다. 기본물질을 불법에서는 미진(微塵)이라 한다. 이것의 배열방정식 차이로 인해 서로 각자가 다르지만, 그 기본원소는 하나이다. 범부가 보는 것은 생멸이고, 원교보살(법신대사)이 보는 것은 불생불멸이다. 원교보살은 일체법이 인연 따라 모이고 인연 따라 흩어짐을 보는데, 인연 따라 모이면 즉 있음이 있고 인연 따라 흩어지면 소멸한다. 실은 인연 따라 모여도 생겨남이 없고 인연 따라 흩어져도 소멸함이 없다. 제불보살은 불생불멸의 마음을 쓰므로 일체법이 불생불멸이라 본다. 팔지보살은 정공(定功)이 깊어 이를 분명하게 볼 수 있다. 팔지보살이 일체 심의식(心意識)의 분별을 떠났을 때 비로소 진정으로 무생법인을 얻었다 이른다. 이 경계를 증득하게 되면 일체법이 생멸이 없음을 보게 된다. 불생불멸이 진아(眞我), 진심(眞心)이며, 생멸하는 것은 가아(假我), 망심(妄心)이다. 진심은 진토(眞土)와 진신(眞身)으로 변화하여 나타나고, 망심은 환토(幻土)와 환신(幻身)으로 변화하여 나타난다.」26)

---

25) 권교보살은 명심견성에 이르지 못한 보살이다.
26) 印光大師嘉言錄(출전: 淨空老法師專集網), 5쪽. 불설대승무량수장엄청정평등

2. 마음을 표현하는 다른 말

불(佛) · 도(道) · 이(理) · 성(性)[27] · 성덕(性德) · 체(體) · 이체(理體) · 중도(中道) · 자성(自性) · 법성(法性) · 법계(法界) · **법신(法身)** · 심성(心性) · 현전일념심성(現前一念心性) · 본성(本性) · 본체(本體) · 본각(本覺) · 원각(圓覺) · 불성(佛性) · 불광(佛光) · 견성(見性) · 청정심(淸淨心) · 묘명진심(妙明眞心) · 제일의(第一義) · 여래(如來) · 여래장(如來藏) · 여래장묘진여성(如來藏妙眞如性) · 열반 · 보리 · 보리심(菩提心) · 진여(眞如) · 진여본성(眞如本性) · 진여자성(眞如自性) · 진성(眞性) · 진상(眞常) · 일심(一心) · 자심(自心) · 진심(眞心) · 진심본성(眞心本性) · 진상(眞相) · **공(空)** · 진공(眞空) · 실상(實相) · 진여실상(眞如實相) · 대원만(大圓滿) · 실제이체(實際理體) · 일진법계(一眞法界) · 대아(大我) · 진아(眞我) · 주인공(主人公) · 본래면목(本來面目) · 진제(眞諦) · 중제(中諦) · 제일의제(第一義諦) · 심마물(甚麽物) · 일물(一物) 등[28]

각경친문기, 29, 61, 67쪽. 佛說阿彌陀經要解講記(출전: 華藏淨宗學會), 210쪽. 불설아미타경요해강기, 97, 190~191, 268쪽. 정공큰스님, 무량수경 강설, 제3강 (유튜브)

27) 마음은 때로는 마음의 본체 즉 실상반야의 경계를 나타내는 의미로 사용되는데, 형이상학적인 이 본체는 심(心) 또는 성(性)이라 한다. 이러한 의미는 유식종에서 말하는 '일체법에는 자성이 없다(一切法無自性)'의 자성(自性)과 다르다. 유식종의 자성(自性)은 단독으로 존재하여 영원히 불변할 수 있는 하나의 성질이 없다는 뜻일 뿐이다. 유식종에서 말하는 '일체법에는 자성이 없다(一切法無自性)'는 의미는 반야종에서 일체법은 무아(一切法無我)라는 뜻과 같다(금강경강의, 507, 509쪽).

28) 불설대승무량수장엄청정평등각경친문기, 64~65쪽. 불설아미타경요해강기, 39쪽. 운명을 뛰어넘는 길, 2008, 불광출판사, 205쪽.

법신은 가지도 않고 오지도 않으며(不去不來) 생기지도 않고 멸하지도 않으며(不生不滅) 같지도 않고 다르지도 않으며(不一不異) 끊어지지도 않고 항상하는 것도 아니다(不斷不常).[29] 반야심경에서는, 공(空)은 나지도 않고 사라지지도 않으며(不生不滅) 더럽지도 깨끗하지도 않으며(不垢不淨), 늘지도 줄지도 않는다(不增不減)라고 표현한다.[30] 이 마음은 일체의 작용과 현상에서 볼 수 있다.[31]

3. 십법계[32]

욕계

지옥도

아귀도

축생도

(아)수라도

인간도

천신도(육욕천)

  1. 사왕천

  2. 도리천(삼십삼천)

  3. 야마천

---

29) 정수첩요보은담, 154쪽
30) 금강경강의, 138, 231쪽
31) 금강경강의, 500쪽
32) 고려 승려 제관(諦觀) 〈천태사교의〉에 의한 삼계 분류(출전: 위키백과)

4. 도솔천

5. 화락천

6. 타화자재천

색계(사선천)

초선천

7. 범중천

8. 범보천

9. 대범천

이선천

10. 소광천

11. 무량광천

12. 광음천

삼선천

13. 소정천

14. 무량정천

15. 변정천

사선천

16. 무운천

17. 복생천

18. 광과천

19. 무상천

20. 무번천

21. 무열천

22. 선현천

23. 선견천

24. 색구경천

무색계(사공천)

25. 공무변처천

26. 식무변처천

27. 무소유처천

28. 비비상천 · 비상비비상처천

성문: 방편유여토

연각: 방편유여토

보살: 실보장엄토

부처: 상적광토

미혹됨이 가벼우면 사성법계(성문 · 연각 · 보살 · 부처)이고, 미혹됨이 무거우면 육범법계(육도법계)이다.[33]

부처님을 생각하면 부처를 이루고 천상을 생각하면 천상에 태어날 수 있다. 십선을 닦으면 욕계천에 태어난다. 색계천은 사선(四禪)을 닦고 사무량심[34]을 닦아야 색계 18층천에 태어난다. 무색계천은

---

33) 불설아미타경요해강기, 251쪽

34) ＝자비희사(불설아미타경요해강기, 260쪽)

사선팔정과 사무량심을 닦아야 태어날 수 있다. 사선팔정은 단지 망념만 조복시킬 수 있는데, 마치 선정에 든 것 같지만 실제로는 선정이 아니다. 여기에는 시간성이 있어 비상비비상천의 수명은 팔만대겁이나 그 기한이 다 차게 되면 그 선정은 자연스럽게 소멸하여 없어지게 된다. 그렇게 되면 여전히 망념이 다시 일어나므로 사선팔정은 구경이 아니다. 한편 만약에 사무량심이 없이 천상에 태어나면 아수라로 변할 가능성이 있는데, 하늘의 복은 있으나 하늘의 덕이 없다. 아만으로 자신을 높이는 이런 업인(業因)을 지으면 그 과보는 바로 아수라이다. 즉 선(善)을 닦는 마음이 강하고, 매우 큰 습기를 가지고 있어 잘난 체하고 자만하면 아수라도에 태어난다. 오계를 60% 지킬 수 있으면 인간도에 태어난다. 인간세상은 벗어나기는 가장 어렵고, 타락하기는 가장 쉽다. 《지장경》에서 '남염부제의 중생들은 성품이 억세고 강하여 조복시키기가 어려우며, 악습을 맺음이 무거워 금방 벗어났다가는 금방 또 들어오고, 오래지 않아 다시 악도에 들어간다'고 하였다. 사람의 몸을 얻기 어려우나, 잃기는 매우 쉽다. 다수의 사람은 죽으면 삼악도에 떨어지며, 탐심이 무거우면 아귀로 변하고, 성내는 마음이 무거우면 지옥에 떨어지고, 어리석은 마음이 무거우면 축생으로 변한다. 지옥의 원인을 만들지 않으면 지옥의 모습이 나타나지 않는다.[35]

아수라는 싸우길 좋아한다. 아수라는 지옥 이외의 나머지 사도(四

---

35) 印光大師嘉言錄(출전: 淨空老法師專集網), 150쪽. 불설대승무량수장엄청정평등각경친문기, 44, 366, 535, 690, 710쪽. 불설아미타경요해강기, 216, 337, 393쪽. 능엄경 염불원통장 소초대의 강기, 110, 112쪽

道)에 흩어져 살고 있다. 인간의 조상은 광음천의 천인이 내려온 것이다. 광음천의 인간은 무색계로부터 내려왔다. 유명(幽冥), 즉 귀신은 아귀도에 속한다. 우리는 귀신을 볼 수 없는데, 우리는 3차원의 세계에 살고 있고, 그들은 여러 차원의 세계에 살고 있기 때문이다.[36]

육욕천은 욕계천이라고도 하는데, 이곳의 천인은 천이통과 천안통을 가지고 있어서 중생에게 미래에 이곳에서 죽고 저곳에 태어나는 갖가지 상황을 미리 알려 줄 수 있다. 욕계천은 4차원보다 더욱 높은 공간이고, 색계천과 무색계천은 욕계천 보다 더욱 차원이 높다. 우리들이 볼 수 없는 천인·나한·보살·부처는 4차원 이상의 공간에 있으며 경계가 서로 다르다. 볼 수 없다고 그것이 환상이라고 의심해서는 안 된다. 다만 우리들의 경계와 다를 뿐이다.[37]

사왕천과 도리천은 지거천(地居天)에, 야마천 이상은 공거천(空居天)에 있다.[38] 타화자재천은 가장 복이 많아 의식주를 마련할 필요가 없으며, 화락천은 의식주를 변화로 나타나게 한다.[39] 초선천은 오욕육진이 앞에 있어도 생각을 일으키지 않고 마음을 움직이지 않아야 태어날 자격이 있다.[40]

---

36) 불설대승무량수장엄청정평등각경친문기, 500, 605쪽. 불설아미타경요해강기, 237쪽. 능엄경 염불원통장 소초대의 강기, 110쪽. 금강경강의, 202쪽
37) 불설대승무량수장엄청정평등각경친문기, 122~123쪽
38) 불설대승무량수장엄청정평등각경친문기, 308, 612~613쪽
39) 佛說大乘無量壽莊嚴淸淨平等覺經親聞記(출전: 般若文海), 超世希有 第十八
40) 불설대승무량수장엄청정평등각경친문기, 645쪽

사왕천의 하루는 인간세상의 50년이며, 그 수명은 500세이다. 그 수명은 9백만 년이 넘는다. 도리천의 하루는 인간세상의 100년이며 수명은 1,000세로 이는 인간세상의 36,500,000년에 해당된다. 도솔천의 하루는 인간세상의 400년이고 수명은 4,000세로 이는 인간세상의 584,000,000년에 해당한다. 다시 더 위로 올라가면 갈수록 천인의 수명은 더욱더 길어지며, 복덕 역시 더욱 커진다. 그러나 무색계의 수명은 한계가 있어 비상비비상천의 수명은 팔만대겁이다. 비록 무색계의 수명이 길다고 해도 여전히 생멸이 있으며, 영원히 살 수 있는 곳이 아니다. 아귀도의 하루는 인간세상의 1달이며, 그 수명은 수천 세이다. 이병남 거사는 지옥의 하루는 인간세상의 2,700년에 해당한다고 언급한 적이 있다.[41]

오계(五戒)를 전부 수지하면 삼악도에 떨어지지 않고 항상 인간세계에 태어나고, 십선(十善)을 모두 갖추면, 반드시 천상의 사왕천과 도리천에 태어난다. 야마천 · 도솔천 · 화락천 · 타화자재천에 올라가려면 정(定)을 닦아야 한다. 더 올라가려면 자 · 비 · 희 · 사의 사무량심(四無量心)을 닦아야 한다. 십선과 자비희사에 대한 생각이 강하면, 내생에 천상에 태어나지만 이러한 사람은 대단히 적다. 색계에 태어나려면 사선(四禪)을 닦아야 하고, 무색계에 태어나려면 사무색정(四無色定)을 닦아야 한다. 이 사선과 사무색정을 합하여 사선팔정(四禪八定)이라 한다. 사선팔정은 세간의 선정이다. 비록 세간의 선정이기는 하지만 범부의 정(定)으로 증득할 수 없다. 한편 구

---

41) 불설대승무량수장엄청정평등각경친문기, 17~18, 27, 124, 524쪽. 불설아미타경요해강기, 144, 268쪽

차제정(九次第定)은 유루(有漏)의 선정인 사선·사무색정·멸진정의 9가지 선정을 차례대로 간격 없이 수행하여 최후의 멸진정에 드는 것을 말한다. 즉 색계의 초선에서 시작하여 차례대로 제2선·제3선·제4선으로 들어가고, 계속하여 더 나아가 무색계의 공무변처정·식무변처정·무소유처정·비상비비상처정으로 들어가고, 다시 계속하여 더 나아가 멸진정에 드는 것이다. 구차제정에 이르러야만 삼계를 초월할 수 있다. 멸진정은 유루의 선정 [즉 세간의] 선정으로 열반의 적정과 아주 유사한 상태의 선정이지, [무루의 선정 즉 출세간의] 선정이 아니다. 참선을 할 적에 한번 선정에 들어가 1개월 동안 선정에서 나오지 않았을지라도 아집이 아직 깨지지 않았다면, 장래에 색계나 무색계에 갈 수 있을지 모르나 삼계에서 벗어날 수는 없다. 어떤 중생은 정공(定功)이 매우 깊어, 망상과 습기가 나타나지 않는다고 해서 스스로가 대열반을 얻었다고 생각하지만, 사실은 그가 얻은 것은 무상정(無想定)이며, 여전히 육도에 있다.[42]

색계와 무색계의 수명이 비록 길다고 해도 여전히 생멸이 있으며, 영원히 살 수 있는 곳이 아니다. 다른 종교에서 말하는 영생은 단지 천상에 태어나 수명이 길어질 뿐이며, 천상도 마지막에는 오쇠(五衰)가 나타나기 때문에 다시 윤회를 하게 되니 결코 진정한 영생이 아니다. 수명이 다하면 여전히 육도에 떨어진다.[43]

---

42) 위키백과 검색: 구차제정. 印光大師嘉言錄(출전: 淨空老法師專集網), 77쪽. 佛說阿彌陀經要解講記(출전: 華藏淨宗學會), 74, 288쪽. 불설대승무량수장엄청정평등각경친문기, 146, 278쪽. 불설아미타경요해강기, 123, 149~150, 217, 334, 355, 362, 378, 400~401쪽

43) 불설대승무량수장엄청정평등각경친문기, 27쪽. 불설아미타경요해강기, 230,

오늘날 우리의 생활공간은 단지 이 지구라는 행성에 한정되어 있을 뿐, 인간도와 축생도 이외에 다른 존재는 모두 접촉할 방법이 없다. 육도 가운데 불법을 받아들일 수 있는 것은 오직 인간도뿐이다. 천상은 즐겁고, 삼악도는 너무나 고통스러워 도(道)를 배우기가 쉽지 않다.[44]

4. 보살수행 52계위

십신보살: 초신위보살, 이신위보살, 삼신위보살, 사신위보살, 오신위보살, 육신위보살, 칠신위보살, 팔신위보살, 구신위보살, 십신위보살

십주보살: 초주보살, 이주보살, 삼주보살, 사주보살, 오주보살, 육주보살, 칠주보살, 팔주보살, 구주보살, 십주보살

십행보살: 초행보살, 이행보살, 삼행보살, 사행보살, 오행보살, 육행보살, 칠행보살, 팔행보살, 구행보살, 십행보살

십회향보살: 초회향보살, 이회향보살, 삼회향보살, 사회향보살, 오회향보살, 육회향보살, 칠회향보살, 팔회향보살, 구회향보살, 십회향보살

268, 362쪽. 오쇠는 천인이 죽으려 할 때 나타나는 다섯 가지 쇠퇴한 모습을 말한다.

44) 불설대승무량수장엄청정평등각경친문기, 447쪽. 불설아미타경요해강기, 144쪽

십지보살: 초지보살, 이지보살, 삼지보살, 사지보살, 오지보살, 육지보살, 칠지보살, 팔지보살, 구지보살, 십지보살

등각

묘각

이 52위의 분류는 《화엄경》과 《보살영락본업경》에 따른 것으로, 대승 원교의 분류법이다. 십신은 외범부 〔또는 권교보살〕라 하고, 십주·십행·십회향을 삼현(三賢)이라 하며, 십지와 등각보살을 성위(聖位)라 한다.[45]

5. 사료간(四料簡)

有禪有淨土, 猶如戴角虎, 現世為人師, 來生做佛祖
유선유정토 유여대각호 현세위인사 내생주불조

선이 있고 정토가 있으면, 마치 뿔 달린 호랑이처럼, 현세에는 인천의 스승이 되고, 내생에는 부처님과 조사가 된다.

無禪有淨土, 萬修萬人去, 若得見彌陀, 何愁不開悟
무선유정토 만수만인거 약득견미타 하수불개오

선이 없어도 정토가 있으면, 만인이 닦아 만인이 가는데, 만약 아미타불을 뵐 수 있다면, 어찌 깨닫지 못함을 근심하리오.

有禪無淨土, 十人九蹉路, 陰境若現前, 瞥而隨他去
유선무정토 십인구차로 음경약현전 별이수타거

---

45) 의심 끊고 염불하세, 119쪽 각주 24), 137쪽 각주 32)

선이 있고 정토가 없으면, 열 중 아홉은 미끄러져, 중음의 경계가 나타날 때, 별안간 그것을 따라간다.

無禪無淨土, 鐵床並銅柱, 萬劫與千生, 沒個人依怙
무선무정토　　철상병동주　　만겁여천생　　몰개인의호

선이 없고 정토도 없으면, 쇠로 만든 평상과 구리기둥이니, 만겁과 천생에, 의지할 것이 없다.

'선이 있고 정토가 없으면, 열 중 아홉은 미끄러진다. 선이 없어도 정토가 있으면, 만인이 닦아 만인이 간다.' 이 법문은 진리의 말씀이고 진실한 말씀이며, 대자대비심에서 창자가 끊어지듯 비통하게 눈물을 흘리시며 토하신 말씀이다. 공부하는 수행인이라면, 이 말씀을 소홀히 보아 넘기지 않아야 한다.46)

6. 연지대사 서방정토 발원문(안양인 박영범 옮김)

서방 안락국의 접인중생 대도사께 머리 숙여 절하옵니다. 제가 지금 왕생을 발원하였으니, 오직 자비로서 어여삐 섭수(攝受)하여 주시길 원하옵니다. 제자들은 널리 사은삼유(四恩三有)47)와 법계중생을 위하여 제불께 일승의 무상보리도를 구하는 까닭에 아미타불 만덕홍명을 전심으로 지념(持念)하여 정토왕생을 기약하옵니다. 그러나 업은 중하고 복은 가벼우며 장애는 깊고 지혜는 얕은데, 오염된

---

46) 의심 끊고 염불하세(철오선사어록), 98쪽
47) 사은(四恩)은 불은, 국가은, 부모은, 스승은이고, 삼유(三有)는 유식(有識), 유정(有情), 유연(有緣)을 말한다.

마음은 쉽게 치성하여 정토는 이루기 어렵사옵니다. 지금 부처님 전에 부지런히 오체(五體)를 들어올려, 일심을 다하여 정성스러운 참회를 하옵니다. 저와 중생들은 지극히 오랜 세월로부터 지금까지 본래의 깨끗한 마음이 미혹되어, 탐·진·치를 방치하고 삼업을 더럽힌 것이 무량무변입니다. 지은 죄업이 무량무변입니다. 그 맺힌 원통한 업이 모두 소멸되기를 원하옵니다. 오늘부터 깊은 서원을 세워 악법을 멀리하고 다시 짓지 않기를 서원하옵니다. 성도(聖道)를 부지런히 닦아서 물러나거나 나태하지 않기를 서원하옵니다. 정각을 이루기를 서원하고 중생을 제도하기를 서원하옵니다. 아미타불께서 자비원력으로 마땅히 저를 증명하여 주시옵고, 마땅히 저를 가엾게 여겨 주시오며, 마땅히 저를 가피하여 주시옵소서. 선관(禪觀) 중에나 꿈을 꿀 때 아미타불의 금색 몸을 뵐 수 있고, 아미타불의 보배장엄 불토를 다닐 수 있으며, 아미타불의 감로관정을 받을 수 있고, 광명이 몸을 비추며 손으로 저의 머리를 쓰다듬어 주시고, 옷으로 저의 몸을 덮어주시길 원하옵니다. 저의 숙세 업장이 저절로 제거되고 선근이 증장하며, 속히 번뇌가 공(空)하여지고 단번에 무명이 깨뜨려지도록 하시옵소서. 원각묘심(圓覺妙心)을 확연히 깨닫고 적광진경(寂光真境)이 항시 현전하게 하시옵소서. 임종에 이르러 미리 때가 이른 것을 알아, 몸은 일체 병고와 액난이 없고, 마음은 일체 탐연(貪戀)과 미혹이 없사옵니다. 육근 모두가 기쁘고 즐겁고, 정념이 분명하며, 업보의 몸을 버리는 것에 침착하니, 마치 선정(禪定)에 든 것과 같사옵니다. 아미타불과 관세음보살, 대세지보살, 모든 성현 무리가 광명을 놓아 접인하시며 손을 드리워 잡아주시옵니다. 누각과 당번, 기이한 향기와 하늘음악이 있는 서방의 성스러운 경계가 눈앞에 나타나옵니다. 모든 중생이 보거나 들으면 환희하고 찬탄하며 보리심을 발하게 되옵니다. 저는 이때 금강대에 올라 부처님의 뒤를 따라 손가락 튕길 동안에 극락국에 왕생합니다. 칠보연못 안 수승한 연꽃 속에서 꽃이 피면 부처님을 뵙고, 모든 보살을 뵈며, 미묘한 법음을 들어 무생법인을 얻사옵니다. 잠시 사이에 제불을 받들어 섬기고 친히 수기(授記)를 받사옵니다. 수기를 받고, 삼신사지(三身四智), 오안육통(五眼六通), 무량백천의 다라니문, 일체공덕이 모두 성취되옵니다. 그런 다음 안양을 멀리하지 않으면서 사바로 다시 돌아와, 무수한 분신이 시방찰토에 두루 합니다. 불가사의하고 자재한 신통력, 갖가지 방편으로, 중생을 도탈(度脫)하게 하여 모두 오염을 떠나 다시 깨끗한 마음을 얻고, 함께 서방에 왕생하여 불퇴전지에 들어가옵니다. 대원이 이와 같아 세계가 다함이 없고, 중생이 다함이 없으며, 업과 번뇌 일체가 다함이 없어 저의 원도 다함이 없습니다. 지금의 예불, 발원, 공덕수지를 돌이켜 유정중생에게 베풀기를 원하옵니다. 사은(四恩)을 모두 갚고 삼유(三有)를 고르게 도우니, 법계중생이 함께 원만하게 일체종지를 이루옵니다. 제가 지금 진실한 공덕의 불명호 아미타불을 칭념하오니, 오직 자비로 어여삐 섭수하시고 참회와 소원을 증명하시고 알아(證知) 주시길 원하옵니다. 과거에 지은 모든 악업은 모두 무시겁 이래 탐 · 진 · 치에서 나와 신 · 구 · 의를 따라 생겨난 것으로 저는 지금 일체를 모두 참회하옵니다. 제가 임종에 이르러 일체 모든 장애를 다 제거하고 저 아미타불을 직접 뵙고 바로 안락찰에 왕생하기를 원하옵니다. 이 공덕으로 부처님의 정토를 장엄하고, 위로는 무거운 사은을 갚고, 아래로는 삼악도의 고통을 제도하옵니다. 보고 듣는 자는 모두 보리심을 발하고, 이 업보의 몸이 다하면 함께 극락국에 왕생하기를 원하옵니다. 시방삼세일체불 일체보살마하살 마하반야바라밀

7. 자운참주 정토문(안양인 박영범 옮김)

한마음으로 극락세계 아미타부처님께 귀명하옵니다. 청정한 광명으로 저를 비추어 주시고, 자비로운 서원으로 저를 거두어 주시길 원하옵니다. 제가 지금 바른 생각으로 아미타여래의 명호를 칭하여, 보리도를 위해 극락정토 왕생을 구하옵니다. 아미타부처님께서 과거에 '어떤 중생이 나의 국토에 왕생하고자 하여 지성스러운 마음으로 믿고 즐거워하거나 열 번 염불하여도 왕생하지 못한다면 정각을 성취하지 않겠다'라고 근본서원을 발하셨습니다. 이 염불인연으로, 여래의 대서원의 바다 가운데 들어갑니다. 부처님의 자비력으로 뭇 죄가 소멸하고, 선근이 증장하옵니다. 임종시에는 스스로 때가 이른 것을 알고, 몸에 병이 없으며, 마음에 탐욕과 연민이 없고, 의식은 거꾸로 뒤바뀌지 않으며, 마치 선정에 든 것과 같습니다. 부처님과 성중들께서 손에 금대를 들고 맞이하러 오셔서 저를 접인하시니, 한순간에 극락국토에 왕생하옵니다. 연꽃이 피어 부처님을 뵈옵고, 바로 부처님 최고의 가르침을 들으니, 단번에 부처님 지혜가 열려, 널리 중생을 제도하고 보리원을 이루옵니다.